O AMOR E O DESEJO
Com Tema de Augusto dos Anjos
Eis afinal a Rosa, a encruzilhada,
onde pulsa, cantando, o meu desejo.
Emerges a meu Sangue malfazejo,
Onça-do-sonho, Fronte coroada!
Ao garço olhar e à vista entrecerrada,
teu sorriso é enigmático e sem pejo.
Sobre os Peitos de cisne, ó Cisne-negro,
vejo Estrelas castanhas desplumadas.
Embaixo, a Dália-escura, aberta ao Dardo
a Fonte, a concha, a púrpura, a Coroa!
E brilha, ao fogo dessa Chamaparda,
a Leoparda, a Tigre, a Rosa-Cardo,
abandonada às Onças, às Leoas
e ao Cio escuso das Panteras-magras.
PA - Iluminogravura - Ariano Suassuna - Recife, 1985 7

MARIA APARECIDA LOPES NOGUEIRA

O CABREIRO TRESMALHADO

ARIANO SUASSUNA E A UNIVERSALIDADE DA CULTURA

Editora Palas Athena

Título original:
O cabreiro tresmalhado:
Ariano Suassuna e a universalidade da cultura

Coordenação editorial: *Emilio Moufarrige*
Revisão de provas: *Edson Dognaldo Gil*
Adir de Lima
Projeto gráfico e diagramação: *Luciano Pessoa*
Maria do Carmo de Oliveira
Impressão e acabamento: *Gráfica Palas Athena*

Catalogação na fonte do Departamento Nacional do Livro

N778c

Nogueira, Maria Aparecida Lopes
O cabreiro tresmalhado: Ariano Suassuna e a universalidade da cultura / Maria Aparecida Lopes Nogueira. – São Paulo : Palas Athena, 2002.
296 págs. : 16 x 23cm.

ISBN 85-7242-034-7

1. Suassuna, Ariano, 1927 Crítica e interpretação. 2. Literatura brasileira – Crítica e interpretação. I. Título.

CDD-3869.09

Direitos adquiridos para a língua portuguesa, pela
EDITORA PALAS ATHENA
Rua Serra de Paracaina, 240 - Cambuci
01522-020 - São Paulo - SP - Brasil
fone: (11) 3209.6288 - fax: (11) 3277.8137
www.palasathena.org
e-mail: editora@palasathena.org

2002

APRESENTAÇÃO DE UMA ESCRITORA

Uma das maiores qualidades de *O Cabreiro Tresmalhado,* de Maria Aparecida Lopes Nogueira, é o fato de a autora compreender que, sendo o homem o mesmo em qualquer lugar do Mundo, as paixões e os problemas vividos pelos Sertanejos são iguais aos de qualquer ser humano.

É por ter enxergado isso que ela, com enorme agudeza, entendeu que o Sertão é "um palco desmedido", no qual o homem sertanejo, como qualquer outro, coloca para si mesmo as "questões existenciais comuns a todos os homens de todos os tempos e lugares".

Foi isso que a levou a entender que, se escritores como Euclydes da Cunha, João Cabral de Melo Neto, José Lins do Rego ou Graciliano Ramos pintam o Sertão em suas obras, estão, de fato, recriando o Mundo.

Na verdade, quando Euclydes da Cunha relata o cerco e a destruição de uma comunidade de cabreiros por exércitos "civilizados" provindos do meio urbano, é do problema da guerra (qualquer que seja ela), é do problema da injustiça, da incompreensão e da brutalidade que ele está falando – o que faz daquela obra tão brasileira, que é *Os Sertões*, uma obra universal.

Entretanto, tal compreensão não valeria o que vale se, em *O Cabreiro Tresmalhado,* Maria Aparecida Lopes Nogueira não se revelasse como a escritora que é. Foi isso que, a partir de um verso de João Cabral de Melo Neto, permitiu-lhe ver o Sertanejo como um homem que, "sendo capaz de pedra", encara "as tormentas e condenações de modo incansável", e, ao mesmo tempo, celebra sua **festa**, "desperta, rodopia, não pára de aprontar", "reinventando o dom do maravilhoso e da graça".

Por outro lado, no Sertanejo, "as visões e profecias são indícios de uma religiosidade profunda. A união com a divindade ordena o mundo caótico e renova as esperanças do ambulante prisioneiro".

É em tal sentido que o Sertão é uma extraordinária súmula do mundo em geral e do Brasil em particular – "a imagem reveladora de um país comandado pela dialógica Dionísio-Apolo (...), um universo paradoxal, contraditório, conflitual". Diante da Fera, da Esfinge, que é "ao mesmo tempo morte e vida, sertão e mundo", é que o ser humano se coloca, inquieto e fascinado.

"É necessário que o homem decifre o sertão e lhe imponha um sentido (...). O sertão é terra-de-ninguém, o deserto ameaçador donde emergem deuses e diabos, sob a égide do acaso, do caos e da fatalidade. Esses seres-ameaçadores espreitam o homem por dentro e por fora. Em meio ao caos que os alimenta, estabelecem continuamente a recriação da ordem, num processo de auto-eco-organização."

Como se vê por aí, no Palco flageloso e reluzente do Sertão, "a terra-mãe acolhedora é também cruel, e o sertão é algo indomado, fera pronta a destroçar". E Maria Aparecida Lopes Nogueira comenta: "Talvez aqui se encontre expressada a própria trajetória da existência, na qual a morte permanece irredutível."

É, portanto, a "poética aspereza da terra" que, no sertão, "tece uma estranha e íntima teia entre terra e fogo". A terra se revela "sob o signo do fogo, como ação purificadora e iluminadora e retroação obscura e destruidora".

Em tal universo, "o real e o imaginário se confundem (...). O sol sagrado se revela uma divindade também áspera, que impõe fatalidade e sofrimento", envolvendo e determinando o destino dos Povos escuros do Mundo, "os pobres, os famintos, os desvalidos. Sob o sol implacável, redobram-se em incansáveis desventuras pelo mundo, como se um desejo desarvorado os levasse a cumprir o destino trágico da morte".

É por isso que, na mesma linha de pensamento de Maria Aparecida Lopes Nogueira, eu vivo lembrando que, comparado com as Nações ricas e poderosas do Mundo, o Brasil **real** é um imenso, belo, pobre e estranho Arraial de Canudos, nunca bem compreendido e sempre sitiado; o que, repito, também contribui para fazer de *Os Sertões* uma obra universal.

Mas Maria Aparecida Lopes Nogueira vai além em sua análise, mostrando que, no universo sertanejo, "marcado pela presença constante e essencial do mito, a narrativa rebrilha sob o sol caótico e revigorante da eterna tensão entre sonho e realidade".

No que se refere a mim e ao Brasil, foi à luz de tal "tensão entre sonho e realidade" que, em 20 de abril de 1962, publiquei um artigo no qual afirmava sonhar um Brasil não parecido "com uma América ou uma Rússia de segunda ordem, mas uma nação original". Uma nação política, ideológica, econômica e culturalmente peculiar – "uma nação de cabreiros de gênio, como a grega".

Vendo os caminhos pelos quais o Capitalismo neoliberal vem impelindo o Brasil, vejo que a realidade está querendo desenganar-me de maneira brutal. Mas não desespero, porque livros como *O Cabreiro Tresmalhado* realentam meu sonho e minha esperança.

Ariano Suassuna
Recife, novembro de 2000

SUMÁRIO

ÍNDICE DAS ILUSTRAÇÕES

ILUSTRAÇÕES DA CAPA

Para o JARBAS, meu marido, meu fio lindo:

Tu o que és, o que vês,
Tu o que ouves, o que cheiras, o que tocas.
A marca profunda, o círculo mágico, o mistério de tudo.
Tu aqui, agora, ontem e sempre comigo,
silêncio, grito, choro e gargalhada.
Tu beija-flor, sol, calor e frio,
Recife, sertão, Sampa e Europa.
Tu na cozinha, na cama, nos sebos e livrarias,
lendo, corrigindo, entrevistando.
Tu longas conversas, discussões, idéias, criação,
projeto gráfico, produção, diagramação.
Tu a capa, o título, a pesquisa.
Tu... como agradecer?...

Este livro é nosso!

AGRADECIMENTOS

Agradeço a todos que percorreram esta trajetória comigo. Saúdo-os e desejo-lhes o dia e a noite, o sonho, a paixão e a vida. Vocês são:

Edgard de Assis Carvalho, meu orientador, mestre, amigo para sempre, que originou este livro.

Benedito Nogueira de Araújo, meu pai (*in memorian*). Laura e Marieta, minhas mães.

June e Laurinha.

Tarcy. Ceiça Almeida e o GRECOM. Lúcia Helena Rangel.

Carlos Newton Júnior e Silvinha. Cláudia Leitão. Jana. Márcia e Falcão. Eduardo e Aninha. Constança e Aurélio. Rodrigo e Guiomar.

Humberto Mariotti e a Palas Athena.

Virgílio Maia e os "padeiros". Teca Didier, Wani e Eugênia.

Antônio de Alberto e a Associação Cultural da Pedra do Reino.

Roberto Motta e Danielle Perin Rocha Pitta.

CNPq.

Ariano, meu parceiro, que me abriu mais do que os arquivos pessoais: abriu-me também as portas de sua casa para que eu desfrutasse do aconchego, carinho e amizade de Zélia e de toda a família.

PREFÁCIO

As relações entre razão e sensibilidade passaram a ser consideradas excludentes e contraditórias, desde que a arrogância da ciência espraiou-se pelo planeta como modalidade hegemônica de acesso ao entendimento do *Anthropos*.

Dilacerados em fragmentos, os compartimentos do conhecimento arrogaram-se o direito exclusivo de legislar sobre a mente e a matéria, controlados por cães de guarda que vigiam as fronteiras disciplinares, essas barreiras cognitivas que impedem a circulação ampliada dos saberes gerados pelo *sapiens demens* acerca de sua inserção na totalidade cósmica, há pelo menos cem mil anos.

Sem sombra de dúvida, a atividade científica domesticou-se a tal ponto que hoje, conivente e apática, combina perversamente saberes competentes com poderes moleculares. Com isso, não consegue enxergar para além do infinitamente pequeno de seu objeto de pesquisa, refugiando-se fobicamente na especialidade de sua área, como um álibi para não encarar a totalidade, essa sim sempre crivada de ordens, desordens e reorganizações.

Rejuntar territórios cognitivos é a tarefa que a epistemologia da complexidade se impõe, desde que o princípio da incerteza se generalizou na natureza e na cultura. Antes um problema do que uma solução acabada, ou mesmo uma redução normativa traduzida em princípios e esquemas (como, infelizmente, já vem ocorrendo), a complexidade representa uma operação intelectual sem condescendências, gladiatorial, que exige uma metamorfose do campo cognitivo, uma revolução no pensamento capaz de decifrar as tensas flutuações do devir histórico-cultural.

Acredito que esse tenha sido o ponto de partida que contaminou Maria Aparecida Lopes Nogueira e levou-a a defrontar-se com a vida e a obra de Ariano Suassuna, encarando-o como um universal-singular, um operador totêmico nômade, que vagueia por esse mundo na busca de um reino imaginado, comandado pela convivialidade, pela fraternização e pela universalidade.

Sepultando de vez a querela do regionalismo enciumado, do localismo ressentido e do relativismo complacente, *Ariano Suassuna – o Cabreiro Tresmalhado*, originalmente tese de doutorado defendida na PUC de São Paulo, exibe em quatro blocos um caleidoscópio cognitivo em que as dualidades ética–estética, prosa–poesia, mito–razão, encontram-se superadas. Essa configuração discursiva – tenho convicção disso – não requer uma leitura linear do texto, porque cada parte desse livro contém a totalidade, a cosmovisão que brota de Ariano Suassuna, esse cabreiro tresmalhado que, certamente, anseia por uma política de civilização que acabe de uma vez por todas com a agonia planetária em que vivemos.

Edgard de Assis Carvalho
Recife, dezembro de 2000

INTRODUÇÃO

Minha alma desfeita e vã perscruta aturdida a obra de Ariano Suassuna, que irrompe bela, seca e sofrida como o sertão. Sagrado cavaleiro por Deus, ele olha solitário o passar do tempo num extravasar de fantasias. Tipo sonhador e encarnado, surge de um entrelaçamento entre o nítido e o obscuro, consideravelmente complexo.

Os olhos irrequietos e atormentados descem sobre as imprecisões e os mistérios, abrindo o Brasil em sons e cores, vislumbrado desde a infância, alimentado pela esperança e a vontade.

A obra foi-se desdobrando multiforme e dúbia, e impôs-se o por-fazer, a certeza do inacabado. No palco desmedido, o personagem ostentava com empolgação seus contrastes, extremando-se exageradamente.

A dialógica vida e idéias revela um Suassuna universal, que se põe questões existenciais comuns a todos os homens de todos os tempos e lugares, e favorece a unidualidade que enfoca a diferença num primeiro instante, mas esforçando-se em ultrapassá-la, para amplificar o olhar na direção de territórios mais amplos.

As ocultidades e revelações presentes no romance, teatro, poesia, pintura, música e tapeçaria são metáforas que mantêm a riqueza simbólica e redimensionam o lugar do *Outro* e o sentido do *Anthropos*.

A pesquisa de sua vida e obra aventurou-se no caldeamento constituído por três frentes: 1) o levantamento bibliográfico que entrelaçou as referências do próprio Ariano, daqueles que o influenciaram, dos autores armoriais e dos que tratam de Complexidade, Mito, Imaginário, Epistemologia, Sebastianismo e Literatura; 2) entrevistas com o autor, familiares, amigos, ex-alunos, críticos, inimigos e companheiros de trabalho, viagens ao sertão nordestino e à Península Ibérica, e a participação em eventos, desdobramentos da observação direta do comportamento, e 3) a pesquisa documental, com dados contidos em jornais, revistas, sites na internet, vídeos e filmes.

Esse guerreiro bárbaro e impetuoso que atravessa a vida entre ciladas e repentes, tem confundido autores de dissertações de mestrado e teses de doutorado defendidas sobre ele, no Brasil e no exterior. As longas conversas em sua casa que constituíram material substantivo para a elaboração deste livro, esboçam as linhas sinuosas do lirismo de um sertanejo universalizado que rompe a couraça linear do espaço-tempo.

O guerreiro não se dobra. Audacioso, solitário e crédulo, continua enfrentando as ameaças constantes da Morte Caetana, de modo insano e feroz.

Como um marujo, ansiei o mar-sertão suassuniano, que apenas posso entrever no murmúrio das ondas, na vermelhidão do solo ressequido, nos versos do poeta que diz e cala.

Para que esse meta-ponto de vista pudesse ser iluminado, dialoguei com pensadores múltiplos, guias espirituais do livro: a idéia de complexidade de Edgar Morin possibilitou-me rejuntar os pares de opostos ciência–arte, intuição–razão, real–imaginário e enfrentar as dificuldades de um método transdisciplinar que transita pela Antropologia, Sociologia, Cibernética, Teoria dos Sistemas, Física, Biologia e Psicanálise; Gaston Bachelard impregnou minha alma de imagens e demonstrou a dialética dos contrários presente na série de obras dedicadas ao imaginário da matéria; Gilbert Durand e o imaginário deslocaram o foco do significado para o sentido oculto das coisas, chamando a atenção para o "subtexto" e para o fato de os símbolos organizarem-se em constelações de caráter fluido e transitório, que correspondem a grandes blocos estruturais; Lévi-Strauss redimensionou meu olhar com a equivalência entre o pensamento selvagem e o domesticado e a conseqüente superação da hierarquia entre o homem civilizado e o primitivo, a ciência e o senso comum, ampliou meu conhecimento sobre o mito com a farta coletânea de narrativas descritas ao longo da obra; Ilya Prigogine mostrou-me a irreversibilidade da seta do tempo e seu imbricamento com a reversibilidade, demonstrou como as teorias científicas são reflexos de visões de mundo e a necessidade de metamorfosear e reencantar a ciência; Freud prefigurou a importância do assassinato do pai, que considerou a perda mais pungente que ocorre na vida de um homem, e a relevância do papel do inconsciente na criação literária; Edgard de Assis Carvalho me fez entender a dialógica caos–ordem como um operador cognitivo capaz de favorecer a irrupção da sombra que envolve todo ser humano; Fernando Pessoa e João Cabral de Melo Neto poetizaram meu caminho, ensinaram-me a aprender, ignorar, lembrar, esquecer, intuir, silenciar murmurando pausadamente as estranhezas, descobertas e perplexidades de uma alma desperta e adormecida.

O personagem Ariano Suassuna emergiu desse quadro interpretativo, adquiriu vida, corporificou-se. A universalidade do título se expressa no *Cabreiro* e sugere uma multiplicidade de significações profundamente poéticas, que se retroalimentam incessantemente.

O Cabreiro é um criador de cabras, um ser em vertigem que transita entre as margens do Mediterrâneo, a Península Ibérica, o Oriente, o sertão nordestino, e as montanhas, onde tudo foi convertido em pedra.

Homem e cabra, seres de mesma natureza, ocupam a terra-pedra com sua 'alma-caroço', impulsiva. A vida é um aroma rebelde e deve ser enfrentada com selvageria e insolência.

O Cabreiro é lírico, contemplativo, rememora as mesmas lembranças, atravessado por uma força singular que reencontra o passado a todo instante. Já não se percebe no tempo, revolve a terra magra, o corpo magro e sonha com um sertão, não importa qual.

Mas o homem que vive da cabra também desconfia dela, pois, segundo afirmam, tem parte com o diabo. Como todo sertanejo, desconfia de tudo, prisioneiro que é dos próprios dramas. Apesar da suposta fragilidade, sabe-se *capaz de pedra*, enfrenta as tormentas e condenações de modo incansável.

Como *João Grilo*, desperta, rodopia, não pára de aprontar, inventa a vida, recuperando ininterruptamente o dom do maravilhoso e da graça. *O Cabreiro* é uma criança risonha a desentranhar sonhos e brincadeiras.

As visões e profecias são indícios de uma religiosidade profunda. A união com a divindade ordena o mundo caótico e renova as esperanças do ambulante prisioneiro.

O Cabreiro Tresmalhado é um caleidoscópio de vida e idéias, transita entre a sabedoria dos mitos e o conhecimento científico, e reitera o compromisso entre a ética e a estética, numa configuração que envolve quatro capítulos.

Talvez seja necessário que o leitor planeje seu próprio itinerário de leitura, siga seus instintos, evoque imagens íntimas para caminhar à vontade dentro do livro, entrando nele por onde quiser, compondo-o e recompondo-o de acordo com seus interesses. Os capítulos têm um papel na visão do conjunto, mas são relativamente independentes.

O capítulo I, **Castelo Mítico-Poético**, dispõe sobre as condições iniciais da pesquisa e discute a narrativa mítica como um caminho possível para a leitura do real. A incursão nos mitos que emergem do universo suassuniano possibilita a imagem reveladora de um país comandado pela dialógica Dionísio-Apolo.

Acreditando que o caminhante se faz no caminho, deixei-me guiar pelas recorrências temáticas e, desse modo, identifiquei que terra e fogo são elementos fundamentais que se desdobram nas temáticas do sangue e da morte e no assassinato do pai, episódio crucial da vida do autor.

Caminhante que sou, prossegui atenta na direção das recorrências temáticas e cheguei à tríade formada pelos guias imaginários que subjazem à vida e às idéias: o profeta, o palhaço e o rei, fios condutores dos capítulos seguintes.

O capítulo II, **Sagrações da Rainha do Meio-Dia**, enfoca a dimensão espaço-tempo, que hesita entre a irreversibilidade e a reversibilidade, o sonho e o pensamento, em movimentos de ondulações e conexões íntimas. O profeta ressalta a religiosidade na trajetória do autor, desde a infância até o Movimento Armorial, assim como a preocupação em criar uma obra aberta que se nutre do amplo leque de fontes classificadas como populares e eruditas.

O palhaço é o arquétipo que subjaz ao capítulo III, **Encantações Coroadas**, no qual Ariano emerge como contador de histórias. Consciente desse papel, reconhece a importância dada ao narrador na transmissão e manutenção do capital cultural.

Mitos, contos, fábulas e histórias narradas constituem o material de referência que permite uma dialógica discursiva entre os fragmentos emblemáticos da obra construída com base em histórias coletivas, "sem dono", que são recriadas em cada grupo cultural, tendo como referência suas trajetórias individuais/coletivas.

O quarto capítulo, **Um Reino Imaginoso**, discute a utopia suassuniana ancorada na tradição, seus sonhos de liberdade e justiça. O arquétipo do rei permite a visualização de uma autoética baseada numa severa autocrítica, que constitui a base de uma ética plural, conflitual e complexa.

O rei também surge como temática recorrente, pois ressoa na figura do pai, de D. Sebastião, na preferência pela estética da Monarquia e, certamente, conduz sua atuação no exercício de cargos públicos e nos períodos de afastamento.

Em seus múltiplos aspectos, relações e significações, o universo suassuniano traduz a ação realizadora do delírio de um 'caminhante solitário' deslumbrado com a vida, mas sempre desconfiado dela.

O livro enuncia um dos possíveis sentidos da obra de Ariano Suassuna, encantação de quem se abandonou às fragilidades e fortalezas da paixão e da razão. O desejo que norteou a análise foi o de encontrar uma versão que resgatasse a tonalidade viva, desvelasse as ressonâncias profundas, mas que sobretudo reconhecesse as limitações desse empreendimento. Talvez seja este um drama, o de saber que as hesitações e incertezas seguem nos guiando pela vida afora.

Um núcleo de cabra é visível
por debaixo de muitas coisas.
Com a natureza da cabra
outras aprendem sua crosta.

Um núcleo de cabra é visível
em certos atributos roucos
que têm as coisas obrigadas
a fazer de seu corpo couro.

A fazer de couro sola,
a armar-se em couraças, escamas:
como se dá com certas coisas
e muitas condições humanas.

João Cabral de Melo Neto

Capítulo I

Castelo Mítico-Poético

A literatura é instrução e educação ao mesmo tempo, é crítica e um grande documento humano. Dostoiévski

Literatura para mim é minha festa: é lá que eu danço e canto. Ariano Suassuna

CASTELO MÍTICO-POÉTICO

Ariano Suassuna.
Autor. Ator. Personagem.
Quaderna. João Grilo. Benedito. Cancão.
Criador de Culturas.
Poeta. Filósofo. Intelectual. Guerreiro Armorial.
Cavaleiro-do-Mundo. Barão do Saber. Cavaleiro-do-Sertão.

No estudo da obra de Ariano Suassuna deparei-me com a descoberta de um homem-de-mil-faces, que me escapa a cada instante. Minha expectativa de um todo harmonioso caiu por terra, e lá estava eu perdida em meio a um universo paradoxal, contraditório, conflitual.

A primeira vez em que nos encontramos, foi em seu Gabinete na Secretaria de Cultura, encontro cercado de alguma formalidade, esclarecimentos sobre a pesquisa, curiosidades de parte a parte. Em instantes, falava-me sobre *A Pedra do Reino*, e as críticas feitas à escola alemã de filosofia, representada, entre outros, por Jaspers, Heidegger, Kierkegaard.

"Vou precisar de sua ajuda, de vê-lo, acompanhá-lo, conversar com você; e, também, que me empreste material para minha pesquisa", digo-lhe eu. Ele responde que não há problema algum em atender às minhas solicitações, e que poderei ir à sua casa sempre que quiser, dispor de sua biblioteca, arquivos. "Mas tanto autor importante por aí, e você tem o mau gosto de me escolher?!", arremata com um quê de alegria e humor.

A respeito de **Quaderna**, personagem principal de *A Pedra do Reino*, que considerara covarde, retrucou: "Eu não acho... Mas depois a gente conversa sobre isso..."

A pesquisa documental de sua vida e obra implicou levantamento de artigos, jornais e revistas, desde os primeiros poemas que publicou, entre 1946 e 1948, na revista *Estudantes* da Faculdade de Direito, no jornal do Diretório Acadêmico de Medicina e em Suplementos de jornais do Recife, até artigos e poemas no *Diário de Pernambuco*, *Jornal do Commercio*, *Jornal da Semana*, *Folha de São Paulo*, em jornais literários brasileiros, além de outros textos em programas de grupos teatrais, musicais e de balé, em encartes de CDs, catálogos de exposições, prefácios de livros, Programa da Secretaria de Cultura do Estado de Pernambuco, Manifesto de Criação do Movimento Armorial, Aula Inaugural da Universidade Federal da Paraíba, cartas e telegramas relativos a toda sua vida. Entrevistas, filmes (duas versões de o *Auto da Compadecida*) e vídeos.

Tive um empenho enorme em *aproximar-me* mais e mais de sua vida e de suas idéias, com a convicção de que jamais terei um conhecimento total sobre seu pensamento, que escapa das noções de linearidade, causalidade ou determinação.

A trajetória da pesquisa revela um conhecimento em espiral, no sentido que Edgar Morin empresta ao termo, uma teia infinita de associações, simbioses, retroações e relações que não se apreendem linearmente, porque constituem um conjunto de "variáveis ocultas não-locais", sincronicidades nem sempre explícitas.

Essa teia de uma vida levou-me a fazer um levantamento das dissertações de mestrado e teses de doutorado defendidas sobre ele, no Brasil e no exterior. Consegui textos publicados em jornais, em livros, e trabalhos apresentados em congressos e festivais de música. Em sua casa, no bairro de Casa Forte, de classe média alta, onde se incrustam duas vilas populares, foram-me revelados novos espaços de subjetividade, permitindo-me uma aproximação maior a seu pensamento.

Todo esse universo suassuniano foi, aos poucos, sendo vislumbrado por mim, como se estivesse olhando através de um potente telescópio e descobrisse planetas, estrelas, constelações.

Durante uma "Aula-Espetáculo"[1] proferida na I Feira Internacional do Livro do Recife, em maio de 1997, narrou o "caso" de Tico, morador de uma vila popular da rua do Chacon, rua onde mora:

> Eu não concordo muito com o conceito de Classe em Marx, não... Vejam só... Na minha rua, moram: um Barão do Dinheiro, Fernando Santos; um Barão da Política, Governador Miguel Arraes, e um Barão do Saber, que sou eu... Para Tico, eu e Fernando Santos somos da mesma classe, até geograficamente, pois a rua é inclinada: moramos no alto, e Tico embaixo. Pra Fernando Santos, do ponto de vista econômico, eu e Tico somos iguais. Penso que deve ser adicionada a questão do prestígio para se entender Classe. Tico, um dia, me disse: "Doutor Ariano, eu sou seu capanga. Não vou deixar ninguém tocar no senhor". "Mas Tico, eu não preciso de capanga", respondi. Acontece que eu é que era capanga de Tico, pois ele dava um trabalho danado, bebia e aprontava. Certa vez, Tico veio me pedir uma carta de apresentação para o Delegado de Casa Amarela, pois aquele o havia intimado. Deveria se apresentar, e estava com medo de ficar preso, de apanhar na delegacia. Respondi: "Tico, eu não conheço esse Delegado". Tico retrucou: "Mas ele lhe conhece, doutor Ariano". Escrevi a tal carta, cheia de elogios: bom filho, bom marido, bom pai. No final do dia, chega Tico: "Eu não disse, doutor Ariano?!... Nem apanhei, nem fiquei preso..." Essa sociedade tem que ser reformulada. Fico aqui pensando: que bom seria se Tico não apanhasse por ser simplesmente o cidadão Tico, e não por conta da minha carta... Esse é o país que eu gostaria...

O público presente aplaudiu entusiasticamente.

No meu segundo encontro, a surpresa de uma casa sem campainha. Apenas, um sino. Toco-o. Ninguém responde. Dois moradores da Vila Popular informam-me que "Ariano está aí", e vão chamá-lo.

1 Aula-espetáculo: atividade da Secretaria de Cultura, proposta por Ariano, a fim de divulgar a cultura pernambucana, nordestina e brasileira, sem gastos financeiros, com o apoio do Ministério da Cultura. Há 3 tipos de aula: a *Ampla* (com músicos, bailarinos e atores), a *Reduzida* (com dois artistas), e a *Reduzidíssima* (apenas com Ariano).

A porta da sala se abre. Surge Zélia, sua mulher: "Entre, Ariano já está vindo", me diz com um sorriso simpático e acolhedor. Entro, sento numa cadeira de balanço da sala de visitas, decorada com pinturas e esculturas da família. Numa das cadeiras, uma capa bordada de lantejoulas, vestimenta do caboclo-de-lança do maracatu rural, presente do Mestre Salustiano, Mestre Salu, do Maracatu Piaba de Ouro.

Com a maior alegria, sentamos e começamos a conversar em tom amigável, em meio a risos. A tônica dos nossos encontros tem sido sempre de muito humor. Nesse dia, especificamente, iniciou nossa conversa reafirmando: "**Quaderna** não é um covarde, é um estrategista. Ele é muito esperto, finge-se de besta diante do Corregedor para enganá-lo e se livrar da prisão". Digo, concordando: "Já reli com cuidado, e também vejo **Quaderna** desse modo".

Trata-se de um personagem emblemático, pois representa um dos tipos mais importantes existentes no sertão nordestino: o chamado "amarelinho", homem do povo, que enfrenta as adversidades da vida com astúcia, é também representado pelos personagens **João Grilo**, **Chicó**, **Cancão**, **Benedito**.

Ariano começa a falar de seu pai, com voz entrecortada pela emoção. Evita chorar, porque sertanejo é forte, não chora na frente de ninguém:

> Sabe, nos últimos anos, tenho feito uma autocrítica, uma autoavaliação... Não tem sido fácil, é muito doloroso. Mas é que eu queria entender melhor algumas posições que tomei ao longo da vida... Meu pai foi assassinado – no Rio de Janeiro – quando eu tinha 3 anos de idade, por conta de questões políticas ligadas aos episódios da Revolução de 30, em Princesa, cidade do sertão da Paraíba. Eu cresci lendo jornais falando mal de meu pai... Era a luta do bem contra o mal. O bem era o urbano, que representava a modernidade, o progresso, o governo. O mal era meu pai, que significava o atraso, o primitivo, por ser rural. Sabe o que fiz, para conseguir viver, pois

aquilo me doía muito?... Resolvi inverter: o bem era o rural, o mal era o urbano... Pautei toda minha vida nisso...

Isso teve sempre uma repercussão enorme em toda minha obra... Até cometi um erro histórico em *A Pedra do Reino*... Eu digo em *A Pedra* que a Guerra de Princesa e Canudos são similares. Está errado!... Em Princesa, era a burguesia urbana contra a aristocracia rural (representada pelo meu pai); enquanto, em Canudos, era a burguesia urbana contra o povo! Mas eu não conseguia enxergar isso. Ainda bem que, em literatura, existe a licença poética!...

Na fala, transparece a luta do Brasil-oficial com o Brasil-real, o entrechoque de dor e luta, povo e elite, entrechoque de Brasis.

Retomando a importância do pai, transcrevo o poema que o autor escreveu em homenagem a João Suassuna, com voz suspirosa de filho sofrido:

Fazenda Acauhan

(Lembrança de Meu Pai) – Com tema de Janice Japiassu

Aqui morava um Rei, quando eu menino
vestia ouro e Castanho no gibão.
Pedra da Sorte sobre o meu Destino,
Pulsava, junto ao meu, seu Coração.

Para mim, seu Cantar era divino
Quando, ao Som da Viola e do bordão,
Cantava com voz rouca, o Desatino,
o Sangue, o riso e as mortes do Sertão.

Mas mataram meu Pai. Desde esse dia
eu me vi como um Cego, sem meu Guia,
que se foi para o Sol, transfigurado.

Sua efígie me queima. Eu sou a presa,
ele a brasa que impele ao Fogo, acesa,
Espada de ouro em Pasto ensangüentado[1]

1 SUASSUNA, A. *Seleta em prosa e verso*, 1974: 99.

O peso da figura paterna ressoa também na vida do autor:

> Descobri, também, o porquê de eu admirar tanto Euclides da Cunha... Eu sempre me considerei da linhagem de Euclides da Cunha... Mas havia mais... Comecei a lembrar-me de que o primeiro exemplar que li de *Os Sertões* pertenceu a meu pai... Meu pai era louco por Euclides da Cunha, pelo *Os Sertões*, inclusive escreveu algumas coisas sobre esse livro, e eu as integrei no meu discurso de posse na Academia Brasileira de Letras... Além disso, meu pai parece muito – fisicamente – com Euclides da Cunha...

E, realmente, a semelhança é impressionante quando se compara a foto do pai com a de Euclides. Talvez, por isso, Ariano chegue mesmo a confundi-los, estabelecendo uma relação quase simbiótica entre eles.

Nessa noite, falou ainda da sua mãe, d. Rita, que obrigava todos os filhos, após o assassinato de João Suassuna, a cantarem o Hino de Princesa, sob o comando, ao piano, de Saulo, seu irmão mais velho, nas vezes em que sua casa se encontrava cercada pela polícia. Nesses tempos de perseguição política, o medo da mãe era mais forte, e o menino Ariano cantava o hino.

A fortaleza, determinação e justiça da mãe se reencontram em personagens femininos como **tia Filipa** de *A Pedra do Reino*, **Rosa** de *Uma Mulher Vestida de Sol* e **Nossa Senhora** de o *Auto da Compadecida.*

Após esses relatos, perguntou-me: "Como eu poderia não me misturar com minha obra?... Eu sou passional demais, e tudo isso sou eu..."

Essa paixão é devidamente reconhecida nos escritos, numa simbiose que denota o destemor e o desassombro em se desvelar. Um furacão de sentimentos se faz presente na obra, como se fosse atingido pelo retorno do seu escrito, numa causalidade reversível que ultrapassa de longe uma possível linearidade. Ao contrário disso, deparamo-nos com um reino de antagonismos, complementaridades e concorrências, uma verdadeira dialógica entre vida e obra.

Em nossas longas conversas, foram sendo desbravados temas variados: sua infância no sertão da Paraíba, na cidade de Taperoá; a vivência com os sertanejos, a dureza da vida naquelas terras secas; seu desempenho político como Secretário da Cultura da Cidade do Recife e do Estado de Pernambuco; sua influência na "cena" musical pernambucana, com o resgate de figuras importantes como Mestre Salustiano (seu assessor); o ressurgimento do Movimento Armorial – Romançal (segunda fase) – com o Quarteto Romançal, a Trupe Romançal de Teatro, o Circo Popular, o Teatro Arraial (com espetáculos gratuitos), a Ilumiara Zumbi; sua relação com escritores, músicos, cineastas, artistas plásticos, diretores de teatro e televisão, do Brasil e do exterior.

Além da pesquisa documental e das idas freqüentes à sua casa, acompanhei-o a São José de Belmonte (sertão de Pernambuco), no último fim de semana de maio de 1997, por ocasião da **V Cavalgada à Pedra do Reino**, em comemoração aos seus 70 anos, uma encenação de *A Pedra do Reino*, realizada todos os anos, desde 1993.

Durante os quatro dias em Belmonte, participei de todas as festividades: aula-espetáculo, inauguração do Memorial da Pedra do Reino, apresentação de grupos populares (músicos, cantores e bailarinos), Cavalhada e Cavalgada: "Maior aula-espetáculo do mundo, pois a cidade inteira se transmuda em personagem do meu romance". Sempre costuma relembrar que escreveu *A Pedra do Reino*, baseado em fatos históricos ocorridos nessa região (fronteira com a Paraíba), como se a arte imitasse a vida; e a vida, com a encenação do romance, demonstrasse o vigor da criação plasmada no real.

Na aula-espetáculo, reiterou sua aversão ao *rock*, que representa o progresso, o urbano, a civilização, tendo mesmo se posicionado contra o financiamento de roqueiros pela Secretaria de Cultura do Estado.

Nessa mesma data (29/5), matéria no *Jornal do Commercio*, do Recife, revelava a dotação de verbas de sua Secretaria para o evento **Abril pro Rock**, para *tournées* das bandas Chico Science & Nação Zumbi e Mestre Ambrósio. Questionado sobre isso, respondeu-me: "Não, eu continuo não financiando... Mas eu não veto os pedidos".

Nos pensamentos desse homem foi sendo revelado um universo povoado de mitos, "uma dialógica anticausal entre os itinerários racional–lógico–empírico e mítico–mágico–simbólico, como anti-cartesianos da linhagem de um Edgar Morin, dentre outros, vêm propondo para uma ciência nova. Ao vocabulário minado das certezas e teleologias científicas, portador de um vocabulário único, essa discursividade renovada conteria vários vocabulários oriundos de terrenos míticos, imaginais, históricos, inconscientes, numa espécie de bricolagem instaurativa capaz de recriar o outro e o mesmo".[1]

Talvez Ariano Suassuna queira entender a cultura brasileira por meio de uma leitura dialógica entre os itinerários racional–lógico–empírico e mítico–mágico–simbólico, desejando ir além das superfícies para verificar o chão e os subterrâneos de nossa cultura. Nesse sentido, seria um **viajante moderno**, "feliz expressão de Todorov para definir um tipo de subjetividade que se metamorfoseia a si própria para transformar-se em algo mais totalizado, que pensa desnaturalizar o discurso duro do pensamento teórico, para reorientá-lo para canais mais holográficos, portadores de sentido e percepções transhistóricos"[2].

O cadinho de sua *Ilha Brasil* funde a visão edênica com o Eldorado. É paradisíaca, escreve Pero Vaz de Caminha ao Rei Dom Manuel, o Venturoso; é nessa ilha que, um dia, ressuscitará El-Rei Dom Sebastião, o Rei encoberto, o Rei desejado. No dizer de Antero de Figueredo:

1 CARVALHO, E. Estrangeiras imagens. In: CASTRO, CARVALHO, ALMEIDA (orgs.) *Ensaios de Complexidade*, 1997: 10.

2 *Ibidem*.

> O Sebastianismo não passa de um trôpego sentimento, sem deixar de ser, aliás, alívio na hora da opressão; apelo ao devaneio que dulcifica as dores; culto de esperança que sorri ao desalento. [...] As almas portuguesas, tendentes ao maravilhoso e pertinazmente absorvidas nestas idéias-sentimentos, suspiravam por um D. Sebastião que as redimisse, um Messias que as salvasse. [...] O sebastianismo é um estado de sentimento saudoso de alguém que puramente viveu e procedeu no ideal da pátria. [...] Este Sebastianismo é energia. [...] É uma força tradicional e espiritual da nação portuguesa. O Sebastianismo é ontem, é hoje, é amanhã. O ontem está na segurança que o português sempre teve nas energias sobrenaturais que constituem a trama sensível da sua pátria, o hoje, na consciência delas e na tenacidade para as pôr em ação; o amanhã, no brilho de esperança que timbra os olhos patriotas.
>
> Assim considerado, o Sebastianismo não tem o bafio de um arcaísmo, mas sim o frescor de um neologismo. Poderá, portanto, dizer-se que o Sebastianismo foi, é e será sempre o mesmo que nacionalismo[1].

Em *A Pedra do Reino*, **Quaderna** nos conta: "a tradição da minha família é sempre a fundação de um Reino junto a uma Pedra, dentro da qual, prisioneiro e encantado, está El-Rei Dom Sebastião, o Desejado"[2]. El-Rei não morreu, encantou-se. A tentativa é recompor a trajetória do mito da batalha de Alcácer-Quibir, travada em 1578 na África, para o sertão. Tempo não-linear e espaço qualitativo, próprios do mito. A tentativa explicita-se a cada nau catarineta, a cada incursão à Pedra do Reino.

Tal trajetória transcende linearidades, ao mesmo tempo que traz à tona o arquétipo do herói, encarnado por D. Sebastião, e reencarnado em Conselheiro, Lampião, Padre Cícero, e em beatos por esse sertão afora. O Sebastianismo nordestino é amplo e fornece subsídios para a conformação da visão paradisíaca do

1 FIGUEIREDO, A. *D. Sebastião, rei de Porgugal*, 1925: 439-444.

2 SUASSUNA, A. *A pedra do reino*, 1971: 37

Brasil, lugar escolhido por D. Sebastião para ressuscitar, devido às suas qualidades de flora, fauna, sua riqueza e seus tesouros.

O mito de D. Sebastião existe no sertão: o rei está vivo, mas **encantado**, deve voltar um dia e estabelecer a justiça na terra. *A Pedra do Reino* é uma epopéia admiravelmente heróica, de tom épico e satírico, situada no âmbito da estrutura heróica, caracterizada, principalmente, pelo enfrentamento do monstro, estrutura masculina por excelência, racional, própria da civilização ocidental.

Esse mito do herói encontra-se igualmente em **Quaderna**, **Benedito**, **João Grilo**, **Cancão**, seu pai e seus tios. Permanece intenso na pintura e desenhos do autor, expressando a necessidade incontida de vencer o monstro representado pelas condições adversas do sertão.

O conjunto formado pela *Pedra do Reino* e *O Rei Degolado* recria uma mitologia brasileira. No Folheto número XLIV de *A Pedra do Reino*, denominado *A Visagem da Moça Caetana*, **Quaderna** descreve a visagem da morte, que impregna a narrativa.

A Onça é o animal mitológico mais importante, identificado com a morte violenta, que, no sertão, é chamada **Caetana.** Trata-se de uma divindade tapuia-sertaneja: ela é "bela, imortal e eternamente jovem, dotada daquela beleza ao mesmo tempo cruel, terrificante e fascinadora que é própria de sua hierarquia divina"[1]. Seu mito de criação é narrado por **Quaderna**:

> No começo imemorial dos tempos, vira as plantas e animais sertanejos surgirem, pela primeira vez no mundo deserto, do barro úmido, quando as Divindades cariris se ajuntavam carnalmente entre si e pingos de sangue dos deuses-machos e das fêmeas caíam do céu e do sol no chão, e geravam, assim, da terra, os rebanhos de todos os bichos que ainda existem. Era, quase sempre, no tempo da chuva, que tais coisas aconteciam. Depois, mesmo nos meses de estio com o Sol abrasador queimando o Sertão velho, vira deuses machos e fêmeas deixando-se atrair sexualmente por esses animais,

1 SUASSUNA, A. *História d'O rei degolado nas caatingas do sertão: ao sol da onça caetana*, 1977: 11.

descendentes seus. Um deus-macho qualquer, sob forma de Jaguar, cobria uma Anta fêmea, ou então uma divindade fêmea, sob forma de Garça, deixava-se possuir por um Gavião. Assim, como resultado desses incestos e metamorfoses, surgiram os primeiros homens e mulheres, os Tapuios e Tapuias-Cariris, antepassados dos nossos índios de cara de pedra, dos astecas, maias, incas e toltecas, e, portanto, geradores primeiros de toda a Raça humana.

A todos esses momentos de violação e metamorfose, Caetana assistia; de todas essas posses ela participava, ora sob forma macha, ora sob forma fêmea, estremecendo com seu sangue nas convulsões dos partos e nos estremeços do gozo. Do sangue de todos os homens-machos que nascem, ela faz apossar um dos seus Gaviões, e do sangue das mulheres-fêmeas a cobra-coral *Vermera*. É por isso que toda mulher, quando goza ou quando entra em agonia, se contorce como uma Serpente. É por isso que todo homem, quando goza ou quando morre, estremece todo, cerrando os dentes e, logo depois, abrindo e fechando a boca, no feio e sagrado espasmo do Gavião profundamente ferido. E, finalmente, é por isso que todos os homens e todos os filhos e filhas dos homens, são também filhos da morte, nenhum deles escapando a suas garras maternais e cruéis.[1]

1 *Ibidem.*

A Onça Castanha parece pairar por todo o Brasil e o restante da América Latina. Esse **Castanho**, que vem se forjando no Brasil, e mais especificamente no sertão, é um sonho inconsciente perseguido por todo o povo brasileiro. A Onça Castanha representa a própria mediadora entre os mundos branco, negro e amarelo. É seu centro sagrado, arquetípico, buscado continuamente pelos filhos da Rainha do Meio-Dia.

A Onça Caetana tudo sabe. Enxerga presente, passado e futuro simultaneamente; põe-nos diante da sincronicidade de um tempo não-linear e da irreversibilidade da seta do tempo.

Por ser uma divindade cariri, a Moça Caetana é morena. Circunscrevendo-se no âmbito do Brasil, a Onça – "animal heráldico por excelência", é símbolo da morte que tanto persegue o próprio Ariano, quanto o sertanejo, o nordestino, o brasileiro.

A recriação e transfiguração do mito da fome encontram-se personalizados por Bernardo Cintura: "porque a pessoa com fome – isto é, possuída por Bernardo Cintura –, fica magra, seca e de barriga fina, de cintura afinada"[1]. Esse universo contém, igualmente, a miséria personalizada por Dona Murzela e a nudez de Manuel de Matos, mitemas baseados em invenções coletivas do povo brasileiro, simultaneamente sertanejos e brasileiros, locais e não-locais, singulares e universais. Seu realismo mágico pretende revelar um universo complexo de significações, repleto de metáforas. Vejamos no seu poema *A Onça*, escrito na forma do martelo gabinete[2] dos Cantadores, a explicitação dessa complexidade:

> Essa Flecha cruel que despedaça
> a carne dos Carneiros e bezerros,
> Eis o Bicho sagrado, o velho Medo,
> no Sangue mal cravado dos meus erros:
> a Romã coroada, o doido Fruto,
> a mordida do Sono e do Desterro.
>
> O vermelho Clarão, o Verde escuro
> e o Mundo-ouro e enxofre envenenado
> Processo da serpente, asas de Arcanjo,
> olhos cegos no Sol incendiado.
> Que maldade se encerra na Beleza?
> Que sangrento no Molde iluminado?
> Do rebanho maldito, um verde Musgo,
> e às Pedras, a ferrugem verde tinge.
> À luz azul do Cérebro inquieto,
> o Crime dorme, oculto na meninge.
> É divina essa Chaga que o Sol cura
> e o Anjo é soletrado em cega Esfinge.

1 *Ibidem*, 132.

2 Forma popular de composição poética que comporta estrofes de seis versos, cada uma contendo dez sílabas (cf. SUASSUNA, A. *Notas sobre o romanceiro popular*, 1974: 108).

O topázio dos olhos, das Estrelas,
a pele de ouro e negro, espinhos brancos.
A luxúria de púrpura e Desejo
na polpa rubra do macio Flanco
Canta em meu sangue a Flauta dos meus ossos,
a corneta da Tíbia e o Punho manco.

Quem me sopra o transpasse e a Solução?
Quem me sussurra o fogo desta Voz?
Ai, perigo de ser do meu cansaço!
Ai, papoula da vida, sangra os Nós!
E vai, e esquiva e foge, e espreita a Sombra
na cabeça de cacto feroz![1]

1

SUASSUNA, A. *Seleta em prosa e verso,* 1974: 108.

O trecho a seguir, de sua tese de Livre Docência, *A Onça Castanha e a Ilha Brasil*, é revelador dessa metaforização também encontrada no discurso científico:

> Nessa espécie de Geografia mítica que venho empreendendo, é necessário destacar que, na Península Ibérica, existe um deserto, um Sertão – que é a Castela espanhola, despojada e ascética – e um Éden verdejante e tropical, que é a orla litorânea de Portugal. É por isso que Castela e o Sertão têm mais GRANDEZA, enquanto Portugal e a Zona da Mata têm mais GRAÇA.
>
> Talvez seja por isso que, dos Mitos que mais influenciaram os povos ibéricos, um é mais feminino, vegetal e português – o do Paraíso Edênico –, e o outro é mais solar, pedregoso, masculino e espanhol – o do Eldorado. O do Paraíso, mais litorâneo; o do Eldorado, mais sertanejo e sertanista.[2]

2

SUASSUNA, A. *A onça castanha e a ilha Brasil,* 1976: 24.

A cultura inventada e reinventada, por meio dessas ressonâncias míticas, assim como o Brasil que emerge de sua obra, acenam no sentido de uma ciência criativa, infinitamente metamorfoseada e reencantada. Segundo o autor, não há incompatibilidade entre arte e ciência, pois:

> Se a Ciência rotineira e medíocre não se entende bem com a Arte e a Literatura, estas se entendem muito bem com a verdadeira Ciência, porque a Arte e a Ciência têm um só e mesmo núcleo, e ambas valorizam não somente a reflexão mas também a imaginação e a intuição [...] É com o cientista medíocre que nós não nos entendemos – e a meu ver a primeira característica da Ciência verdadeira é não ter espírito rotineiro. A segunda é a de não querer impor idéias-feitas aos fatos. [...] Nossa convivência só é difícil com o espírito rotineiro e acadêmico. Quando encontramos afirmações dogmáticas feitas *a priori* e das quais não se pode discordar e nem sequer suspeitar ou duvidar, então fica muito difícil a convivência. Principalmente quando, com minha intuição – que intuição eu tenho – eu pressinto que aquilo que o cientista afirma é errado. Porque em tais momentos se costuma lançar em meu rosto o fato de que eu sou um escritor, e não um cientista, e de que, portanto, em mim, a imaginação ocupa o lugar que deveria ser ocupado pela reflexão.[1]

1 SUASSUNA, A. *Uma teoria da arte rupestre*, 1991: 127.

O sopro forte do mito no universo suassuniano desenrola-se no terreno da epopéia, reintroduzindo o mito no reino do romance, ultrapassando o realismo, aproximando o homem do divino:

> [...] A Terra é uma Vaca, "uma vaca enorme, arcangélica e esquisita, que vive mijando rios para o mar", como explicou muito bem o nosso Profeta Nazário. Dizem eles que, num certo lugar da Terra, existe uma enorme Gruta, cuja entrada é comprida e estreita em relação à largura, uma Fenda cuja entrada é feita de pedra coberta de musgo verde e veludoso. O Mar, Tigre verde-azul, foi parido pela Vaca arcangélica da Terra através dessa Gruta verde, e é por isso que às vezes a Terra dá esses poderosos mugidos, chamando o filho estranho e felino, de cabelos verdes, nos momentos de perigo.[2]

2 SUASSUNA, A. *Romance d'A pedra do reino e o príncipe do sangue do vai-e-volta*, 1971: 329.

A terra, como vaca, amplia o mundo heróico no sentido de uma disseminação/dissipação, de um transbordamento pleno. "A tentativa de Suassuna de interpretar e decifrar o real e mítico do Sertão, de fornecer uma visão total do mundo, leva-o à concepção épica da sua obra."[1]

Os mitos que emergem de suas narrativas se imbricam e nos enredam nesse sertão sonhoso; explicitando a idéia de teia que é encontrada em *A Pedra do Reino*, no Folheto XXXVII, intitulado *A Teia do Meu Processo*, e em trechos da *Vida Nova Sertaneja*, como: "De outras vezes, voltava o mito da Mulher, agora unido pelos sonhos recentes, a outros enigmas e temas desse bicho estranho, o Mundo, temas poderosos como o Amor e o Tempo, como se tudo isso fosse ligado por uma teia, por um segredo cuja chave eu perdera"[2].

Ariano insiste em "jogar com certos sentidos que se escondem atrás das palavras, principalmente as de sentido ambígüo e polivalente". O Mito é "daquelas palavras que me agradam – carregada de sentidos diferentes, ambígüos e aparentemente contraditórios, sentidos que vão da Utopia à Quimera, da Alegoria ao Símbolo e ao Enigma"[3]. Creio ser no âmbito desse entendimento que Lévi-Strauss assegura que "a ordem do mito exclui o diálogo"[4], porque os mitos acabam sempre por repetir as mesmas coisas.

O sertão é terra de ninguém, deserto ameaçador donde emergem deuses e diabos, sob a égide do acaso, do caos e da fatalidade. Esses seres-ameaçadores espreitam o homem por dentro e por fora. Em meio ao caos que os alimenta, estabelecem continuamente a recriação da ordem, num processo infinito de auto-eco-organização.

Mas é necessário que o homem decifre o sertão, e que lhe imponha um sentido. O sertão "é a esfinge a resolver, a Onça a domar, mesmo sabendo que essa fera, bela como seja, é hostil e feroz e terminará por nos despedaçar com suas garras"[5].

1 SANTOS, I. dos. Uma epopéia do sertão. In: SUASSUNA, A. *História d'O rei degolado nas caatingas do sertão: ao sol da onça caetana*, 1977: XV.

2 SUASSUNA, A. *Poemas*, 1999: 176.

3 SUASSUNA, A. Notas do Autor. In: *História d'O rei degolado nas caatingas do sertão: ao sol da onça caetana*. 1977: 129, 130.

4 LÉVI-STRAUSS, C. *Mythologiques 4*, 1971: 585.

5 SUASSUNA, A. *Encantação de Guimarães Rosa*, 1967: 91.

Em meio à transfiguração da vida que se opera por meio do sopro da imaginação, o autor invoca uma fidelidade à sua vivência. Na sua inquietação, constrói um castelo mítico-poético peculiar, sob o barulho forte das feras a desarmonia harmoniosa e alucinante do sertão, do sertão que é o mundo, como pode ser depreendido em *Lápide – Com tema de Virgílio (o Latino) e de Lino Pedra-azul (o Sertanejo)*:

> Quando eu morrer, não soltem meu Cavalo
> nas pedras do meu Pasto incendiado:
> fustiguem-lhe seu Dorso alanceado,
> com a Espora de ouro, até matá-lo.
>
> Um dos seus filhos deve cavalgá-lo
> numa sela de couro esverdeado,
> que arraste pelo chão pedroso e pardo
> chapas de Cobre, sinos e badalos.
> Assim, com o Raio e o cobre percutido,
> tropel de cascos, sangue do Castanho,
> talvez se finja o som do Ouro fundido.
>
> Que, em vão – Sangue insensato e vagabundo –
> tentei forjar, no meu Cantar estranho,
> à tez da minha Fera e ao sol do Mundo![1]

1 SUASSUNA, A. *Seleta em prosa e verso*, 1974: 116.

Trata-se de um poema com fortes ressonâncias míticas, porque "Suassuna justapõe seu corpo ao do cavalo, criando esta simbiose mitológica entre homem e animal que se encontra bem expressa pelos seus predecessores nordestinos com a imagem do *centauro*"[2]. A fera à qual se refere é, ao mesmo tempo, morte e vida, sertão e mundo. Como uma erupção vulcânica, num arrebatamento lírico desmedido, brotam de sua obra as imagens da terra, devaneio extremo de quem permanece fincado no sertão:

2 SANTIAGO, S. Situação de Suassuna. In: SUASSUNA, A. *Seleta em prosa e verso*, 1974: 116.

> [...] da terra agreste, espinhenta e pedregosa, batida pelo Sol esbraseado, parece desprender-se um sopro ardente, que tanto pode ser o arquejo de gerações e gerações de Cangaceiros, de rudes Beatos e Profetas, assassinados durante anos e anos entre essas pedras selvagens, como pode ser a respiração dessa Fera estranha, a Terra – essa Onça-Parda em cujo dorso habita a Raça piolhosa dos homens.[1]

Esse trecho induz a ocultidades que funcionam como cintilações, a personagens e acontecimentos sertanejos como Lampião, Corisco, Padre Cícero, e Conselheiro, religados no e pelo Sertão.

Nele, a terra-mãe acolhedora é também cruel, e o sertão é algo indomado, fera pronta a destroçar. Talvez aqui se encontre expressada a própria trajetória da existência, na qual a morte permanece irredutível.

Ariano coloca-se plenamente no viver para viver. Data sua pedra. Desbrava seu tempo, sua cultura, sua sociedade, retomando a vida sofregamente, retornando à vida sob a forma de palavras-imagens que transmudam o real num universo de áspera poesia. Nessa relação simbiótica com seus escritos, está convicto de que não escapará às garras desérticas da terra-fera, pois "na vida, como nas idéias, só é possível dar um passo a frente, se o fazemos perigosamente. Não há meio termo: o perigo prefigura quase sempre 'reservas de complexidade', prontas a emergir e recolocar o sistema em metapatamares de reorganização"[2].

Nas brenhas de sua terra, a crueza do sertão se desdobra de modo multifacetado:

> O Sertão é bruto, despojado e pobre, mas, para mim, é exatamente isso o que faz dele o Reino! É exatamente isso o que me dá coragem para enfrentar o sofrimento e a degradação que me despedaçam e mancham todos os momentos de minha vida – ao ver a

1 SUASSUNA, A. *Romance d'A pedra do reino e o príncipe do sangue do vai-e-volta,* 1971: 3.

2 ALMEIDA, M. de. Complexidade – do casulo à borboleta. In: CASTRO, CARVALHO, ALMEIDA (org.) *Ensaios de complexidade*, 1997: 6.

fome, a feiúra e a injustiça –, ao ter o pressentimento da morte, da tristeza e da insanidade, em mim e nos outros. O que me dá ainda coragem é poder esperar pelo dia em que minha vida se identificará – pelo Deserto ou pela Morte, não sei! – com essa áspera Terra – pedregosa, crestada pelo Sol divino, misericordioso e cruel, pela faca da poeira e pelo chicote da ventania, e onde galopa, em cavalos magros, facínoras bronzeados, sujos e maltrapilhos – esses que são os Heróis da minha Epopéia pobre e extraviada.[1]

1 SUASSUNA, A. *História d'O rei degolado nas caatingas do sertão: ao sol da onça caetana*, 1977: 65.

Mas a terra dura cede ao olhar assombroso, pedinte e veemente do autor, que forja um significado de beleza:

> [...] reconheço que o Sertão é pobre, pardo, espinhento, pedregoso e empoeirado. Mas, ao contrário deles, é por isso mesmo que o acho belo e bruto, grandioso e austero – o Reino Encantado do Sete-Estrelo do Escorpião. [...] Quer dizer: eu acho o Sertão bonito exatamente por causa daquilo que os *delicados* acham feio nele – o nosso Povo mameluco, tapuio-ibérico, de cara de bronze e pedra; o Sol implacável; os nossos estranhos heróis, personagens de uma Legenda obscura e extraviada; as estradas e Caatingas empoeiradas, pedreguentas e espinhosas; as casas-fortes quadradas, brancas, achatadas e baixas, meio mouras, de paredes de pedra-e-cal ou de taipa, e de chão de tijolo; e a Caatinga espinhosa e selvagem, povoada de répteis envenenados, de aves de rapina, escorpiões, maribondos e piolhos-de-cobra.[2]

2 *Ibidem*: 65, 66.

A terra seria, então, o palco mesmo dos conflitos do homem; por isso, essa intensa e íntima correlação e/ou identificação entre Ariano e sua terra-sertão, um estranho emaranhado que os transforma num mesmo e único ser:

> [...] Se essas coisas acontecem comigo talvez com um pouco mais de intensidade, será, antes de tudo, porque sou um Sertanejo, e é com mais dureza que nos tratam, a nós seus devotos, as implacáveis Divindades castanhas da morte do Sertão. Na verdade, Sr.

Corregedor, toda vez que o senhor passar pelas pardas estradas e Caatingas aqui do Sertão, olhe a terra com o respeito que sempre nos infunde qualquer lugar sagrado. Existem poucos pedaços desse nosso áspero tabuleiro, do nosso pedregoso chapadão de carracais, desta terra dura parda, destes grandes Lajedos incrustados de cristais e malacachetas, que não estejam embebidos, molhados ou manchados de sangue. Não é somente o sangue dos Santos, Mártires e Profetas que sacraliza a terra: o sangue de qualquer homem a marca para sempre, e aqui há muito sangue, bebido e perdido por esta terra seca, pela poeira parda do Sertão.[1]

1 *Ibidem*: 77.

Da mesma maneira que para judeus e cristãos, irrompe aqui a sacralização da terra, marcada pelo delírio e sacrifício dos heróis. A *Terra Santa* é a Palestina, que corresponde à *Terra Pura* de Platão, ao Paraíso terrestre, à *Terra Prometida*.

Delineia-se o cenário: a terra-sertão, "como alguma coisa de sagrado, de resumo e, ao mesmo tempo, contrário do Mundo"[2]. Brotam os personagens: terra-homem-árvore-pedra-animal, vida em que tudo parece se comunicar. "É por isso que, no Sertão, até a morte é mais natural: não há grande diferença entre a morte de um homem que morre de doença ou de tiro, e a morte de uma rês que foi picada por uma cascavel."[3] Inventa-se o enredo composto pela tríade: terra, fera e mito! "O Sertão, como eu disse, é o mundo, que o homem tem que decifrar, para dar-lhe aquilo que ele não tem por si só, um sentido. É a esfinge a resolver, a Onça a domar, mesmo sabendo que essa fera, bela como seja, é hostil e feroz, e terminará por nos despedaçar com suas garras."[4]

2 SUASSUNA, A. *Encantação de Guimarães Rosa*, 1962: 91.

3 *Idem*: 84.

4 *Ibidem*.

Aqui se revela o sopro desarmonioso do sertão suassuniano, essa terra de ninguém mítica e transcendente que faz com que os sertanejos se proponham as mesmas perguntas de todos os homens: Quem somos? De onde viemos? Onde estamos? Para onde vamos?

O caos que os ameaça pode ser entendido no mesmo plano da desordem primordial do *Gênesis*. A terra-sertão é território desterritorializado, no qual a infinita recursividade ordem-desordem-reorganização teima em seguir viva. Por isso, o sertão permanece reconstruindo-se, refazendo-se. Essa terra-sertão é o cenário de sua peça *Uma Mulher Vestida de Sol*, espécie de tragédia nordestina, expressa no personagem **Juiz**:

> Vim por uma estrada parda, por entre pedras calcinadas e escorpiões, arriscando a vida diante das cobras cascavéis e das corais de cores radiosas. [...] Pobreza, fome, seca, fadiga, o amor e o sangue, a possessão das terras, as lutas pelas cabras e carneiros, a guerra e a morte, tudo o que é elementar no homem está presente nesta terra perdida.[1]

1 SUASSUNA, A. *Uma mulher vestida de sol*, 1964: 21, 22.

Mais adiante, **Manuel** reconhece:

> Numa terra desgraçada em que os mortos são enterrados no chão duro, a coisa mais fácil é se esquecer do lugar onde foi a sepultura.[2]

2 *Ibidem*: 26.

Mesmo assim, **Rosa** retruca:

> Quanto a mim, quero ser enterrada aqui. Minha terra é esta: dura e seca, cheia de pedras e espinhos, mas quero ficar nela, quando morrer.[3]

3 *Ibidem*: 34.

Ariano sempre nos põe diante da poética aspereza da terra, ao mesmo tempo que tece uma estranha e íntima teia entre terra e fogo, relacionando-os de maneira irrevogável. Esse cenário rude, árido e belo explode nas expressões imaginais presentes nos poemas que reuniu sob o título *O Pasto Incendiado*, escritos entre 1945-1955:

Ali, há estranhas aves, as Emas e os Pavões
cavam a terra, os Pebas e os Tatus esquisitos
E guerreiros armados de Esporas e ferrões,
de armaduras de couro, cravejadas de cobre,
lutam contra Soldados e oficiais amarelos,
ao Fogo dos clarins e aos toques de seu Dobre.

No reino existem morros Castanhos e esquisitos,
que estremecem o Mundo ao som de seus estrondos.
Certo dia, perdi-me nos Pragais assolados
do rochoso e selvagem Brasão do Desmedido,
chegando a um desses Morros, escuro e Rebelado
era farto de Pedras empilhadas e negras
de ferro escuro, a Fogo, modelado e fundido.
Ali, por entre as Pedras, mordidas de Ferrugem,
rodilhadas e negras como Cobras que o fogo
tivesse endurecido, aos dentes da Assassina,
os negros Capuxus ferozes fabricavam
o Mel que moradores Queimados arrancavam
na fumaça cheirosa mas Acre de resina.
Vi a Furna das onças, que Eles alumiavam
e onde se viam Ossos, e chifres e carcaças,
à luz de Fachos feitos com rubros Entrecascos;
foi talvez por ali que um rebanho de Diabos
entrou em nosso Mundo vermelho e Empoeirado,
Despojando-se, então, dos Chifres e dos Cascos.

Nas igrejas caiadas, de Portais empedrados,
a argila dos Tijolos, das espessas Paredes,
foi amassada e unida com o óleo das Baleias
que, ao caírem no Cio, vêm às costas do Reino,

sendo, então, capturadas com Arpões e com Redes,
indo, pelo Fogo, os tijolos são pétreos e Vermelhos,
no seu Barro queimado em fornalhas Defesas
e, junto a algumas Pedras, dão a essas igrejas
o aspecto e a segurança das velhas Fortalezas.

Em meu sonho de fogo e de ouro Incendiado
sonho e sangue do Arfar de todos os meus dias –
cruzei essas Muralhas de pedra e de Castigo
e, entre os Marcos do reino, errei por seu planalto
perdido das Fronteiras e diante do Perigo.

Mas era tudo um sonho tão brilhante e demente
que só posso afirmar, e não com Segurança,
ter ouvido três frases, na Luz daquele instante
de balanço e Inventário, de escolha e de Mudança
(se é que tudo não foi somente um novo sonho
incrustado no sonho do Mundo flamejante
e no sonho da vida, Escarlate e punido).

pois no Reino entrarei, bebendo dessas Águas,
penetrando na Gruta onde o Pavão me grita,
e os campos assolados no Incêndio da pastagem,
e a Voz Antiga e forte, suave e feminina,
retesada no Grito estranho da Selvagem,
e esse Fruto mortal, aberto e descerrado,
sob a Fera do peito e os montes abrasados,
e a Sede de beber afinal saciada,
cicatrizado enfim a Brasa da ferida
que desde a Antiga infância me queima e me maltrata
sob o arco e a Muralha e a Negra encruzilhada.[1]

1 SUASSUNA, A. *Poemas*, 1999: 21-27

Aqui, a terra se revela com seu pasto incendiado, animais ardentes, homens fulgurantes, construindo-se sob o signo do fogo, como ação fecundante, purificadora e iluminadora, e retroação obscura e destruidora.

No imbricamento desses dois aspectos, o sertão-terra/mundo-fogo se mostra fantasmagórico:

Noturno[1]

Têm para mim Chamados de outro mundo
as Noites perigosas e queimadas,
quando a Lua aparece mais vermelha.
São turvos sonhos, Mágoas proibidas,
são Ouropéis antigos e fantasmas
que, nesse Mundo vivo e mais ardente
consumam tudo o que desejo Aqui.

Eis-te no fogo, como Fruto ardente,
me agitando em torno
esse cheiro que sai de teus cabelos.

Deixa que teu cabelo, solto ao vento,
abrase fundamente as minhas mãos.

Mas, não a luz Escura inda te envolve,
o vento encrespa as Águas dos dois rios
e continua a ronda, o Som do fogo.[2]

Duas constelações simbólicas emergem desse poema, uma que transmite uma intenção de purificação e luz, outra que induz ao fogo sexual que queima.

Um dos personagens de *A Pedra do Reino* – **Sinésio, o Alumioso** – reflete, mais uma vez, a importância fundamental do elemento fogo para a compreensão do universo suassuniano.

1 Com a publicação desse poema, no Jornal do Commercio (do Recife), em 7/10/1945, Ariano Suassuna, aos 18 anos, inicia sua vida literária.

2 SUASSUNA, A. *Poemas*, 1999: 33.

Esse personagem é um herói purificado pelo sofrimento e perseguição, e que traz a luz para o povo de Taperoá (sua cidade natal). Nesse âmbito, o personagem principal, **Quaderna**, diz-se um alumiado, conforme se depreende desde o início de *A pedra do reino*:

> Daqui de cima, no pavimento superior, pela janela gradeada da Cadeia onde estou preso, vejo os arredores da nossa indomável Vila sertaneja. O sol treme na vista, reluzindo nas pedras mais próximas. Da terra agreste, espinhenta e pedregosa, batida pelo sol esbraseado, parece desprender-se um sopro ardente, que tanto pode ser o arquejo de futuras gerações e gerações de Cangaceiros, de rudes Beatos e Profetas.
>
> [...] Perto, no leito seco do Rio Taperoá, cuja areia é cheia de cristais despedaçados que faíscam ao Sol, grandes Cajueiros, com seus vermelhos e cor de ouro.
>
> [...] o Sertão, fagulhante do meio-dia, me aparece de todo, como uma enorme Cadeia.
>
> [...] É meio-dia, agora, em nossa Vila de Taperoá. Estamos a 9 de Outubro de 1938. É tempo de seca, e aqui, dentro da Cadeia onde estou preso, o calor começou a ficar insuportável desde as dez horas da manhã.[1]

1 SUASSUNA, A. *A pedra do reino*, 1971: 3, 4.

Na terra-fogo cintilam, teimosamente, tanto a purificação quanto o devoramento:

> [...] Ora, antes de chegar à Serra, Lino teria que passar por um descampado enorme, um lugar selvagem, devastado pelo velho fogo de uma coivara antiga e depois abandonado. Os próprios seixos e pedras, ali, emergiam dificultosamente da poeira e da cinza, e os pedaços de chão que sobravam eram cobertos de pedregulhos feios e torcidos. Quando foi se aproximando da orla do mato ralo que beirava a enorme clareira queimada, Lino começou a ter o pressentimento de alguma coisa maléfica que o aguardava no chão coberto de cinza, nas pedras envelhecidas pela passagem do tempo e

das chamas. Parou, sem querer, e, no mesmo instante, começou a notar, assombrado, que o chão 'estava começando a ficar empenado', isto é, alteando-se no lugar onde ele estava e abaixando-se lá adiante, para os lados do descampado. Aterrado, Lino quis voltar, mas cadê que podia? Enquanto o chão baixava em sua frente, alteava-se por trás, e, sem querer, ele começou a descer, levado para o descampado pelo desnível empinado da ladeira mal-assombrada. Viu-se, assim, na orla do mato e diante da clareira. No mesmo instante, o chão deu um estremeço e um estrondo, e ele, erguendo o olho bom, avistou, lá, no outro lado da clareira, a figura do Cavaleiro. Duas certezas lhe vieram imediatamente: não era coisa deste mundo, e era o peso do cavalo dele que 'empenava o chão, tirando-o do nível'. Parecia que o descampado se tornara uma burrinca, uma gangorra enorme, que subira do lado de Lino porque o peso do Cavaleiro o fizera baixar do seu. Aliás, isso logo se confirmava, porque o Cavaleiro instigou o cavalo, e começaram a caminhar em direção de Lino: à medida que andavam e se aproximavam mais do centro do Tabuleiro pedregoso e calcinado, o chão subia mais do lado deles e baixava do lado de Lino. Ao mesmo tempo, de dentro do mato, lá do outro lado, começou a sair a escolta do Cavaleiro, vinte e quatro Dragões montados por outros tantos Bichos esquisitos, 'uma espécie de cruzamento de Onça com Urubu, Porco e Jumento preto', como Lino me contava depois. Ele continuava pregado em seu canto, aterrorizado, murmurando palavras desconexas, e tentando organizá-las em alguma oração. Agora, já divisava melhor o Cavaleiro: a roupa dele parecia uma mistura de farda de Cangaceiro e batina de Bispo. Trazia numa das mãos uma Espada de fogo, cujos copos eram um enorme Livro. Na outra, conduzia uma espécie de Espelho, ou placa de aço polido, onde, de repente, o Sol refulgiu, encandeando Lino. Nesse momento, o Cantador viu o que lhe pareceu uma Estrela desprender-se do aço do Espelho ou do Céu que luzia por cima. O astro de fogo, feito uma bola, passou transversalmente pelo descampado, raspando e queimando o chão, sobre o qual deixou novo rastro incendiado. As pedras fumegavam. O chão deu novo estrondo, cambaleou entontecido, e uma sombra estranha começou a se espalhar pela clareira, nos passos do cavalo, parecendo que eram os cascos e as crinas pretas que a espalhavam. Não ia muito alto, esta sombra trevosa; alcançava apenas a altura da cabeça do Cavaleiro. Daí para cima, via-se ainda o Céu, que não estava mais azul e sim vermelho, um vermelho de sangue. O que aparecia de azul, ali, eram bolas azulosas e fosforescentes, 'que davam estouros e zoavam com a zoada do Mar'.

Agora, o Cavaleiro estava no meio do campo, e o chão se aprumara, mas o terror de Lino só fez foi aumentar. É que dos olhos do monstro saíam uma Luz vermelha e outra verde que se ajuntavam ao fogo da Estrela para também queimar o chão. E, terror dos terrores, Lino viu então, pela primeira vez com mais clareza, a cara apavoradora do Cavaleiro. Seus lábios arregaçados não conseguiam cobrir os enormes dentes de cachorro, e de sua boca, a modo de línguas, saíam sete Cobras-corais. O cavalo era velho e preto, e parecia carregado de todas as astúcias e ruindades do mundo. Era o mais interessado em chegar a Lino, e foi como por seu conselho que os dois, parecendo um Bicho só, a Besta-Fera falada, começaram a se aproximar, apressando-se um pouco mais as passadas lentas da feia montaria.

Lino viu que, se não houvesse uma intervenção rápida do Céu, estaria perdido. Fascinado pelos olhos do Cavaleiro e pelas cobras que se agitavam malignamente no ar, pôde, porém, reunir as forças que lhe restavam e gritar:

– Valha-me Nossa Senhora, Mãe de Deus!

Aí, por trás de Lino, surgiu outra presença, um Ente que ele não teve coragem de encarar porque também era de fogo e porque era puro e perigoso. Asas ruflavam, brilhavam reflexos de espadas e diamantes. Bradavam vozes.

– Chegou o tempo da grande penitência! Ah, dia sangrento e certo! É o Juízo Final! O mundo chegou a seu fim!

A luz do Sol começou a vencer o escuro e iluminou, lá, do outro lado, uma pedra, que começou a brilhar no escuro, como um Altar alumiado. As visagens começaram a se sumir na claridade, e Lino, impelido pela poderosa presença do Anjo, que atrás dele ia ruflando suas gigantescas asas de navalhas e pedrarias, tomou coragem e cruzou o campo.[1]

1 SUASSUNA, A. *Romance d'A pedra do reino e o príncipe do sangue do vai-e-volta*, 1971: 156-158.

Na narrativa suassuniana, o signo do fogo parece incendiar o juízo e a imaginação do poeta, esse profeta alucinado. A cabeça de **Quaderna** pega fogo, ao longo do romance, encandeada pelo astro impiedoso:

O Sol estava de queimar, e a subida da Serra tornava-se cada vez mais ladeirosa e dura. Ninguém suava. Ou antes, suávamos, mas o Sol quente e o vento evaporavam o suor na mesma hora, de modo que daí a pouco estávamos morrendo de sede e com a pele estalando de seca.[2]

[...] Quem tiver coragem, que se jogue no Sol, no fogo de Deus, quem tiver medo que se cuide.[3] [Afinal,] existem três sangues dentro do homem: o sangue do fogo-sujo e do bicho; o sangue do pensamento; e o sangue do espírito da santidade. Todos eles vivem misturados no sangue da gente, o que é uma cruz de fogo dura demais para as nossas costas! Às vezes o homem é puxado para baixo, pelo bicho, para o fogo-sujo, o fogo do monturo que, embaixo, queima a carne podre e escura dos bichos mortos e apodrecidos. Mas o coração, moeda de ouro incendiada, arde, e então o homem é puxado para cima, para o anjo de fogo da santidade que voa no Sol![4]

2 *Ibidem:* 97.

3 *Ibidem*: 247.

4 *Ibidem*: 248.

Nessas desventuras de cavaleiro-do-sertão, continua a inventar associações, simbioses e retroações, tecendo um universo singelamente áspero, onde o real e o imaginário se confundem.

A terra sempre quente e áspera do autor, é assolada pelo vento que sopra um cheiro gostoso e peculiar, prenúncio de tragicomédias e de amores profundos. É dessa terra, onde o sol tudo seca, que irrompe uma virilidade própria do homem sertanejo que se endurece e se resseca:

> morte, amor e fogo vão
> nesse mundo de que cheguei[1]

1 SUASSUNA, A. *Seleta em prosa e verso*, 1974: 184.

No limiar entre vida e morte, o fogo é a chama constante que dá o tom amargo e áspero do sertão:

> Foi um ano de terrível seca, no sertão paraibano. Àquela hora, perto do meio-dia, o Sol estava esbraseado, a caatinga pardacenta e queimada, [...] ao mesmo tempo em que o Sol sagrado, nascendo, começava a alumiar o Sertão.[2]

2 SUASSUNA, A. *História d'O rei degolado nas caatingas do sertão: ao sol da onça caetana*, 1977: 5, 6.

O sol sagrado revela uma divindade também áspera, que impõe fatalidade e sofrimento. Triste e belo o destino dos sertanejos, todos soprados pelo fogo de uma divindade, um Deus terrível "que por ali passara um dia, queimando e despedaçando a terra sertaneja, com os coriscos de seu fogo implacável"[3].

3 *Ibidem*: 17.

O mesmo destino revela-se no âmbito do mito da Rainha do Meio-Dia. Seus filhos são todos os povos castanhos do mundo, os pobres, os famintos, os desvalidos. Sob o sol implacável, redobram-se em incansáveis desventuras pelo mundo, como se um desejo desarvorado os levasse a cumprir o destino trágico da morte. Homens-sertanejos de "rostos marcados de sulcos, tostados pelo Sol, endurecidos pela pobreza, pela poeira e pela dureza da vida das caatingas e carrascais curtidos, pelas secas e pelo sofrimento"[4].

4 *Ibidem*: 19.

É por isso que, num movimento de eterna recursividade, são esses mesmos filhos que buscam a construção de um castelo redentor,

> para forjar o Reino, a Rainha do Meio-Dia do nosso futuro peculiar e castanho, tudo ao galope do Sonho e no corisco de gargalhadas dolorosas da poesia-a-cavalo. Isto porque, neste Reino sagrado e

abrutalhado do Sertão, neste Reino talhado a foice e a fogo pela fúria do Terrível, bastariam as pedras e o Sol para incendiar a feiúra e a maldade do mundo, no corisco e nos raios fumegantes de uma Obra ousada e nova, desordenada e disforme, onde o riso queimasse as lágrimas, onde o coração incendiasse a tristeza e onde a Bruna Castanha do Brasil fosse levada de golpe e para cima, pelas estradas do mundo, para se unir ao Sol castanho do mundo[1].

1 *Ibidem*: 67, 68.

Mas o fogo que queima também conduz ao divino, refletindo significados contraditórios. O descaminho parece guiar o caminho dos filhos da Rainha do Meio-Dia. É o que ocorre com o personagem **João Grilo** do *Auto da Compadecida,* constantemente adjetivado, pelos outros personagens da peça, de "amarelinho". Amarelo é luz, que se transfigura em algo menor, negação do luminoso; ao mesmo tempo, o próprio **João Grilo** se auto-resgata como ser alumioso, uma vez que é o responsável direto pela reversão e absolvição de todos os personagens no julgamento final, com a ajuda de Nossa Senhora, **a compadecida**. Em **Quaderna,** iniciado pelo fogo, encontramos a cegueira que ilumina, religando o personagem ao divino, como possibilidade viva de ressurreição de D. Sebastião, o Desejado.

Nesse universo, marcado a fogo pela presença constante e essencial do mito, a narrativa rebrilha sob o sol caótico e revigorante da eterna tensão entre sonho e realidade. No estado entre a vigília e o sono, que o autor denomina de "ensonação", reconhece que os deuses têm sempre uma existência real, sendo responsáveis pela encarnação viva das idéias de qualquer *sapiens demens*.

Ariano parece sempre estar a "recomeçar do zero, como se na vida e nas idéias tudo estivesse irremediavelmente perdido"[2]. Com o sangue, deparamo-nos sempre com o eterno retorno: "Quem derramou o meu sangue não merece compaixão", afirmação de **Capuleto**, da peça *A História do Amor de Romeu e Julieta.*

2 CARVALHO, Estrangeiras imagens. In: CASTRO, CARVALHO, ALMEIDA (orgs.). *Ensaios de complexidade*, 1997: 17.

Do mesmo modo que **Capuleto**, Ariano é impulsionado por seu destino régio, por sua linhagem sertaneja, por sua terra encantada, terra que carrega dentro do seu sangue; daí, porque suas imagens de sangue correspondem a uma verdade forte, singular, doída e profunda, relembrada no episódio sangrento que culminou com a morte do seu pai:

Infância – com tema de Maximiniano Campos

E veio o Sonho: e foi despedaçado!
E veio o Sangue, o Marco iluminado,
A Luta extraviada e a minha Grei![1]

1 SUASSUNA, A. *Seleta em prosa e verso*, 1974: 103.

A morte do touro Mão de Pau – À memória de meu pai, que também preferiu a morte à desonra, tendo sido assassinado a 9 de outubro de 1930.

E, logo à frente, corria
o grande Touro marcado,
manquejando Sangue limpo
nos caminhos mal rasgados,
cortadas as bravas ancas
por Ferrões ensangüentados.

Silêncio. A Serra calou-se
no Poente ensangüentado
Calou-se a voz dos aboios,
cessou o troar dos Cascos.
E agora, só, no silêncio
deste Sertão assombrado,
o Touro sem sua vida,
os homens em seus cavalos.[2]

2 *Ibidem*: 111.

A temática do sangue apresenta três vertentes principais: a da violência propriamente dita, a da verdade ou essência e a da consangüinidade. Por sua vez, a essas vertentes subjaz a simbologia primordial na qual **sangue é vida**, como se diz biblicamente, e a fusão entre água e fogo.

Reitero que a intensidade e dureza com que o autor mergulha na temática do sangue, permitem-lhe a construção de um sertão cujos contornos transitam entre o riso e o choro, o belo e o horripilante, a vida e a morte, num delírio ímpar. Em comentário sobre o estilo de Euclides da Cunha em *Os Sertões,* é possível refletir sobre seu estilo, marcado pela beleza áspera da região:

> as arestas de seu estilo duro eram um dos maiores méritos do nosso épico sertanejo de Canudos; e depois, Euclides da Cunha não escrevia propriamente com cipó, mas com espinhos de mandacaru, longos e aguçados como punhais finos. Já vi espinhos de mandacaru com um palmo de tamanho, o comprimento de um punhal pequeno em forma de estilete. Com esse estilete, com esse instrumento antigo de escrever (e com pontas de punhal que deve ter achado no chão arrasado e queimado de Canudos, e com cinzéis feitos de velhos canos de bacamartes rebentados), ele pegava grandes blocos de pedras sertanejas e cortava, até que conseguia, amassando esses blocos de pedra com seu sangue, forjar aquelas arestas, aquelas duras palavras que eram as únicas aptas a levantar aquele mundo – o mundo áspero e épico de "Os Sertões".[1]

O sangue vivo encontra-se relacionado à pobreza, à fome, à seca, à luta pela posse da terra; na peça *Uma Mulher Vestida de Sol*, essa inter-relação é percebida mais claramente. **Cícero**, um dos personagens, explicita: "E talvez seja você também, que pode morrer de tiro ou de faca, porque você é desses cujo sangue tem vontade de queimar"[2]; e agora, reitera **Martim**: "As mãos dele ainda estavam molhadas, tinham mel e sangue. Eu vi, quando cheguei perto. Ah, meu Deus, que terra esta!"[3]

Uma Mulher Vestida de Sol trata da terra banhada de sangue, anuncia a tragédia nordestina, escrita sob o signo do sangue vermelho, imagem-redundância capaz de sustentar esse enredo.

1 SUASSUNA, A. *Encantação de Guimarães Rosa*, 1967: 89.

2 SUASSUNA, A. *Uma mulhr vestida de sol*, 1962: 36.

3 *Ibidem*: 52.

Em seu roteiro para cinema, ainda inédito, *O Sedutor do Sertão ou o Grande Golpe da Mulher e da Malvada*, tematiza o fogo das paixões, ao tratar do amor de **Malaquias** por **Silviana**:

> Era bonita como uma garça e doce como o cheiro da cana e do mel dos Engenhos de Alagoa Grande, motivo pelo qual exercia uma fatal atração ao sangue de Malaquias Pavão, esquentado pelo sol do sertão.[1]

1 SUASSUNA, A. *O sedutor do sertão...*, 1966: 10.

A paixão violenta reivindica o corpo e a alma. Em *Fernando e Isaura*, os personagens-título vivem um grande amor, em que "o peito e o sangue [de **Fernando**] cantavam com estranha exultação"[2], e **Isaura** – de início – estava ainda "alheia ao violento desejo que irrompeu em seu sangue"[3], sendo que, depois, reconhece que "desde que o avistara, seu sangue e seu coração tinham criado alma nova"[4].

2 SUASSUNA, A. *Fernando e Isaura*, 1994: 27.

3 *Ibidem*: 36.

4 *Ibidem*.

Se, de um lado, o sangue simboliza os valores ligados ao chamado real, por outro lado, remete ao divino. **Quaderna**, em *A Pedra do Reino*, deixa clara essa revelação:

> Nesse documento fica provado que meu bisavô, coroado Rei, foi quem teve, realmente, a idéia sagrada e gloriosa de banhar as torres do nosso Castelo de Pedra com o sangue dos inocentes. É por isso que o Terceiro Império é que realmente selou o sangue dos Quadernas com o estigma indelével da realeza. Apesar de oficial, porém, e de ter instilado em mim a peçonha do 'campo encantado e sagrado, banhado de sangue', a carta-relatório omite uma porção de fatos importantes ligados à política dos Quadernas. Não explica, por exemplo, que o exército d'El-Rei Dom Sebastião viria era para destruir os poderosos. Nem relata que, além das pessoas, meu bisavô mandava também degolar cachorros que, no dia da Ressurreição, deveriam voltar, transformados em dragões, para devorar todos os proprietários, repartindo-se então as terras dos finados com os pobres. Por isso, Pereira da Costa, depois de confirmar que o Rei tinha sete mulheres, diz que 'além do fanatismo

religioso', transparecia também 'entre esses Visionários, um como que pensamento socialista'.

[...] Foi em maio de 1838 que se deu o 'instante de fulminação' do Império da Pedra do Reino. Naquele mês, meu bisavô teve a gloriosa coragem de iniciar o grande banho de sangue, que deveria depois se estender numa verdadeira guerra sertaneja, a 'Guerra do Reino', com a degola geral dos proprietários, indispensável, segundo Samuel e Clemente, a toda Revolução que se preza. Como a justiça, para ser boa, começa em casa, era porém entre os próprios súditos do Reino que deveria se iniciar a matança: os que se apresentassem voluntariamente para a degola, ressuscitariam daí a três dias como 'Grandes do Império', belos, poderosos, eternamente jovens e imortais.

O velho Infante, Dom José Maria Ferreira Quaderna, meu trisavô e pai do Rei, foi o primeiro a dar o exemplo, sendo degolado, e banhando-se as pedras com o sangue dele.

[...] O Povo deu muitos *vivas* a El-Rei Dom Sebastião. [Na verdade, o ritual do banho de sangue teve início quando] o Rei, depois que deu muito vinho a todos, declarou que 'El-Rei Dom Sebastião estava muito desgostoso e triste com seu povo'. – 'E por que?' – perguntaram os homens aflitos, e as mulheres todas muito chorosas. – 'Porque são incrédulos! Porque são fracos! Porque são falsos! E finalmente porque o perseguem, não regando o Campo Encantado e não lavando as duas torres da Catedral de seu Reino com o sangue necessário para quebrar de uma vez este cruel encantamento!' – proferiu o Rei. Ah, meu Amo e meus Senhores! [narra o traidor do Rei, José Vieira Gomes] O que depois disso se seguiu é horrível! O velho José Maria Juca Ferreira-Quaderna, pai do Rei, foi o primeiro que correu, abraçando-se com as pedras e entregando o pescoço a Carlos Vieira, que o cortou cérceo, pois já lá estava para isso, com um facão afiado! As mulheres e os homens iam agarrando os filhos e vinham entregá-los a Carlos Vieira, a José Vieira e a outros, que lhes cortavam as gargantas ou quebravam-lhes as cabeças nas mesmas pedras, que assim untavam de sangue![1]

1 SUASSUNA, A. *A pedra do reino*, 1971: 41-43.

A temática do sangue, trabalhada inconscientemente, desvela-se em mitos, símbolos e imagens capazes de expressar o processo de sacralização do reino quadernesco. Poeticamente, o sonho do castelo do personagem **Quaderna** vai-se formando no seu sangue. Apesar do seu reino, campo encantado, ser constantemente "varrido pelo sopro sangrento do infortúnio, dos amores desventurados, poéticos e sensuais, e, ao mesmo tempo, pelo riso violento e desembandeirado, pelo pipocar dos rifles estralando guerras, vinditas e emboscadas"[1]. **Quaderna** recorda sempre a sangrenta aventura da Pedra do Reino, e, aos poucos, passa a assimilá-la como característica de toda e qualquer monarquia; os sacrifícios, a degola, e o derramamento de sangue são essenciais para a sagração do reino: "cada vez se enraizava mais, em mim, a decisão de tornar embandeiradas e cheias de chuviscos prateados as pardas, miseráveis e sangrentas aventuras da Pedra do Reino, tornando-me Rei sem degolar os outros e sem arriscar minha garganta, o que somente a feitura do meu romance, do meu Castelo perigoso e literário possibilitaria"[2].

Embora a batalha da Pedra do Reino galopasse infinitamente no seu sangue, **Quaderna** desencantaria D. Sebastião transformando-o num "mito humano: o do homem sempre desejoso de se transcender, alçando-se, pela Aventura, pelo delírio, pelo risco, pela grandeza, pelo martírio, até o Divino!"[3]

Eternamente atualizado e recriado, o mito se efetiva no real. **Quaderna** tem consciência de estar lidando com elementos arcaicos, fantásticos, sonhosos, que se tornam plenos de significado na medida de sua inserção e circunscrição sócio-histórico-cultural: "eu sabia que tudo aquilo sucede é dentro do meu sangue e da minha cabeça, da minha memória"[4].

O personagem sabe, pensa, sente e acredita com seu próprio sangue e, por isso, está convencido do que vivencia: "eu sentia com meu sangue que tudo era divino"[5], "eu sabia com meu sangue, que, se conseguisse escalá-lo, experimentaria, no alto,

1 SUASSUNA, A. *Romance d'A pedra do reino e o príncipe do sangue do vai-e-volta*, 1971: 75.

2 *Ibidem*: 147.

3 *Ibidem*: 162.

4 *Ibidem*: 186.

5 *Ibidem*: 48.

de uma vez só, o gozo do Amor, o poder do Reino, a fruição da Beleza e a união com a Divindade"[1]. O sangue projeta uma verdade mais profunda e essencial que se expressa no assertanejamento do mundo, uma universalidade cultural selvagem, algo que não diferencia ciência e mito, magia e ciência, arte e ciência, jogo e rito, porque se apóia na lógica do sensível e não quer se deixar contaminar pelas racionalizações perversas do pensamento domesticado.[2]

O sangue é a própria luz a alumiar constantemente as trevas do mundo. Destemor, coragem e determinação no enfrentamento das dores e pelejas, para, em seguida, cantar "sobre o sangrento do mundo", fala de **Manuel Carpinteiro**, na peça *Farsa da Boa Preguiça*.[3]

Entretanto, há momentos de plenitude de escuridão, como no final do terceiro ato da referida peça, em que **Fedegoso** afirma:

> Chegou a hora das trevas,
> Chegou a hora do sangue,
> Do lodo e dos esqueletos.[4]

Na mesma tonalidade, **Andreza** reitera:

> É a hora desgraçada
> da infâmia e da desordem,
> do fogo que queima o sangue,
> da demência alucinada[5]

Em meio à noite, ao medo, ao caos, **Fedegoso** e **Andreza** parecem suplicar por ajuda. Essa súplica se repete no apelo de **Marieta**: "Minha Nossa Senhora, vai haver sangue!", na peça *A Pena e a Lei*[6], e no lamento de **Euricão:** "Ai, a porca, ai meu sangue, ai minha vida, ai minha porquinha do coração", em *O Santo e a Porca*[7].

A Moça Caetana, a morte, alimenta-se do sangue daqueles que assassina. No seu sobrevôo desvairado pelo reino

1 *Ibidem*: 469.

2 Foi Claude Lévi-Strauss que, definitivamente, implodiu as diferenças de grau e natureza entre os pensamentos selvagem e domesticado, destituindo a Antropologia do seu trono de uma mera ciência da diferença. Cf. LÉVI-STRAUSS, C., *O pensamento selvagem*, 1989: *passim*.

3 SUASSUNA, A. *Romance d'A Pedra do reino e o príncipe do sangue do vai-e-volta*, 1974: 111.

4 *Ibidem*: 159.

5 *Ibidem*: 161.

6 SUASSUNA, A. *A pena e a lei*, 1994: 62.

7 SUASSUNA, A. *O santo e a porca*, 1974: 48.

embandeirado do sertão, está sempre a farejar sangue; Caetana espreita, seduz, sorri, instiga e mata os cavaleiros que atravessam a caatinga paraibana em dezembro de 1911, como nos conta **Quaderna** em *O Rei Degolado*. Apesar dos avisos, "estranhas mensagens alegóricas" das divindades, os cavaleiros não percebem a proximidade da fera-sangrenta:

> O Comandante Juéca caiu, já morto, no seu cavalo *Pantera*, com uma nuvem de sangue vermelho embebendo-lhe a barba, brotado de sua cara despedaçada – e o Gavião – carcará da Morte Caetana, a ave de rapina do assassinato, da chacina e do suicídio, o cruel *Sombrifogo*, que agora plainava invisível sobre o grupo, desceu do Sol como uma flecha e bebeu-lhe, de um sorvo só, o sangue e a vida.[1]

1 SUASSUNA, A. *O rei degolado*, 1977: 46.

Entretanto, a temática do sangue, reveste-se, também, de contundente referência à consangüinidade. O assassinato do pai, a importância estrutural da família, são recorrências que podem ser apreendidas, principalmente nos romances. Seu pai é constantemente relembrado em poemas, como: *Fazenda Acahuan (Lembrança de meu Pai) – Com tema de Janice Japiassu*; *Infância – Com tema de Maximiniano Campos; A Morte do Touro Mão de Pau – À memória de meu Pai, que também preferiu a morte à desonra, tendo sido assassinado a 9 de outubro de 1930* (escrito entre 1946-1949); *Os Guabirabas – A Hermilo Borba Filho*:

> Pois corre logo, meu Filho
> que teu pai foi Baleado.
> Vai e vinga a Morte dele
> sangue do Pai, derramado,
> se não for Vingado Logo
> deixa o do filho Pisado.[2]

2 SUASSUNA, A. *Poemas*, 1999: 30.

Aliás, o assassinato do pai parece ser tema recorrente na vida de grandes escritores. Dostoiévski, por exemplo, explicita essa perda trágica em *Os Irmãos Karamazov* que, de acordo com os estudos empreendidos por Sigmund Freud, reflete a necessidade de resgatar a culpa pelo parricídio, crime capital e primordial presente no indivíduo e na sociedade. A culpa é resultante de sentimentos ambivalentes, amor e ódio, que o filho num processo de identificação nutre pelo pai, a quem admira e, por isso, deseja eliminá-lo para substituí-lo junto à mãe. Mas interrompe seu intento com receio de ser castigado pelo pai, com a castração. Todos esses processos são normais no entender de Freud, configurando o que denominou de "complexo de Édipo".

Para Joseph Frank, biógrafo de Dostoiévski, há um exagero na interpretação freudiana de identificar a criação do autor e a relação com o pai. O dr. Dostoiévski era um homem de muitos defeitos, mas não tinha a menor semelhança com o cínico patriarca da família Karamazov. Portanto não há fatos suficientes, segundo Frank, que comprovem a teoria do parricídio, embora a figura do pai do autor tenha contribuído fundamentalmente na configuração do ambiente em que viveu, o que parece, também, ter ocorrido com Ariano Suassuna.

Em *A Pedra do Reino*, **Quaderna** reitera a importância dos laços de sangue, e confessa:

> Sou, nada mais, nada menos, do que descendente, em linha masculina e direta de Dom João Ferreira-Quaderna, mais conhecido como El-Rei Dom João II, o Execrável, homem sertanejo que, há um século, foi Rei da Pedra Bonita, no Sertão do Pajeú, na fronteira da Paraíba com Pernambuco. Isto significa que sou descendente, não daqueles reis e imperadores estrangeiros e falsificados da Casa de Bragança, mencionados com descabida insistência na *História Geral do Brasil*, de Varnhagen; mas sim dos legítimos e verdadeiros Reis brasileiros, os Reis castanhos e *cabras* da Pedra do Reino do Sertão, que cingiram, de uma vez para sempre, a sagrada Coroa do Brasil, de 1835 a 1838, transmitindo-a assim a seus descendentes, por herança de sangue e decreto divino.[1]

1 SUASSUNA, A. *A pedra do reino*, 1971: 5.

Em sua intricada teia de descendência, encontram-se presentes todos os elementos formadores do povo brasileiro: "além do cigano-árabe, o godo-flamengo, tenho, ainda, uma gotas de sangue judaico, herdadas de Minha Mãe, Maria Sulpícia Garcia-Barreto"[1]. Segundo o personagem **Pedro, Quaderna** não perdoou os assassinos do pai e do tio, "por causa do seu sangue"[2], o sangue dos Garcia-Barretos, que "são raça de cobra, odeiam vinte, trinta, cinqüenta anos, o tempo que durar a vida"[3].

1 SUASSUNA, A. *Romance d'A pedra do reino e o príncipe do sangue do vai-e-volta*, 1971: 32.

2 *Ibidem*: 145.

3 *Ibidem*: 246.

Vale ressaltar que, da mesma forma que **Quaderna**, Ariano nunca perdoou os assassinos de seu pai. Ambos vivenciam esse nó górdio de tal forma que pautam sua vida sob o signo do seu sangue orgulhoso e régio.

Como **Quaderna**, ou mesmo o **Antônio** da peça *Uma Mulher Vestida de Sol*, o autor não tolera a traição do próprio sangue, numa referência direta aos desafios da consangüinidade:

> **Antônio**: No entanto, eu estou lutando pela terra por sua causa!
>
> **Francisco**: Eu lhe pedi, por acaso, que fizesse isso? A terra pela qual estão lutando não vale nada, pelo menos para mim.
>
> **Antônio**: São terras altas, mas dão bom pasto para o gado.
>
> **Francisco**: Você sabe se eu quero criar?
>
> **Antônio**: É a terra de seu pai, foi a terra de seu avô e deve ser sagrada para você.
>
> **Francisco**: Cheia de sangue é uma carga muito pesada! A família! Que herança, quantas histórias amaldiçoadas vêm com ela!
>
> [...] **Francisco**: Nisso tudo, o que me interessa, é a terra. Mas não para conservá-la! Para passá-la a diante e me livrar, de uma vez, dessa carga de sangue, da terra, do gado, da família!
>
> **Antônio**: Francisco, como é que você me diz isso? Por acaso eu terei forças de continuar depois de ouvir o que você disse?
>
> [...] **Antônio**: Está bem, não tenho mais por quem lutar, então, porque também não tenho mais filho.[4]

4 SUASSUNA, A. *Uma mulher vestida de sol*, 1964: 69, 91.

Essa relação entre sangue e posse de terras, também é referida por **Quaderna** em *A Pedra do Reino*, quando assegura que a lógica da propriedade rural só permite a existência de uma estreita margem de atividades de trabalho. É por isso que o personagem cuida, pessoalmente, de garantir a sobrevivência de seus irmãos (convém lembrar que **Quaderna** tem quatro irmãos legítimos e mais doze ilegítimos). Entretanto, as profissões de todos eles são "livres, ociosas e marginais de Fidalgos!"[1]: **Virgolino Pinagé Quaderna** é cantador; **Sílvio Junco Brabo Quaderna** é vaqueiro e rabequista; **Bento Guará-Vieira Quaderna** é tangerino e boiadeiro; **Euclides Seriema Quaderna**, almocreve; **Matias Maciel Carnaúba Quaderna**, santeiro e imaginário; **Gregório Camaçari Quaderna**, fotógrafo e poeta; **Joaquim Braz Quaderna**, tipógrafo (do suplemento literário de **Quaderna**); **Augusto Maracajá Quaderna**, cavalariano; **Antônio Papacunha Quaderna**, tocador de pífano e pintor de bandeiras e santos das procissões; **Rubião Timbira-Tejo Quaderna**, fazedor de fogos e fogueteiro; **Taparica Pajeú-Quaderna**, cortador de madeira, riscador e tipógrafo-ajudante; **Malaquias Nicolau Pavão Quaderna**, aguardenteiro, conquistador, folheteiro e cambiteiro; e, finalmente, **Quaderna** – o **Pedro Dinis Ferreira Quaderna**, personagem central da trama – é cronista-fidalgo, rapsodo-acadêmico e poeta-escrivão.

1 1971: 311.

O eco da consangüinidade é encontrado no romance *O Rei Degolado*, narrado também por **Quaderna**, que traz à baila a luta política envolvendo sete "famílias perigosas": os Villares, os Garcia-Barretos, os Dantas, Quadernas, Suaranas, Pereiras e Pessoas:

> É por isso, afinal, que, às vezes, despertando desses sonhos, sinto na boca um gosto de sangue, misturado ao sal das lágrimas. É que acabei de beijar um desses meus mortos mais chegados, assassinado nas duras refregas e vinditas do Sertão. Beijei-o no momento em que, num gesto de despedida, de bênção ou de perdida

afeição familiar, ele inclinava para mim seus pobres cabelos ou suas pobres mãos ensangüentadas.[1]

Consangüinidade marcada pela paixão revela-se em *Fernando e Isaura*, onde **Fernando** apaixona-se por **Isaura**, mulher do seu tio, **Marcos**. De modo semelhante, os laços de sangue entre a **Compadecida** e **Manuel** contribuem decisivamente para que este respeite e acate as ponderações daquela, durante o julgamento dos personagens da peça *Auto da Compadecida*.

A consangüinidade faz de Ariano um patriarca no melhor estilo, que luta para manter os seis filhos e treze netos ao seu redor. Até sobrinhos e parentes afins, como os da família de Zélia, e os afilhados, são tratados e acolhidos como consangüíneos, como se as relações de parentesco ordenassem ainda uma extensa e intricada rede imaginária de trocas materiais e simbólicas, que dão sentido à fantástica trama de sua vida.

A temática do sangue, como vimos, nos remete de volta à terra, ao fogo, e, simultaneamente, suscita a idéia da morte, numa espécie de causalidade circular que os religa definitivamente.

No âmbito dessa pulsão, **Quaderna** descreve o crime principal de *A Pedra do Reino*:

> A morte do velho barbado e profético aconteceu em circunstâncias cruéis e absolutamente enigmáticas, indecifráveis: foi ele encontrado morto, assassinado a golpes de faca e trancado, sozinho, dentro do aposento, único mais elevado, de uma edificação quadrejada e alta que servia, ao mesmo tempo, de torre para a Igreja e de mirante para a Casa-Forte da fazenda.[2]
>
> [...] naquele lugar inacessível, meu tio, cunhado e Padrinho, Dom Pedro Sebastião, foi encontrado, ainda quente e sangrando, poucos momentos depois de ter sido assassinado. Tinha levado várias cacetadas na cabeça, estava degolado, com a garganta cortada, e terrivelmente esfaqueado em todo o corpo, sendo que o ferimento que golfava mais sangue era naturalmente o da garganta.[3]

1 SUASSUNA, A. *História d'O rei degolado nas caatingas do sertão: ao sol da onça caetana*, 1977: 77.

2 SUASSUNA, A. *A pedra do reino*, 1971: 289.

3 *Ibidem*: 293.

Em alguns momentos de seus escritos, a cor vermelho-sangue aparece de tal forma que, tudo leva a crer, o sertão não pode ser compreendido fora da morte, ou melhor, do imbricamento vida-morte, objetivado, explicitamente, em *A Pedra do Reino*:

> Nós não precisaremos nunca inventar uma imagem falsa da Vida para poder amá-la. Porque, na dureza e sob o sol, nós aprendemos à força a amá-la, com o que ela tem de ardente e glorioso, mas também com o que possui de degradado, sangrento e sujo. O que é cruel e sujo também faz parte da vida e terá que ser enfrentado com as armas do sonho, do riso e da luta, com a valente tenacidade do homem diante do que a Vida tem de mais desordenado – o sofrimento, a humilhação e a Morte.[1]

1 *Ibidem*: 527.

A morte é forjada em constantes desencantos e reencantos, razão e desrazão, começo e fim. Representa o destino para o sertanejo, e, simultaneamente, sua redenção e resgate. Na mitologia suassuniana, a morte é sua fera favorita, e se expressa em diversos momentos, como no poema *A Morte – O Sol do Terrível – Com tema de Renato Carneiro Campos*:

> Mas eu enfrentarei o Sol divino
> o Olhar sagrado em que a Pantera arde
> Saberei porque a teia do Destino
> não houve quem cortasse ou desatasse.
>
> Não serei orgulhoso nem covarde,
> que o sangue se rebela ao toque e ao Sino
> Verei feita em topázio a luz da Tarde,
> pedra do Sono e cetro do Assassino.
>
> Ela virá, Mulher, aflando as asas,
> com os dentes de cristal, feitos de brasas,
> e há de sagrar-me a vista o Gavião.

Mas sei, também, que só assim verei
A coroa da Chama e Deus, meu Rei,
Assentado em seu trono do Sertão.[1]

1 SUASSUNA, A. *Poemas*, 1999: 198.

A Moça Caetana, Onça divina e alada da morte sertaneja, sobrevoa o cenário de *O Rei Degolado*, impondo a morte a todos os personagens, membros da cavalgada política, cavaleiros-heróis de **Quaderna**:

> Eu tive a sorte – ou a desgraça, ou a sina, não sei! – de ter os meus heróis em casa, como brasas ardentes colocadas desde muito cedo antes do meu nascimento sobre a minha cabeça, asas de fogo e de navalha a me chamarem para o alto. É que eu sabia, com meu sangue, que, entre o lerdo gado que somos nós, entre o tardo rebanho humano e o Gavião de Ouro do Divino, existem os heróis e Cavaleiros, os Beatos e Profetas, os Cantadores e os Cangaceiros, aqueles que pressentem que somente a Morte une realmente o homem ao terrível Gavião de fogo de Deus, e por isso, inconscientemente, vivem procurando se encontrar com ela, para que a Morte, chagando-os e queimando-os, termine por imortalizá-los.[2]

2 SUASSUNA, A. *O rei degolado*, 1977: 86-87.

A consciência da morte revela-se fundamental para a existência da cultura, e torna-se necessário que as gerações morram para que o patrimônio coletivo de saberes seja transmitido às novas gerações.

Edgar Morin tematiza essa questão de modo singular ao afirmar, em *O Homem e a Morte*, que o grande mistério da vida não é a morte, mas a atitude do homem diante dela. A vida, inverso da entropia, é regida pela degradação, mantendo dessa forma uma relação paradoxal e surpreendente com a organização físico-química, que se reorganiza permanentemente. "A reorganização permanente, a autopoiese, constituem categorias aplicáveis a toda ordem biológica e, a fortiori, à ordem sociológica humana"[3], portanto é necessário uma ciência total, que utilize

3 MORIN, E. *O homem e a morte*, s./d.: 10.

dialeticamente e de maneira crítica as ciências humanas e naturais, para permitir conhecer simultaneamente a morte pelo homem e o homem pela morte.

O fato de o homem ter consciência de sua finitude não implica dizer que esta finitude seja aceita pacificamente. Ao contrário, a vida parece transformar-se na busca constante da imortalidade, alimentada escandalosamente pela desordem.

Nesse contexto, a arte representa um registro claro da busca da imortalidade. Em entrevista a Pedro Bial para a Globo *News*, em setembro de 1998, Ariano afirmou não aceitar a morte. Por meio de seus personagens, todos com uma forte marca de si, o autor se imortaliza. Mas é a morte que torna a rondá-lo nas inquietações de **Quaderna**:

> Somente o fato de essa morte possuir tal significado no meu mundo particular, no mundo doido, pessoal e arbitrário de um homem só, dá-lhe importância para qualquer pessoa. Todos nós, Sr. Corregedor, repetimos a mesma vida, a mesma áspera e estranha desaventura da Vida e da Morte. Todos nós sonhamos em nos unir pela Morte com o sangue do Divino, superando os Demônios e tornando-nos iguais a Deus. Aqui no Sertão, a Morte é uma mulher, e, desde menino, foi diante dessa encruzilhada de fogo que eu vivi, atraído e fascinado: a Vida e a Morte; a Mulher e a Sina; Deus e o Demônio; o Mundo e a Cinza. A Morte era uma mulher chamada Caetana, e eu sempre a vi jovem, cruel, bela, impiedosa, vestida de vermelho, negro e amarelo como uma Dama de espadas, com uma cobra na mão, com unhas felinas, com dois carcarás, mas também com o Gavião de ouro e fogo do Divino coroando sua cabeça.[1]

1 SUASSUNA, A. *História d'O rei degolado nas caatingas do sertão: ao sol da onça caetana*, 1977: 87.

Mas a morte também pode ser tratada com humor, como nas peças *A pena e a lei* e *Auto da compadecida*. Em ambos os enredos, muitos dos personagens morrem e são submetidos a um julgamento diante de Jesus Cristo. **Benedito**, de *A pena e a lei*, descreve assim a morte de **Vicentão:**

Benedito: As balas cortaram-lhe o pescoço e a cabeça saltou fora. Os intestinos deixaram escapar matérias tóxicas, que penetraram na corrente venosa e arterial, causando uma espécie de infecção generalizada. Os músculos, abalados por tais acontecimentos lutuosos, estavam se desligando dos ossos, o que repercutia de maneira desastrosa nos humores do líquido encéfalo-raquidiano. Nesse momento exato, com toda calma, enfiaram duzentos mil-réis de aço penetrante e cortante no seu infarto do miocádio. Isso tudo foi lhe dando aquele desgosto, aquele desgosto, e você morreu!

[...] **Vicentão**: E tudo isso por causa de uma besteira de terra que não me adiantava nada!

[...] **Benedito**: É isso, meu velho! Por que foi se meter em questões de Terra? Por que essa ganância de enriquecer mais, já tendo nascido rico? E, pior ainda, por que foi nascer? Quem nasce, morre.[1]

1 SUASSUNA, A. *A pena e a lei*, 1994:148-151.

Vejamos agora a descrição da morte do poeta **João**, também personagem de *A pena e a lei*:

Bem, eu tomei parte no velório de Joaquim. Mateus, irmão dele, foi quem pagou a cachaça. Cada excelência que se cantava, eu fazia um verso em homenagem ao morto e tomava uma lapada. Quando o dia amanheceu, de lapada em lapada eu já estava às quedas. Enterrou-se Joaquim e eu saí cantando pela estrada. Aí, dei um tombo maior, e caí com a cara virada para o sol. Senti que estava esquentando, esquentando, foi me dando aquela agonia, aquela agonia, e que agonia foi essa, meu senhor, que, quando dei de acordo de mim, a bicha estava daqui para aí, me olhando!

Marieta: A bicha? Que bicha?

João: Ora, que bicha! Caetana, minha filha!

Padre João: Caetana? Caetana é bicha? Quem é Caetana?

Benedito: É a morte padre! Esse povo é engraçado: estuda, se forma, lê tudo quanto é de livro, e não sabe que o nome da morte é Caetana!

João: Pois bem. Aí eu me virei para Caetana e disse: Que é que há? Aí ela disse: Nada! Aí eu disse: Como vai? Aí ela disse: Eu, vou bem, você é que eu não sei, compadre! Aí ela fez uma cara meio esquisita prá meu lado e eu disse: Nunca me viu não? Aí ela disse: Não, mas vou ver agora mesmo! Ainda bem que ela não tinha fechado a boca...

Joaquim: Você esticou!

João: Não, encolhi! Poeta é assim: morre dobrado, abraçado com a morte![1]

1 *Ibidem*:191-192.

No *Auto da Compadecida*, a maioria dos personagens morre, e tudo isso ocorre num enredo desenvolvido com bastante humor:

João Grilo: Seu cabra lhe dá um tiro de rifle, você vai visitá-lo. Então eu toco na gaita e você volta.

Severino: E se você não tocar?

João Grilo: Não está vendo que eu não faço uma miséria dessa? Garanto que toco.

Severino: Sua idéia é boa, mas por segurança entregue logo a gaita a meu cabra. (*João entrega a gaita.*) Agora eu levo um tiro e vejo Meu Padrinho?

João Grilo: Vê, não vê, Chicó?

Chicó: Vê demais. Está lá, vestido de azul, com uma porção de anjinhos em redor. Ele estava dizendo: "Diga a Severino que eu quero vê-lo".

Severino: Ai, eu vou. Atire, atire!

Cangaceiro: Capitão!

Severino: Atira, cabra frouxo, eu não estou mandando?

Cangaceiro: Capitão!

Severino: Atire!

João Grilo: Homem, atire logo pelo amor de Deus!

O Cangaceiro ergue o rifle.

Severino: Espere. (*João, extremamente nervoso, ergue os braços para o céu.*) Não esqueça de tocar na gaita.

Cangaceiro: Não tenha cuidado, Capitão.

Severino: Então atire.

O Cangaceiro ergue o rifle de novo e atira. Severino cai e o Cangaceiro pega a gaita.

João Grilo, *impedindo-o*: Não, deixe para tocar depois! Deixe o pobre de Severino conversar mais um pedaço com Padre Cícero! Essas ocasiões são poucas, é preciso aproveitar.

Cangaceiro: Não, já deu tempo de ele ver o padre. (*Toca na gaita e nada.*) Capitão! (*Toca na gaita.*) Capitão! Capitão! (*Empurra Severino com o pé.*) Está morto!

João Grilo: Toque na gaita!

Cangaceiro, *depois de tocar*: Capitão! Ah, Grilo amaldiçoado, você matou o Capitão.[1]

1 SUASSUNA, A. *Auto da compadecida*, 1989:127-129.

Um lirismo trágico reveste a morte nas peças *A História de Amor de Romeu e Julieta* e *Uma Mulher Vestida de Sol*, e no romance *Fernando e Isaura*, em que os protagonistas morrem como punição a um amor proibido.

Quaderna narra em *Romeu e Julieta* :

Tirou, então, de Romeu,
o seu punhal afiado.
Enterrou no coração
aquele ferro aguçado
e caiu, morta, por cima
do corpo do seu Amado.
Aí, algumas pessoas
que foram ao Cemitério
ficaram muito espantadas
com todo aquele mistério:
morto o casal, morto Páris,
na entrada do Presbitério.[2]

2 SUASSUNA, A. Romeu e Julieta. *Folha de São Paulo*, Caderno Mais!, 19 jan. 1997, pág. 7.

A morte surge, também, para punir os vilões da *Farsa da Boa Preguiça* – **Clarabela** e **Aderaldo**, adúlteros, ricos e avarentos –, que são arrastados para o inferno pelos Demônios **Fedegoso** e **Quebrapedra**.

Seduzido pela metáfora, Ariano confere à morte uma trajetória de sentidos que vai do trágico, áspero, violento, forte, épico, ao satírico até chegar ao lírico e ao humor. Em seu realismo mágico, o autor cria e recria enredos, cenários e personagens capazes de expressar toda a angústia que perpassa sua vida. Num momento marcante, em que esteve acometido pela tuberculose, escreve *Carta* ao amigo Manuel de Lira Flores, poeta popular paraibano, em 28/11/1951:

Caro Amigo Lira Flores

Doente, como você,
aqui estou, no Sertão,
sob o Gavião do Sol,
no Pó dessa vastidão:
a Fera Negra da morte,
que a Chaga te pôs na sorte,
a mim feriu-me o Pulmão.

Você tem toda razão:
é a condição humana
que para Nós toma o vulto
dessa Onça desumana
que tem nomes diferentes
mas que sangra sempre a gente
– morte, Punhal, Caetana.[1]

Ao mesmo amigo, que morre, pouco tempo depois, escreve *A Última Carta* (1951):

1 SUASSUNA, A. *Poemas*, 1999: 87-88.

Confesso, meu Caro Amigo,
que esses versos minha Mão
já imitou muitas vezes,
com seu Sol, seu Gavião,
sete Feridas no peito,
Morte solta no Sertão.

Sei que a Morte nos espreita
do Sol com seu Leopardo
peço ao Cachorro de Deus,
ao Cristo Crucificado
que mate a Onça Pintada
que nos arma o Bote irado.
Se a Morte aos dois nos levar
sei que Lá o encontrarei
e um Canto de puro fogo
com Você entoarei
olhando o Deus do deserto
a Sede não sentirei.

Mas se a vermelha Caetana
vier a nos separar,
que o outro sopre seu Fogo
ao que no Mundo ficar

e que a Voz, brasão do Sangue,
há de, assim, poder selar.[1]

1 *Ibidem*: 112-115.

O autor permite-se o exercício de um diálogo simultaneamente complementar e antagônico entre morte e vida. Por meio dele abre-se uma brecha, que introduz a dimensão da imortalidade desvelada, por exemplo, na ressurreição do personagem **João Grilo**, de *Auto da Compadecida*.

Essa circularidade recursiva entre vida e morte pode ser apreendida na peça *A Pena e a Lei*, na qual as mortes dos personagens aparecem sempre interdependentes, ressaltando o fato de pertencermos, todos, à mesma espécie: "Em suma, cada um morreu por causa do outro. É o primeiro ponto do processo, porque os homens morrem do convívio com os demais"[1]. Trata-se da vida dentro da morte, onde "a existência da Cultura, isto é, dum patrimônio coletivo de saberes (saber fazer, normas, regras organizacionais, etc.), só tem sentido porque as gerações morrem e é constantemente preciso transmiti-la às novas gerações. Só tem sentido como reprodução, e esse termo assume o seu sentido pleno em função da morte"[2].

O fato é que o imbricamento vida-morte que se desdobra na tentativa da ultrapassagem da finitude, parece unir todos os homens. Cabe ressaltar que cada cultura oferece, cria e recria dispositivos distintos que visam a eternização de um homem universal que supera as diferenças, que chora diante da morte de qualquer ser vivo, como ameaça concreta do extermínio da espécie.

É por isso que choramos os mortos da bomba de Hiroshima e dos campos de concentração na 2ª Grande Guerra... Choramos os ianomâmis massacrados pouco tempo atrás... Choramos os mortos de fome de todo o mundo, de todo o Brasil, do Nordeste e de Pernambuco... Choramos os mortos-retirantes do Sertão (lembro-me da *Morte Severina*, de João Cabral de Melo Neto)... Choramos os mortos da seca que assola o nosso Sertão... Choramos, enfim, os nossos irmãos miseravelmente mortos, critério inventado para classificar/enquadrar as famílias que nada possuem. No município de São José do Belmonte (sertão de Pernambuco), 270 famílias são miseravelmente mortas. São mais de mil pessoas vivendo em completo abandono, que não têm, sequer, acesso às sobras alimentares.

1 SUASSUNA, A. *A pena e a lei*, 1994: 198 (fala do personagem **Cheiroso**, representando Deus).

2 MORIN, E. *O homem e a morte*, s/d: 10, 11.

Em *Seca cria os "miseravelmente mortos"*, do jornalista pernambucano Jodeval Duarte, a situação dos sertanejos acometidos pela seca é tratada com crueza:

No sítio Barra de São Pedro, perto do distrito do Carmo, vive outra família de 'miseravelmente mortos'. É formada pelo casal e oito filhos. Sábado passado, ao meio-dia, os filhos esperavam que os pais chegassem com algum alimento. Estavam sem comer, definhando. A filha mais velha inventava passa-tempo para os menores esquecerem a fome. O filho mais velho, Antônio, nove anos de idade, tomava conta dos dois irmãos mais novos, doentes de fome. Dormem o tempo todo, têm febre e quando acordam soltam um choro triste, fraco. Dificilmente passam desta semana, se não chegar socorro.

O chefe da família, como ainda é largamente aceito no Sertão, chegou de mãos vazias. É Juvenal Ferreira, acha que está com 35 anos. Toda lembrança que tem da vida é de trabalho e não chegou a canto nenhum. É analfabeto e os filhos continuam a saga. Está ocupando um casebre que foi abandonado, porque é um fugitivo da fome no pé da serra, a uns cinco quilômetros do lugar. Foi à procura de trabalho e não encontrou. Sobrevive agora da esperança de ajuda.

Os filhos de Juvenal reproduzem com perfeição os quadros mais clássicos das secas nordestinas. Vivem seminus, são magros, têm os olhos muito grandes e tristes. Dormem amontoados num canto de chão batido do casebre. Não estudam, não têm passado nem presente, e não parecem ter qualquer futuro.

[...] A fome é a assombração e quando as pessoas nada têm a perder fica fácil entender a raiz mais profunda do medo. É o caso dos 'miseravelmente mortos' que povoam a terra ressecada bem perto da Pedra bonita, ou Pedra do reino, onde no século passado um fanático prometia o reino milenar aos ancestrais dos desesperados de hoje. Quem vê o drama [da família de Juvenal] entende porque os fanáticos da Pedra Bonita entregavam seus filhos para o sacrifício que iria trazer um milênio de fartura, com o leite correndo no leito esturricado do Pajeú.[1]

É preciso agora fazer o caminho de volta e relembrar que a temática recorrente da morte encontra-se relacionada às do sangue, do fogo e à terra. É preciso ressaltar que essa discussão delineia o universo suassuniano, em todas as suas dimensões, um universo fenomenal regido pela recriação e reinvenção, pelo reencantamento dos mitos do reino do sertão.

1 DUARTE, J. Seca cria os "miseravelmente mortos". *Jornal do Commercio*, Recife, 21 abr. 1998, pág. 7.

Capítulo II

Sagrações da Rainha do Meio-dia

Nada é fixo para aquele que, alternadamente, pensa e sonha. Gaston Bachelard

SAGRAÇÕES DA RAINHA DO MEIO-DIA

Ariano Suassuna.
Católico. Profeta. Visionário.
Pai. Filho. Avô. Padrinho. Amigo.
Sertanejo. Paraibano. Nordestino. Brasileiro.
Imperador da Pedra do Reino.
Filho da Rainha do Meio-Dia.

O sertão é o mundo, costuma afirmar Ariano Suassuna. O sertão é Nordeste, seca, cotidiano, eternidade, vida. É selvagem, primitivo e pedregoso.

Perdido nos confins de um sertão real e mítico, confunde, propositadamente, seu local de nascimento: "Nasci na capital do Estado da Paraíba"; "Nasci em Nossa Senhora das Neves"; "Nasci em Nossa Senhora da Filipéia"; "Nasci na cidade da Paraíba, capital do Estado da Paraíba". Sua recusa em afirmar que não nasceu em João Pessoa, capital da Paraíba, é uma condenação ao político cuja família foi a responsável, segundo ele, pelo assassinato de seu pai.

Mas será mesmo que nasceu, que está vivo? Em depoimento jornalístico, essa indeterminação é tematizada de modo surpreendente:

> Ultimamente começaram a me acontecer coisas estranhas: por exemplo, uma porção de gente começa a ficar convencida de que eu morri. Fui transformado em *ponto de vestibular* na Universidade. Pois bem, outro dia, um estudante, numa prova nesse vestibular, escreveu que "Ariano Suassuna foi um escritor contemporâneo de Gil Vicente"; isso significa que, no caso de eu ter sobrevivido tanto tempo, ando por aí pelos 447 anos. Depois a irmã de um colega de trabalho meu – moça que também era candidata ao vestibular –

disse ao irmão que estava com dificuldade para conseguir bibliografia sobre mim. E, como o rapaz dissesse que ia tentar resolver o problema falando comigo, na Universidade, a moça indagou, espantada: "Ah, e esse homem ainda é vivo?" Depois, outra moça, Débora Cavalcante, me mandou, pelo Correio, um exemplar da revista *Coquetel*, especializada em palavras cruzadas. Na revista, com muita honra para mim, havia um quebra-cabeças no qual, se a pessoa acertasse tudo, surgia na primeira linha vertical, o nome de minha peça *Auto da Compadecida*. Ocorre, porém, que, na proposição do enigma, dizia-se que tendo meu teatro ligações com o de Gil Vicente, meus despojos tinham sido "transladados de Portugal para o Brasil em 1966". [...] Eu sou tão sem sorte sob esse aspecto que, somente no Recife, tenho três personalidades jurídicas diferentes: na Prefeitura, meu nome é Amaro V. Suassuna, pessoa que nunca existiu; no saneamento, eu apareço com o nome honrado de Manoel Alves Maia, cidadão que já morreu há bastante tempo; e na Companhia de Eletricidade de Pernambuco, meu nome é Isaac David de Souza, cidadão que existe e é até meu amigo, mas que, eu juro, por tudo que é sagrado, que não escreveu o *Auto da Compadecida*, nem *A Pedra do Reino*, nem nenhum outro trabalho meu. [...] Quem já está ficando na dúvida sou eu. [...] *Considero-me nascido mesmo é em Taperoá*. E se tal coisa é legalmente impossível, faço como Drummond: enquanto dure a longa noite presente [referindo-se à mudança do nome da capital da Paraíba para João Pessoa], mesmo com o risco de passar por defunto, antes do tempo, *desisto de ter nascido*.[1]

1 SUASSUNA, A. *Ele Ela*, 1974: 62. Entrevista.

O depoimento oferece-nos imagens de uma intricada teia no interior da qual o autor vivencia a simultaneidade de tempos e espaços múltiplos. Em 1942, quando se mudou para o Recife, um episódio deu início a toda essa dúvida tortuosa sobre sua existência:

Mais ou menos por esse tempo, descobriu-se um fato curioso, que veio aumentar minhas dúvidas sobre se nasci ou não, se estou vivo ou não: o tabelião que, em 1927, fora encarregado de me registrar, anotava o nome dos inocentes num papel e, por descaso, não os inscrevia no "competente livro de registro". Ficava fornecendo as certidões que lhe pedíamos por meio daquilo que, no tempo, se chamava de *pública-forma*. Acontece que esse tabelião morreu. Logo depois, meu irmão Lucas foi ao cartório da Paraíba para tirar uma certidão de nascimento minha e, só então, descobriu que, legalmente, eu estava desprovido de existência, que meu nome "não constava de livro nenhum de 1927". A solução foi me registrar de novo.[1]

1 *Ibidem*: 61.

Parece que nos encontramos diante de um enigma. A cidade em que nasceu, em 16 de junho de 1927, Paraíba, capital da província da Paraíba do Norte, só existiu até 1930, quando uma catástrofe nominal acabou com ela.

Associados a essa flutuação imaginal, outros acontecimentos forjaram o surgimento do nosso cavaleiro andante, que sempre transitou na simultaneidade entre o efêmero e a eternidade, entre Taperoá, a Península Ibérica, a África, a Ásia, e o resto do planeta.

Andarilho e nômade, foi morar no sertão com apenas um ano de idade, após seu pai ter deixado o governo do Estado da Paraíba, em 1928, permanecendo até 1942, quando se mudou para o Recife. Morou na Fazenda Acahuan, numa casa do século XVIII, tombada pelo Patrimônio Histórico Federal e Estadual, onde Frei Caneca pernoitou, durante a Confederação do Equador, em 1824. A casa onde nasceu também era um casarão jesuítico, cuja construção foi iniciada no século XVI e concluída no século XVIII, pelo Padre Gabriel Malagrida, decapitado: "Dizem que padre dá azar. Comigo, pelo visto, é o contrário: eu é que dou azar a padre, porque, com Frei Caneca e Padre Malagrida, já são dois vigários arcabuzados, fuzilados ou decapitados somente por terem dormido em casas que, um ou dois séculos depois iriam me abrigar."[2]

2 *Ibidem*: 60.

O menino Ariano, parecia, às vezes, não entender direito o que estava ocorrendo. Seus olhos distantes de poeta indagavam as constantes mudanças, queria fincar os pés num lugar, mas devido aos acontecimentos da Revolução de 1930, sua família seguiu fugindo de um local para outro, para escapar das perseguições políticas. Foram morar na cidade da Paraíba, porém com as ameaças constantes "da polícia do doutor João Pessoa", mudaram-se para Natal. Amenizada a situação, retornaram à Paraíba, quando, em 26 de julho de 1930, João Dantas matou o presidente João Pessoa:

> João Dantas era primo de minha mãe, motivo pelo qual uma multidão enfurecida, orientada pela polícia e pelos presos que tinham sido soltos da cadeia para isso, tentou nos matar. A cidade, já com seu nome secular mudado para João Pessoa, estava com o ambiente irrespirável para nós. Garantidos e escoltados por tropas do Exército, mudamo-nos para Paulista, em Pernambuco. Foi aí que soubemos, pelo jornal, que meu pai tinha sido assassinado no Rio, a 9 de outubro de 1930, como represália pela morte do doutor João Pessoa, com a qual, aliás, ele nada tinha a ver.[1]

1 *Ibidem.*

A vida irrompeu com sua face implacável e desferiu o duro golpe da irreversibilidade. Em certo sentido, o tempo precedeu a obra, pois resultou de uma instabilidade que permitiu a Ariano a realização mais como devir do que como ser.

Mesmo atormentada pela perda, a família Suassuna retornou à Fazenda Acahuan, no fim do ano de 1930, garantida pelo novo governo revolucionário paraibano. Com o término das perseguições, ela seguiu, em 1932, para a Fazenda Saco, de propriedade de Alfredo Dantas Vilar, o tio Dodó; foi aí que alfabetizou-se com a ajuda da tia Neves.

O sonho de fixar-se num local sobrepõe-se às seduções de uma realidade nova a cada mudança, e Ariano, em 1933, mudou-se para Taperoá, onde cursou o primário, aprendendo a nadar em rio e atirar de espingarda: "meus mestres nessas artes, depois de Tio Dodó, foram João e Marcos Suassuna", seus irmãos. "Juntos, fizemos muitas caçadas e épicas expedições, nas fazendas Panati, Carnaúba, Malhada da Onça, São Pedro, esta última no Pajeú pernambucano"[1].

Os casarões antigos, o turbilhão vivido por ele e sua família com o assassinato paterno, as perseguições, as constantes mudanças, as aventuras sertanejas, marcaram-no definitivamente. Dessa áspera realidade surgiu o sonho, a possibilidade de retirar do próprio caos a seiva da criação e da vida: "Foi por isso que me tornei escritor: não estando satisfeito com minha vida medíocre e com os traços convencionais e medidos da minha personalidade, tive de viver inventando outros, que realizassem, por fora, aquilo que tenho por dentro, machucado, escondido e amesquinhado pelas arestas do mundo"[2].

Mesmo com a dor pela perda, elemento criador da desordem, o encanto e deslumbramento de uma infância vivida em fazendas no sertão, elemento da criação da ordem, parecem ter permanecido em suas reservas de memória.

A desordem associada à morte do pai, deve ser percebida como fator de um não-equilíbrio coerente, estruturador do universo suassuniano, amplificando suas experiências e levando-o a novas possibilidades. Essa amplificação fica evidente na influência que o pai exerceu no seu conhecimento sobre literatura popular. Amante desse tipo de literatura, costumava receber em casa, como hóspede, o escritor cearense Leonardo Motta, para juntos ouvirem cantadores, lerem e anotarem cantigas: "Ele [Leonardo Motta] transcrevia versos dos cantadores, dos autores de folhetos. Isso foi marcante para mim pelo seguinte; eu já conhecia cantador quando li os livros dele [cujos exemplares guarda até hoje], mas talvez não desse a importância que dei se não visse que aquilo era objeto de livros"[3].

1 *Ibidem*: 61.

2 *Ibidem*.

3 SUASSUNA, A. *Jornal do Commercio*, Caderno Especial, Domingo, 15 jun. 1997, pág. 3.

A descoberta desse material redimensionou o olhar do poeta que, mal aprendeu a ler, decorou alguns dos romances e autos que ainda hoje constituem seus temas obsessivos em teatro. Por essa época, leu Monteiro Lobato, com o qual se identificou por meio do universo encantado do *Sítio do Pica-pau Amarelo*, descobrindo o caráter maravilhoso do seu próprio cotidiano. Junto com dois de seus irmãos, Germana e Marcos, leu várias vezes os 18 volumes do *Tesouro da Juventude*, uma enciclopédia para jovens. No entanto, somente aos 9 anos de idade é que foi apresentado ao mundo da literatura, com *Através do Brasil*, de Olavo Bilac, e *Scaramouche*, de Rafael Sabatini.

Ariano percorria o mundo por meio da biblioteca paterna. Leu Dostoiéviski, Tolstói, Cervantes, Homero. Tudo aquilo era também seu mundo. Seus irmãos mais velhos, já morando e estudando no Recife, sempre lhe levavam novos livros. Ele arregalava os olhos e sonhava ser escritor. Aos 12 anos de idade, escreveu seu primeiro conto, baseado em fatos reais:

> Dois tiros espocam e os corpos da mulher infiel e de seu cúmplice caem varados pelas balas vingadoras da honra do marido ultrajado. Fora, morria o sol nas colinas acobreadas e poentas das serras do Sertão.[1]

Comentando-o, sentencia de modo irretorquível: "não podia ser pior".

O circo e o teatro ampliaram seu contato com o imaginário. Conheceu *O Terror da Serra Morena*, o Palhaço Gregório e o auto popular *O Castigo da Soberba* e o cantador Silvino Pirauá no livro de Leonardo Mota. Assistiu, em uma ribalta armada pelo ator Barreto Júnior, em um velho armazém de algodão, as peças *O Grande Marido*, *A Ladra,* de Silvino Lopes, e *Deus lhe Pague*, de Joracy Camargo. Essa fórmula mágica de teatro entrou no seu sangue. Revelaram-se a comédia brasileira, o drama, o romanceiro, os espetáculos populares e o circo:

1 SUASSUNA, A. *Discurso de Posse na Academia Brasileira de Letras*, 1990: 35.

Nos Circos sertanejos da minha infância, havia figuras importantíssimas de homens e mulheres. Havia o Dono-do-Circo que se vestia um pouco como Capitão de cavalo-marinho e que dirigia o espetáculo. Havia mulheres que eu achava belíssimas, as equilibristas do arame ou dos cavalos, moças que usavam saiotes, meias até as coxas e sombrinha na mão como versões sertanejas e pobres das dançarinas do Balé tradicional. Depois, elas reapareciam como atrizes e dançarinas nas peças trágicas ou cômicas e nas pantomimas que encerravam o espetáculo. Havia o Mágico e o Palhaço. Às vezes, o Palhaço era o próprio Dono-do-Circo, caso em que se fundiam nele a venerável tradição do "Chefe dos Comediantes", de Plauto e da comédia latina, e a importante figura do nosso "Velho do Pastoril", também Palhaço e Diretor, com seu espetáculo dionisíaco, no qual se fundem, como em todo grande teatro, o canto, a poesia, o jogo, a mímica, a música, os diálogos e a dança.

O Circo é, portanto, uma das imagens mais completas da estranha representação da vida, do destino do homem sobre a terra. O Dono-do-Circo é Deus. A arena, com seus cenários de madeira, cola e papel pintado, é o palco do mundo – e aí desfilam os rebanhos de cavalos e outros bichos, entre os quais ressalta o cortejo do rebanho humano – os Reis, atores trágicos, dançarinas, mágicos, palhaços e saltimbancos que somos nós.[1]

Muito mais que uma marca dos tempos de criança, o circo é a metáfora que comanda sua cosmovisão. No grande espetáculo da vida, talvez atendendo aos apelos do "Dono-do-Circo", Ariano é um palhaço frustrado, um saltimbanco, um cavaleiro errante nos caminhos tortuosos e pedregosos do sertão.

Aos 10 anos, por determinação da mãe convertida ao protestantismo, foi estudar em um colégio interno no Recife, o Americano Batista: "Estudei lá dos 10 aos 15 anos. Passava três meses no Sertão e nove meses no colégio. Via o mundo pela janela. A gente só saía aos sábados e domingos"[2].

1 SUASSUNA, A. *Diário de Pernambuco*, Recife, 19 nov. 1975, pág. 5.

2 SUASSUNA, A. *Jornal do Commercio*, Caderno Especial, 15 jun. 1997, pág. 4.

Com a chegada das férias, sonhava viajar de trem para Taperoá, junto com os irmãos e primos:

> Se as viagens que fiz, de trem, na infância, por um lado enriqueceram o sangue e a memória de símbolos e mitos, por outro me maltrataram muito. Aliás, sem os maltratos talvez minha sensibilidade ferida não tivesse segregado os mitos, que, a mim, são indispensáveis, como alimentadores do sonho e do riso, sem os quais não poderia, talvez, sobreviver.[1]

1 SUASSUNA, A. *Terceira história de trem*, Ano III, nº 37, 1973: 5.

Os mitos segredaram-lhe um universo de ocultidades e relações que permitiram vivenciar a ambivalência real e imaginário e, por isso, ao mesmo tempo que sonhava, entregava-se impetuosamente ao cotidiano. No Americano Batista, sempre aprontava das suas. Brincalhão e moleque, os professores gostavam dele, pois era aluno exemplar. Hoje, o auditório do colégio exibe seu nome. Colaborava com a revista do colégio e tinha um jornal, *Sacatrapo de Urubu*; também cantava em festas, e fazia versos brincando com os colegas. Além disso, jogava futebol:

> Joguei. Mas sempre fui muito ruim. Eu era péssimo. Vou confessar uma coisa muito feia: nós tínhamos três times no colégio interno. Tinha federação, camisa, tudo. E os três times tinham nomes de craques brasileiros do passado. Eram Feitiço, Jaguaré e Friedenreich, e o capitão do time era o meu melhor amigo no colégio. Ele hoje é médico, Isaac Barreto Ribeiro. E ele me escalava por protecionismo, porque eu era o melhor amigo dele. Mas, eu era tão ruim! Naquele tempo a escalação não era como hoje, não. Era o goleiro, dois zagueiros, os três médios e a linha de ataque. Ele não me botava na zaga porque eu era tão ruim que era gol certo no lado de cá. Nem me botava no ataque porque eu era perneta. Ele me botava como médio esquerdo para eu marcar o ponta direita. Aí dizia o seguinte: "olha, Ariano, você não vai conseguir marcar. Então, toda bola que chegar perto de você, se você não tiver ninguém por perto, você bota para fora. Agora, se o jogador chegar junto de

você, faça uma falta". Isso era muito ruim, irritava tanto! Era uma coisa tão desesperadora que um dia o ponta ficou com raiva de mim e me deu um murro. Foi expulso e foi ótimo para a gente. Agora, um dia eu peguei uma bola, por acaso não tinha ninguém, e eu despachei. Chutei para a frente. Aí vi quando a bola passou na trave, certo? Dei as costas e fui voltando. De repente, o time todinho correndo em cima de mim. Me derrubaram no chão e eu nunca mais me esqueço a cara de Isaac dizendo: "Arretado, tu fizeste um gol!" A bola tinha entrado. E o resultado é que esse foi o gol da vitória. Eu tive uma emoção tão grande que vomitei.[1]

1 SUASSUNA, A. *Jornal do Commercio*, Caderno Especial, Recife, 15 jun. 1997, pág. 4.

Até hoje é torcedor do Sport Club do Recife, rubro-negro que vai à arquibancada, devidamente uniformizado, para vibrar por seu time. O traje esporte fino, que usa em ocasiões especiais, é uma homenagem ao Sport. Trata-se de um conjunto preto de mangas compridas, em linho, com uma camisa vermelha social por dentro, também de mangas compridas.

Sua paixão pelo teatro foi despertada na juventude pelo médico de Taperoá, Abdias Campos, que lhe emprestou as peças de Ibsen, em francês e português. Imediatamente, tentou escrever uma peça seguindo a mesma linha, mas não conseguiu, pois "o universo dele não tinha nada a ver com o da gente, era uma admiração puramente intelectual".

A imaginação escapava aos imperativos da razão e buscava o reino da poesia, a fim de integrar hesitações, ambigüidades e sonhos. Já aluno do Ginásio Pernambucano, Colégio Estadual de Pernambuco, em 1943, sofre grande influência de Carlos Alberto de Buarque Borges, que o iniciou na música erudita e na pintura. Dois anos depois, aluno do Colégio Oswaldo Cruz, torna-se amigo do pintor Francisco Brennand e aluno de geografia do Professor Tadeu Rocha. Foi por intermédio deste último e de Esmaragdo Marroquim, editor do Suplemento Cultural do *Jornal do Commercio*, que conseguiu sua primeira publicação, o poema *Noturno*:

Têm para mim Chamados de outro mundo
as Noites perigosas e queimadas,
quando a Lua aparece mais vermelha.
São turvos sonhos, Mágoas proibidas,
são Ouropéis antigos e fantasmas
que, nesse Mundo vivo e mais ardente
consumam tudo o que desejo Aqui.

Será que mais alguém os vê e escuta?

Sinto o roçar das asas Amarelas
e escuto essas Canções encantatórias
que tentam, em vão, de mim desapossar.

Diluídos na velha Luz da lua,
a Quem dirigem seus terríveis cantos?

Pressinto um murmuroso esvoejar
passaram-se por cima da cabeça
e, como um Halo escuro, te envolveram.
Eis-te no fogo, como um Fruto ardente,
a ventania me agitando em torno
esse cheiro que sai de teus cabelos.

Que vale a natureza sem teus Olhos,
ó Aquela por quem meu Sangue pulsa?

Da terra sai um cheiro bom da vida
e nossos pés a Ela estão ligados.
Deixa que teu cabelo, solto ao vento,
abrase fundamente as minhas mãos...

Mas, não: a luz Escura inda te envolve,
o vento encrespa as Águas dos dois rios
e continua a ronda, o Som do fogo.

Ó meu amor, por que te ligo à Morte?[1]

1 SUASSUNA, A. *Poemas*, 1999: 33-34.

Do poema emerge a estranha inquietação de vivenciar o oscilamento que religa, incessantemente, a morte, noite ameaçadora, e a vida, amor fundante.

Essa foi a segunda versão de *Noturno*, publicada em 7 de outubro de 1945. Ariano não considera seus escritos como definitivos e por isso reescreve-os, "com efeito, a obra já não se apresenta como forma definida de uma vez por todas, e sim como um campo de formatividade".[1]

Um exemplo claro da abertura da obra é sua primeira peça *Uma Mulher Vestida de Sol*, de 1947, que possui três versões. Foi escrita por sugestão do dramaturgo Hermilo Borba Filho, que lhe colocou nas mãos as peças de Garcia Lorca, seduzindo-o imediatamente pois "parecia com o meu mundo, era um mundo de cavalos, de touros, de ciganos e coisas parecidas com o sertão"[2]. As semelhanças entre a Espanha e o Nordeste, a tradição ibérica e a mediterrânea, começaram a obsedá-lo. Mas não se trata de transpor a Idade Média para o sertão, como pensam os críticos:

> Aliás é um engano que vale a pena retificar: os intelectuais das classes médias urbanas julgam que queremos, na Arte, "restaurar a Idade Média", o que, a ser verdadeiro, seria, de nossa parte, uma tolice, por ser, além de ridículo, impossível. O que aparece de Medieval em nosso Teatro, em nossa Poesia, em nosso Romance, em nossa Música, em nossa Tapeçaria, em nossa Gravura armorial, é originado daquilo que o povo pobre do Brasil, mesmo nas grandes cidades como o Recife ou o Rio, tem de medieval. Aqueles que afirmam que o Brasil não teve Idade Média vêem apenas o tempo cronológico. Mas os que sabem o que é o tempo real podem discernir perfeitamente que os séculos XVI, XVII e XVIII tiveram muito da Idade Média, principalmente, mas não exclusivamente, nas zonas rurais, e, dessas, no Sertão mais do que nas outras. É verdade que nossa Idade Média possui suas características próprias, mas isso se aplica, também, à Idade Média européia, onde, apesar da unidade

1 ECO, U. *A definição da arte*, 1995: 157.

2 SUASSUNA, A. Revista *Vintém*, nº 2, mai./jun./jul. 1998: 3.

geral, há distinções entre a Idade Média alemã, por exemplo, e a ibérica. Esta, aliás, prolongou-se tanto, que um dramaturgo como Gil Vicente, cronologicamente já pertencente à época de transição da Renascença para o Barroco, tem suas peças muito mais ligadas àquilo que o Povo português tinha de enraizadamente medieval.

De qualquer maneira, o fato histórico que deu origem à Cultura brasileira foi bem semelhante àquele que teve como conseqüência a formação da Cultura medieval ibérica. Lá, foram os Povos chamados de "bárbaros", que, ao reinterpretar e recriar a Cultura greco-romana, criaram a Cultura medieval. Aqui, foram os Povos negros e vermelhos – significativamente também chamados "bárbaros"– que, ao recriar a Cultura barroco-ibérica (como já disse, era quase inteiramente medieval, em especial entre o Povo), deram origem à Cultura brasileira, a qual, principalmente entre o Povo, mantém seu núcleo ligado àquilo que, à falta de uma palavra melhor, nós chamamos de medieval.

Entenda-se, portanto, que nossa atitude armorial perante essa Cultura – a mais pura e vigorosa expressão do povo brasileiro – nem é naturalista ou mesmo neonaturalista, como a do Regionalismo sociológico dos romancistas de 30, nem é a mesma dos românticos, aqueles idealizadores sentimentais e saudosistas, que pretendiam ressuscitar, e só fizeram, na grande maioria dos casos, falsificar o passado medieval.[1]

Ariano exibe a certeza de que a irreversibilidade impede a restauração da Idade Média no sertão, e por isso insiste que sua obra é uma recriação do confronto entre a Península Ibérica e o Nordeste. Essa recriação medieval é "freqüentemente confundida com a presença das literaturas da voz que, desde a Idade Média – no que se refere às línguas neolatinas – correm nas memórias e afloram nos textos até a época contemporânea: apresentam características narrativas e temáticas tradicionais e não medievais, como são apressadamente classificadas. São

1 SUASSUNA, A. Carrero e a Novela Armorial In: CARRERO, R. *A história de Bernarda Soledade, a tigre do sertão*, 1995: 10-11.

decorrências da relação primeira e 'fundadora' da arte armorial com a poesia oral e popular".[1]

A dupla interpretação da presença medieval na obra suassuniana, parece indicar uma orientação de base ou, como acredita Umberto Eco, uma "sugestão" simbólica que "procura favorecer não tanto a recepção de um significado preciso, como um esquema geral de significado, um halo de significados possíveis, todos igüalmente válidos, conforme o grau de perspicácia, de hipersensibilidade e de disposição sentimental do leitor"[2].

As interpretações metamorfoseiam-se dentro de contornos permitidos pelo autor, num campo de possibilidades não inteiramente previstas, "mas trata-se de um 'campo' cujos limites são determinados pela natureza e pela organização dos estímulos". A obra suassuniana possui, "além disso, uma característica pela qual se identifica com a obra de arte de tipo clássico: a cota de 'abertura', de contingência e possibilidade está na parte de interpretação, mas a obra oferece-se à interpretação já totalmente produzida"[3].

Seu conhecimento da cultura ibérica ampliou-se com sua convivência com o grupo heterogêneo do Teatro do Estudante de Pernambuco, criado em 1946. Na época, era estudante de Direito, mas sempre creditou sua formação universitária ao TEP, liderado pelo dramaturgo Hermilo Borba Filho e constituído por José Laurênio de Melo, Carlos Maciel, Salustiano Gomes Lins, Capiba, Genivaldo Wanderley, Fernando José da Rocha Cavalcanti, Epitácio Gadelha, José Guimarães Sobrinho, Galba Pragana, Joel Pontes, Ivan Neves Pedrosa, Aloísio Magalhães, Heraldo Souto Maior, José de Moraes Pinho, Gastão de Holanda e Ana e Rachel Canen. A editora *Gráfico Amador*, fundada por ex-participantes do TEP, publicou a própria produção do grupo e poemas de Carlos Penna Filho, João Cabral de Melo Neto e Carlos Drummond de Andrade. O espaço dessa editora tornou-se ponto de encontro de jovens autores para a reflexão e troca de idéias:

1 SANTOS, I. dos. *Em demanda da poética popular*, 1999: 264.

2 ECO, U. *A definição da arte*, 1995: 154.

3 *Ibidem*: 156.

A importância do TEP, na renovação teatral de Pernambuco, foi enorme. Uma importância que transcendia o campo do teatro para espraiar-se por outras manifestações artísticas. Estreando com a peça *O Segredo*, de Sender [em 13/4/46], usando como palco as grandes mesas de mogno da biblioteca da Faculdade, amarradas umas às outras, em pouco tempo o grupo levava teatro da melhor qualidade, por meio de espetáculos gratuitos, para fábricas, presídios, orfanatos e outras instituições. Ao mesmo tempo em que encenavam os clássicos, os participantes do TEP discutiam sobre um teatro novo brasileiro, sobre poesia, música, pintura, enfim tudo o que se relacionava à arte e cultura, principalmente levando-se em conta as perspectivas e possibilidades de expressões mais ligadas às raízes culturais brasileiras.

Sob inspiração de Garcia Lorca, o grupo pensa na montagem de uma "Barraca", um palco móvel para fazer teatro ambulante. Consegue apoio da Base Naval do Recife, que constrói toda a estrutura da Barraca, projetada pelo arquiteto Hélio Feijó, cabendo aos estudantes angariar os recursos para a lona e o equipamento elétrico. A Barraca foi montada no Parque 13 de maio e inaugurada a 18 de setembro de 1948. Na Segunda parte do programa da inauguração, é montada, pela primeira vez, uma peça de Ariano Suassuna – a peça em um ato "Cantam as Harpas de Sião", depois reescrita sob o título "O Desertor de Princesa".[1]

1 LIMA JÚNIOR, C. *O pai, o exílio e o reino:* A poesia armorial de Ariano Suassuna, 1999: 38-39.

Para comemorar o centenário da morte de Garcia Lorca, prestou uma homenagem no Teatro Arraial, em 18/9/1998, 50 anos depois da montagem da *Barraca*, numa solenidade que denominou *Sagração,* marcando, também, os 52 anos do lançamento do TEP. Nessa ocasião, homenageou alguns integrantes do grupo: José Laurênio e Ana Canen, casados, morando atualmente no Rio e presentes na ocasião, Capiba, falecido em dezembro de 1997, representado pela esposa Zezita, e Hermilo Borba Filho, falecido em 1968, representado por Hermilo Borba Neto.

A *Sagração* foi bem mais que uma cerimônia de homenagens. Serviu também para que brincasse com o espaço-tempo. Na verdade, "hoje somos os jovens do TEP", como se estivessem em 1948. No final da cerimônia, dizia o nome de cada componente do grupo, e a platéia respondia, "Vive!". "Hermilo Borba Filho": "Vive!"; "Capiba": "Vive!" Alguém da platéia gritou: "Ariano Suassuna"; todos responderam: "Vive!"

Esse tempo cíclico, recriado, revisitado, é constante no conjunto da obra. O casamento com Zélia realizou-se em um 19 de janeiro, dia do aniversário do pai; os dois filhos homens possuem os mesmos nomes dos tios responsáveis pela sua formação, Joaquim Duarte Dantas e Manuel Dantas Villar. A mãe, d. Rita de Cássia, inspirou o nome de sua filha Ana Rita. Dantas costuma dizer que na família não se dá nome, prestam-se homenagens.

O Romance d'*A Pedra do Reino e o Príncipe do Sangue do Vai-e-Volta*, foi dedicado aos pais e mais doze pessoas, recriando a figura de Carlos Magno e os Doze Pares de França; "o romance *Fernando e Isaura* foi concluído no dia do aniversário de Zélia, em 19 de julho, enquanto minha última produção para o teatro, *A História do Amor de Romeu e Julieta*, eu a encerrei no dia em que minha mãe completaria 100 anos"[1]. A conclusão do livro que está escrevendo há mais de 17 anos está prevista para um 19 de julho, aniversário de Zélia, sem data definida, um 20 de agosto, aniversário de namoro, um 7 de outubro, dia da publicação do seu primeiro poema, no *Jornal do Commercio*, 9 de outubro, dia do assassinato do pai, 8 de dezembro, dia que começou a escrevê-lo, ou num possível 19 de janeiro, dia do aniversário do pai e aniversário de casamento. A reescritura de *Uma Mulher Vestida de Sol*, em 1958, ocorreu sete anos depois de sua conversão ao catolicismo, alusão aos sete pecados capitais:

> Suassuna pressentiu a Igreja, caiu nela e, entregando-se, juntou a ela sua arte: feita de pedras, animais, árvores ressequidas, couro, sol – o sertão – e cangaceiros, *amarelinhos*, padres, juízes, prostitutas,

1
SUASSUNA, A. *Jornal do Commercio*, Caderno Especial, Domingo, 15 jul. 1998, pág. 3.

palhaços, cantadores – a humanidade – para a formação do mais vigoroso teatro que encarna o real espírito do Nordeste e do povo desta região.[1]

1 BORBA FILHO, M. O dramaturgo do nordeste. In: SUASSUNA, A. *Uma mulher vestida de sol*, 1964: 20.

Essa peça jamais encenada, baseada no romanceiro popular nordestino, sofreu nova reescritura quando de sua adaptação para a TV Globo, em 12/7/1994, dirigida por Luiz Fernando Carvalho. "Ao tomar emprestado da literatura oral e popular um dos seus principais modos de criação, [Ariano] não escapa à lógica do processo: como o texto oral, [seu texto] não será jamais acabado, concluído, fechado. Ele permanece essencialmente aberto à retomada"[2].

2 SANTOS, I. dos, *Em demanda da poética popular*, 1999: 267.

Em sua segunda edição *A Pedra do Reino* foi dividida em cinco livros. Na tradução francesa, ele foi reduzindo o romance de 634 para 325 páginas, e acresceu um subtítulo: *Para franceses e brasileiros sensatos*. Como se não bastasse, atualmente está escrevendo um romance de 21 volumes, um projeto de reescritura de toda obra, com a publicação de textos inéditos e republicação de outros. Esse esforço inclui um novo tratamento de sua tese de livre docência, *A Onça Castanha e a Ilha Brasil – Uma Reflexão sobre a Cultura Brasileira,* ainda inédita, e o redirecionamento da peça *Farsa da Boa Preguiça*, em que ameniza sua crítica ao marxismo:

> Não vou mais criticar os marxistas. Os marxistas estão tão baratinados com o negócio da queda da União Soviética e do Muro de Berlim que eu não estou mais brigando com eles não. O problema na época é que eu não aceitava o stalinismo. E eles todos, inclusive Brecht, aceitavam e calavam a boca sobre os campos de concentração da Rússia. E faziam campanha contra Camus. Sartre mesmo calava a boca. E agora os marxistas estão tão perturbados que já estão se tornando neoliberais, não é? Para resumir, eu não gostava de Stalin, mas eu gosto menos ainda de Yeltsin, aquilo é um miserável, um bandido, um traidor. Quer dizer, e nem gosto de

Gorbatchov porque também traiu. Quando Gorbatchov apareceu, fiquei cheio de entusiasmo porque pensei que ele ia procurar uma forma nova de socialismo, mas quando vi Gorbatchov com Ronald Reagan, os dois juntos, num trator, eu disse: "Esse sujeito é um imbecil!" E eu tinha razão. Traiu, e o outro fez coisa pior ainda. Porque Stalin, você pode reclamar de tudo, mas ele não aviltava a Rússia. Ele gostava muito do país dele. Estava muito mais perto do sonho dos grandes escritores russos do século XIX do que esse bandido, Yeltsin. Pois bem, eu nunca pensei que me acontecesse isso: eu estou com saudades de Stalin. No tempo dele não tinha desemprego, tinha uma previdência social de primeira, tinha altivez, a Rússia tinha altivez"[1].

Sua conversão ao catolicismo foi nitidamente influenciada pela esposa, que conheceu aos 20 anos. Foi um encontro fundamental: "Zélia [4 anos mais jovem] foi a primeira pessoa que eu conheci profundamente, de quem eu gostava, e que era católica. Isso contribuiu muito para eu olhar a Igreja com olhos menos hostis"[2].

Por ocasião dos seus 70 anos, os funcionários da Secretaria da Cultura presentearam-no com dois medalhões de prata com a gravura da capa de *Fernando e Isaura*, feita por Zélia. Ela "me tornou uma pessoa mais tranqüila, e a impressão que tive foi a de que uma coisa que vivia amarrada dentro de mim se desatou; e eu descobri em mim, inclusive, uma veia cômica"[3]. A importância é também explicitada em *Vida-Nova Sertaneja – Sonetos com Mote Alheio*:

> A vida assim me aparecia: estranha e perigosa, uma estrada diante da qual meu sangue se crispara de uma vez para sempre, tornando-me tenso e cerrado ante os enigmas e as ciladas do Mundo. Foi aí que, por sorte minha, surgiu diante de mim – como uma bênção que se me tivesse sido enviada do Sol, como uma compensação à minha meninice sangrenta e atormentada – a figura da Mulher, aquela

1 SUASSUNA, A. Revista *Vintém*, nº 2, mai./jun./jul. 1998: 6-7.

2 SUASSUNA, A. *Jornal do Commercio*, Caderno Especial, Domingo, 15 jun. 1998, pág. 4.

3 *Ibidem*.

que passaria a ser o resumo ancestral e sagrado da vida. Foi uma espécie de revelação. Eu a via, gentil e sem afetação, como se estivesse em comunicação direta com a corrente subterrânea e sagrada do Mundo, com o Dom da vida que somente ela era capaz de comunicar ao meu sangue ferido. Meu sangue iluminou-se e a crispação desapareceu. Mas as cassandras e os profetas agoureiros vinham me murmurar profecias terríveis sobre a morte inapelável do Amor. Foi para responder a essas profecias que escrevi aquele soneto que diz assim:

A Mulher e o Reino – Com tema do barroco brasileiro

Ó Romã do pomar, relva, esmeralda,
olhos de Ouro e de azul, minha Alazã
Ária em cordas do Sol, fruto de prata,
meu chão e meu anel. Céu da manhã!

Ó meu sono, meu sangue, Dom, coragem,
água das pedras, rosa e belveder!
Meu candeeiro aceso da Miragem,
meu mito e meu poder – minha Mulher!

Diz-se que tudo passa e o tempo duro
tudo esfarela o sangue há de morrer!
Mas quando a luz me diz que esse Ouro puro

Se acaba por finar e corromper,
meu sangue ferve contra a vã Razão
e pulsa seu Amor na escuridão.[1]

1 SUASSUNA, A. *Poemas*, 1999: 171-172.

Vida-Nova Sertaneja, inspirado em *Vida Nova* de Dante, é um texto de tonalidade autobiográfica, dividido em 16 blocos, escrito entre 1970 e 1974, que alterna prosa e poesia. Cada poema é precedido de um texto explicativo. Esse conjunto constitui um álbum denominado *Sonetos com Mote Alheio* ou *Dez Sonetos com Mote Alheio*, de 1980, consta de 10 iluminogravuras e de uma *Nota Explicativa*:

> No meu trabalho de escritor, esta é uma primeira tentativa de integrar – e não apenas apor – texto e ilustração: dez sonetos feitos com motes ou sobre temas alheios. Sonetos escritos e ilustrados por mim, numa tiragem de cinqüenta exemplares, com letras manuscritas, e coloridas à mão. [...] Os dez sonetos que, reunidos a modo de uma pequena autobiografia poética, recebem no conjunto o título de *Vida-nova Sertaneja*.

A composição dual encontra-se também nas iluminogravuras, em que são combinados texto e ilustração. Parece que se trata de uma 'fome de imagens', como sugere Gaston Bachelard ao discutir a necessidade insaciável do nosso psiquismo por imagens: "ele quer imagens"[1]. A investigação do campo da imaginação favorece que se detecte "essa energia de imagens que é a própria marca do psiquismo ativo"[2]; por isso, não se deve contentar-se com a definição das imagens apenas por seu simbolismo. Elas ultrapassam uma topologia psíquica e mantêm um dinamismo incessante, que pode ser apreendido por meio de uma "dinamologia psíquica" encontrada no trabalho efetivo da matéria desenvolvido por Bachelard.

As iluminogravuras são recriações das iluminuras[3] da Idade Média com processos modernos de gravação em papel. Utilizando uma prancha de papel-cartão, medindo 44cm x 66cm, "produz uma matriz das ilustrações com nanquim preto sobre papel branco, e em seguida faz cópias da matriz em uma gráfica, no moderno processo de off-set. Cada cópia é então trabalhada manualmente, colorida a pincel (tinta guache e/ou óleo) e recebendo o texto escrito a nanquim preto"[4].

1 BACHELARD, G. *A terra e os devaneios da vontade*, 1991: 17.

2 *Ibidem.*

3 As iluminogravuras medievais originam-se nos mosteiros e eram realizadas em alguns manuscritos e incunábulos, seguindo todas as convenções da pintura romântica com contornos fortes e cores vivas. As páginas eram ricamente ornamentadas com motivos florais, geométricos, monogramas, letras iniciais de textos, cenas religiosas, que dividiam ou não o espaço com o texto, estendendo-se pelas margens do papel, em barras ou molduras. Na Península Ibérica, eram comuns as figuras monstruosas, bestas-feras, animais alados e todo um repertório de imagens fantásticas de inspiração árabe.

4 LIMA JÚNIOR, C. *O pai, o exílio e o reino:* A poesia armorial de Ariano Suassuna, 1999: 124.

Em 1983, lançou seu segundo álbum de iluminogravuras, *Sonetos de Albano Cervonegro*, contendo, a exemplo do anterior, um conjunto de 10 poemas. O soneto *A Tigre Negra ou O Amor e o Tempo – Com tema de Augusto dos Anjos*, que integra esse álbum, é reescrito com uma pequena mudança no título, *A Leoa – O Amor e o Tempo, com tema de Augusto dos Anjos*:

> De outras vezes, voltava o mito da Mulher, agora unido, pelos sonhos recentes, a outros enigmas e temas desse bicho estranho, o Mundo, temas poderosos como o Amor e o Tempo, como se tudo isso fosse ligado por uma teia, por um segredo cuja chave eu perdera. E eu, cego, debatendo-me contra o Obscuro, cantava assim, enquanto a ventania doida e ardente do mundo soava em meus ouvidos:

A Leoa – O Amor e o Tempo	*A Tigre Negra ou O Amor e o Tempo*
Com tema de Augusto dos Anjos	Com tema de Augusto dos Anjos
Da tua cabeleira Aleonada,	Da cabeleira negra aleonada,
Tocha de Ouro que o Sol adamantina,	Tocha escura que o Sol transforma em Crina,
o capacete fulvo se ilumina crespo	Capacete se ilumina
em faíscas de Luz agateada.	Em faíscas de Treva agateada.
Como flava Leoa extraviada,	Gata negra, Pantera-extraviada,
move-se o dorso e abre a Romã felina.	abres ao Sol tua Romã felina.
A meu desejo, inflama-se a colina,	Ao Dardo em fogo, queima-se a Colina,
em cascos e tropéis por essa Estrada.	e há cascos e tropéis por essa Estrada.
Beber o Crisântemo e seus aromas!	Bebo, na Taça, o aroma da Sombria!
A vida foge, Amor, fogem os dias,	A Vida foge, Amor, e a Sombra-tarda,
o estanho morde as garças que retomas.	Ao fogo, cresta a rosa da Paloma!

O tempo corta o vidro da Redoma
e vem o Sol das eras erradias
– outro Leão para abrasar-te as
Pomas

A Cega afia a sua Faca, afia,
e chega o Sono, a Morte-Leoparda,
Jaguar cruel para abrasar-te as
Pomas.[1]

Nas iluminogravuras, a fusão entre texto e ilustração ou entre literatura e pintura ganha contornos mais amplos com a introdução da cor, pois possibilita a síntese visual dos poemas. Esses textos são "poemas (todos sonetos, como os próprios títulos dos álbuns indicam), textos bem menores do que qualquer capítulo de sua prosa; Suassuna não precisa escolher uma ou outra cena para ilustrar. A ilustração pode reportar-se ao texto integralmente, passando de episódios ou cenas descritas no poema a motivos do universo armorial, recolhidos tanto em nossa xilogravura popular quanto em nossa arte pré-histórica"[2].

Essas fusões esboçam uma união de contrários constitutiva da visão barroca do autor, que explodiu na segunda versão de *Uma Mulher Vestida de Sol*:

> Eu acho o barroco uma coisa muito importante para o Brasil. Na minha visão, boa parte dos grandes artistas brasileiros baseia-se no barroco ainda hoje. Normalmente a palavra barroco é usada no sentido pejorativo. Para mim não é. A grande coisa do barroco é que ele é um estilo de arte e uma visão de mundo, que se caracteriza pela unidade dos contrários, o que é muito importante para o Brasil. É a primeira manifestação romântica de dissolução do clássico. Por isso mesmo ele tem elementos clássicos e românticos, medievais e renascentistas, pagãos e religiosos, trágicos e cômicos.
>
> Eu sou religioso também, daí minha atração por isso. Mas não se esqueça de que esse lado religioso do barroco tem sua contrapartida nisso que eu estava chamando de estilo picaresco. Eu não gosto muito do auto sacramental. Eu gosto mais do auto na linha vicentina, onde se une o pensamento religioso e uma visão cômica e satírica. Até se corrige esse excesso de idealismo por um riso

1 SUASSUNA, A. *Poemas*, 1999: 176-177.

2 LIMA JÚNIOR, C. *O pai, o exílio e o reino:* A poesia armorial de Ariano Suassuna, 1999: 125.

realista, do mesmo jeito que acontece no *Quixote*, que é um sujeito idealista: Sancho o chama para a terra de vez em quando. [É também] uma forma de religião que não deixa de lado a luta social, inclusive. Porque isso é muito presente nos autos de Gil Vicente.[1]

Como visão de mundo, o barroco traz à tona o tecer junto, o pulsar simultâneo de elementos paradoxais, explicitado em *A Pedra do Reino*, que é, ao mesmo tempo, uma novela de cavalaria e uma novela picaresca.

O *Auto da Compadecida* é profundamente arraigado na tradição das peças da alta Idade Média, nos chamados "Milagres de Nossa Senhora" do século XIV, nos autos de Gil Vicente do século XV, no teatro espanhol do século XVII, no teatro de Lope da Vega e Calderón de la Barca; já o cômico vem de Plauto, Goldoni e da *commedia dell'arte.*

A visão cristã da vida presente no *Auto* nos traz "uma concepção da religião como algo simples, agradável, doce e não como uma coisa formal e solene, difícil e mesmo penosa. Essa intimidade com Deus, e a idéia de simplicidade nas relações dele com os homens, essa compreensão da vida e fé na misericórdia, parecem-nos aspectos primordiais no sentido religioso da obra [...] a compreensão das faltas humanas, atribuída a Nossa Senhora, que, como mulher, simples e do povo, explica-as e pede para elas a compaixão divina"[2].

Nas fontes populares e eruditas, no auto sacramental, é que Suassuna busca as bases de uma mensagem teológica. Seu teatro é "divertimento nordestino e proposição de alcance próprio, herança de valores tradicionais e saída para uma vigorosa dramaturgia coletiva, história concreta e vôo para regiões abstratas, mamulengo e metafísica, a peça [*A Pena e a Lei*] inscreve-se, sem favor, na vanguarda incontestável do palco moderno"[3].

Embebido dessa visão religiosa de humanista cristão, vivencia um catolicismo sertanejo que recusa a passividade e a resignação

1 SUASSUNA, A. Revista *Vintém*, nº 2, 1998: 5.

2 OSCAR, H., Apresentação. In: SUASSUNA, A. *Auto da compadecida*, 1989: 13-14.

3 MAGALDI, S. Apresentação. In: SUASSUNA, A. *A pena e a lei*, 1994: 20.

do moralismo cristão: "se me dão um tapa no rosto, eu não dou a outra face, não faço igual ao Cristo, eu devolvo o tapa".

A forte influência dos místicos católicos Santa Tereza D'Ávila e São João da Cruz é expressa na peça *Auto João da Cruz* e em *A Pedra do Reino*, em que a grande busca de **Quaderna** por um castelo representa clara alusão ao castelo da santa:

> Estava em harmonia completa com o programa da minha vida, influenciada, como sempre e em tudo, por Samuel e Clemente. Como Catolicismo, era uma religião bastante monárquica, cruzada e ibérica para satisfazer o primeiro, e como sertaneja, era suficientemente popular e negro-tapuia para ser considerada com simpatia pelo segundo. Como discípulo de Samuel, sou católico; mas, como aluno de Clemente, sou, também, um devoto da Mitologia Negro-tapuia do Brasil. Foi, aliás, plasmando esses dois elementos que eu construí o esqueleto central do Catolicismo Sertanejo.[1]

1 SUASSUNA, A. *A pedra do reino*, 1971: 474.

As imagens de religiosidade recriam o catolicismo também presente no arraial messiânico, ligando Conselheiro ao Brasil-Real:

> Em Canudos, a bandeira usada pelo povo era a do Divino Espírito Santo, a bandeira do Brasil real, que, a meu ver, é do Povo pobre, negro, índio e mestiço. Todos nós possuímos nossos arraiais de Canudos.[2]
>
> O Cristo – o esfarrapado Cristo brasileiro que, desde Canudos, é um emblema masculino da luta do nosso grande Povo – parece mais-inclinado a aceitar sua tentativa de fundir o socialismo com Nossa Senhora! [...] Para mim, o emblema brasileiro e feminino, o núcleo fundamental de toda a minha visão do mundo, era aquela Senhora a quem eu celebrara com o nome popular de "A Compadecida" e que, sob a invocação de Nossa Senhora da Conceição Aparecida é a Padroeira incontrástavel de nosso país e do nosso Povo.[3]

2 SUASSUNA, A. Todos nós possuímos nossos arraiais de Canudos. *Folha de São Paulo*, Ilustrada, 3 out. 1997, pág. 3.

3 SUASSUNA, A. O memorial e seu poeta. In: DUARTE, L. C. *O minotauro e outros poemas e memorial da luz e do mormaço*, 1994: 13.

No sertão, o emblema masculino é representado pelo Cristo esfarrapado, e o feminino, por Nossa Senhora. A expressão

‘Barroco do Deserto’ explicita o confronto do Brasil-Real com o Brasil-Oficial. O povo do Brasil-Real é filho da Rainha do Meio-Dia, mito suassuniano de origem bíblica que integra os povos do Terceiro Mundo:

> Denomino de Povos da Rainha do Meio-Dia, baseado no trecho do Velho Testamento e num trecho dos sermões proféticos de Cristo. Ele, nesses sermões finais, disse que, no fim dos tempos, a Rainha do Meio-Dia se levantará contra os outros povos reclamando porque não tomaram consciência da importância da missão que ele trazia. Ele diz isso comparando com a história da Rainha do Meio-Dia que é contada no Velho Testamento, quando foi visitar Salomão porque tomou conhecimento, teve a lucidez de descobrir a importância de Salomão. Aí o Cristo diz: “Aqui está quem é maior que Salomão, e no entanto não estou sendo ouvido”. Então, depois de ler essas palavras de Cristo, eu fiquei chamando os povos do sul, os povos magros, morenos, pobres, famintos, de a Rainha do Meio-Dia.[1]

O mito da Rainha do Meio-Dia estabelece-se historicamente no *I Livro dos Reis* do *Velho Testamento*: “tendo ouvido falar de Salomão e da glória do Senhor, [a Rainha de Sabá] veio prová-lo com seus enigmas”[2]. Tudo terminou em festa orgiástica e posse sexual, pois, segundo a tradição, a Casa Imperial da Etiópia surgiu do filho nascido da união do rei judaico com a rainha de Sabá. Existem inúmeras versões sobre essa Rainha e sobre os povos submetidos a seu poder. Sabe-se que ela era negra ou ‘acobreada’ como seus filhos: os brasileiros, latinos, asiáticos, árabes, africanos e europeus do mediterrâneo, os povos castanhos do mundo, os desfavorecidos de todos os tempos e lugares.

O ‘Castanho’ é uma aspiração, uma utopia perseguida inconscientemente por esses povos simultaneamente noturnos, eróticos, femininos, dionisíacos, subterrâneos, da embriaguez

1 SUASSUNA, A. Revista *Em dia*, nº 102, 4-10 out. 1998: 13.

2 I. Reis (10, 1)

saturnal, e solares, masculinos e apolíneos, sendo por isso povos de espírito sonhador e de realismo crítico, da vida e da morte. A idéia de 'Castanho' pretende expressar a síntese da cultura brasileira:

> Na minha poesia, escolhi como símbolo do Povo brasileiro a Onça Castanha ou Parda, também chamada no Sertão de Suçuarana. Sendo a Suçuarana de cor castanha, para mim é uma descendente mestiça e completa da Onça Vermelha – na qual simbolizei os índios –, da Onça Tigre, de cor negra – na qual figurei a grande Raça Negra – e da Onça Malhada – que sendo fulva, com malhas pretas, bem pode simbolizar os Portugueses e Espanhóis, tocados pelo nobre sangue semita – Judeu ou Árabe.[1]

1 SUASSUNA, A. O Brasil, a África e a preguiça brasileira. *Tempo Brasileiro*, dez./jul. 1966-1967, pág. 23.

O mito da Rainha do Meio-Dia e a visão castanha do mundo referem-se, em última instância, à criação de uma união de povos pela mistura que se alimentaria da própria tensão entre as mais diversas culturas, ao contrário do que supõe o próprio Ariano.

Filho da Rainha do Meio-Dia, ele tem buscado de modo obsessivo esse 'Castanho'. Mais do que uma simples busca, representa sua utopia de justiça e liberdade, na qual "no grande concerto da humanidade, cada cultura tocaria uma nota".

Com base no seu lugar real e mítico, a Taperoá de sua infância, esse profeta alucinado inventa um mundo cujo núcleo central é a presença simultânea de dois elementos, o popular e o erudito, sempre buscados por meio do barroco, especificamente do barroco ibérico recriado no nordeste brasileiro:

> Existe uma grande diferença entre o tempo cronológico e o tempo real: creio, por exemplo, que o século XVIII do Sertão nordestino é muito aproximado, em espírito e maneiras, dos séculos XV e XVI da Península Ibérica. É por isso que as capelas do Barroco sertanejo são sóbrias, austeras, belas em sua pobreza, ásperas no seu castanho quente, nos seus verdes e negros, nos seus vermelhos,

nas suas formas pesadas e achatadas, nas suas grossas paredes de fortaleza. É por isso que o nosso Romanceiro Popular do Nordeste acolhe as histórias de Carlos Magno e de seus Doze Pares de França, as de Roberto do Diabo ou de Dona Genevra, a da Imperatriz Porcina e da Donzela Teodora. É por isso que esse mesmo Romanceiro tem versos que lembram Gôngora na sua qualidade de precursor do surrealismo, ao mesmo tempo que narra ásperas histórias que lembram as novelas de cavalaria ou os romances épicos do Romanceiro ibérico. [O Barroco Sertanejo] é mais aparentado com a Espanha do que com Portugal.[1]

1 SUASSUNA, A. *Encantação de Guimarães Rosa*, 1967: 76.

A arte interrompe a seta do tempo e permite a aproximação do barroco ibérico com o sertão pela recriação, expressa no romanceiro popular do Nordeste. Ariano identifica duas vertentes literárias, quanto à forma: a barroca brasileira meio-ibérica, "um velho tronco mediterrâneo-latino, berbere, judaico, mouro – seiva ocidental com um galho mestiço e vigoroso transplantado para aqui pela herança barroca"[2], com Guimarães Rosa, Antônio Vieira, Botelho de Oliveira, Itaparica, Antônio José e Matias Aires; e a barroca brasileira castanha, com Euclides da Cunha ("onde esse barroco ganha todo o seu esplendor"), José de Alencar, José Lins do Rego, José Américo de Almeida, Joaquim Cardozo, João Cabral de Melo Neto e Araripe Júnior.

2 SUASSUNA, A. *Aula magna*, 1994: 38.

Pensador da tradição, busca nas ressonâncias múltiplas da literatura universal a eterna contemporaneidade. Nesse sentido, "a tradição deixa de ser um Dom ou um fardo, ela tem de ser recriada, conquistada"[3].

3 PERRONE-MOISÉS, L. *Altas literaturas*. 1998: 31.

O autor parece querer criar um padrão de "alta literatura", entendida por Leila Perrone-Moisés como uma metanarrativa que atualiza e presentifica a tradição por meio da abertura da significação a múltiplos e renováveis sentidos e da adoção do novo. A 'alta literatura' amplia o imaginário, possibilita o encontro consigo mesmo e com o outro, o desenvolvimento de uma visão crítica do real e a emoção estética. A intenção de Ariano é criar uma literatura que seja simultaneamente tradicional e popular, clássica e barroca, uma fusão entre o trágico e o cômico, marcas da alma do povo brasileiro, dos povos da Rainha do Meio-Dia:

> Quanto mais humanas e coletivas sejam as histórias, quanto mais vivos os personagens, tanto maior número de pessoas, seja em quantidade seja em qualidade, será afetado por elas. Uma Arte que, sem concessões de nenhuma espécie, atinja profundamente tanto o público comum que vai ao teatro ver um espetáculo, como o rapaz pobre da torrinha, que vai ali em busca de alguma coisa que lhe é quase tão necessária quanto o sono, será sempre superior àquela que só atinja um ou outro.
>
> Também, considero um mero acaso que minha região seja rica dessas histórias coletivas que me interessam profundamente. Um acaso afortunado, mas acaso. Minha inclinação é portanto coincidente com a da região, unicamente porque o material que aqui encontro satisfaz meu anseio de comunhão com o real, anseio possuído pelos mestres que admiro e que tento tropegamente imitar. Se a arquitetura de minhas peças é aparentemente convencional, é buscada de propósito, para marcar minhas diferenças com o teatro contemporâneo e, ao mesmo tempo, para facilitar uma comunhão com o público, comunhão que existia no teatro tradicional e que desapareceu agora.
>
> [...] Acredito assim que, por uma inclinação que me é natural e que não forço, minhas peças reflitam o ambiente de minha região ou, pelo menos, os aspectos desta região que penso ver e que formam o cerne do que tenho a contar. Minha arte procura se alimentar dessa luz que parte do real e a ele retornar, oferecendo uma resposta domada a uma solicitação fascinante e feroz.[1]

Será o romanceiro popular nordestino que permitirá consolidar sua visão barroca do mundo. O *Auto de João da Cruz*, de

1 SUASSUNA, A. *Teatro, região e tradição*. In:____. Gilberto Freire..., 1962: 477-478.

1950, é baseado em três folhetos nordestinos: *História de João da Cruz*, *História do Príncipe do Reino do Barro Branco e a Princesa do Reino do Vai-não-torna* e *O Príncipe João sem Medo e a Princesa da Ilha dos Diamantes*, de autoria, respectivamente, de Leandro Gomes de Barros, Severino Minanês da Silva e Francisco Sales Areda. Entretanto, a experiência de transpor para o teatro os mitos, o espírito e os personagens dos folhetos e romances associados aos espetáculos teatrais nordestinos, bumba-meu-boi e mamulengo, ocorre em 1955, com o *Auto da Compadecida*, cujo primeiro ato se baseia no folheto *O Enterro do Cachorro*, de Leandro Gomes de Barros; o segundo, na *História do Cavalo que Defecava Dinheiro*, também anônimo; o último ato se origina diretamente do auto popular nordestino *O Castigo da Soberba*; os três folhetos foram publicados por Leonardo Mota em *Violeiros do Norte*, sendo que *O Castigo* apresenta outra versão, *A Peleja da Alma*, de autoria do cantador paraibano Silvino Pirauá Lima.

Essas três histórias são "de origem moura ou ibérica, com as raízes fincadas nesse mundo mítico mediterrâneo que é tanto peninsular como árabe-negro, e, portanto, brasileiro e nordestino"[1]. O romanceiro popular nordestino conta com nove ciclos principais: o heróico, trágico e épico; o fantástico e maravilhoso; o religioso e de moralidades; o cômico, satírico e picaresco; o histórico e circunstancial; o de amor e fidelidade; o erótico e obsceno; o político e social, e o de pelejas e desafios.

Talvez "a mais profunda originalidade de Ariano Suassuna [seja tomar] emprestado da literatura popular, além dos seus temas e dos seus modelos poéticos, uma estética nova, herdeira da voz, do instante, do improviso, do provisório, uma estética em movimento [...] que se alimenta de suas próprias obras tanto quanto das obras alheias, num ciclo infinito de retomadas e empréstimos"[2]. A valorização do romanceiro é herança direta da Escola do Recife:

1 SUASSUNA, A. A compadecida e o romanceiro nordestino. In: DIÉGUES JÚNIOR, M. et al. *Literatura popular em verso*, 1986: 189.

2 SANTOS, I. dos. *Em demanda da poética popular*, 1999: 269.

> Estou hoje absolutamente convencido de que o movimento iniciado aqui por Tobias Barreto de Menezes e Silvio Romero, e continuado por Clóvis Bevilacqua, Franklin Távora, Capistrano de Abreu, Martins Júnior, Artur Orlando e outros, foi o responsável pela maior renovação pela qual já passou a Literatura brasileira no sentido de uma nacionalização. José de Alencar foi predecessor deles, mas, por outro lado, pode-se dizer que tanto a narrativa épica de Euclides da Cunha como a poesia de Augusto dos Anjos ou o romance social de Aluízio Azevedo são profundamente ligados a esse movimento[1].

1 SUASSUNA, A. Novo Romance Sertanejo In: Campos, M. *Sem lei, nem rei*, 1968: 131.

Ariano consolida sua linhagem literária dialogando com autores do passado ou do presente, estabelecendo "formas particulares de intertextualidade", denominação utilizada por Perrone-Moisés ao tratar da relação dos escritores modernos com os da tradição. Foram Homero, Shakespeare, Molière, Cervantes, Lope de Vega, Gregório de Matos, Garcia Lorca, Gogol, Tolstoi e Dostoiévski, aqueles que recorreram aos mitos nacionais e populares como matéria-prima a ser recriada para, num segundo momento, retornarem ao povo por numa relação vital de carne e sangue.

Por meio da obra de Gregório de Matos, exemplifica a trajetória do mito, que viaja do século de ouro ibérico até a obra dos cantadores nordestinos. Ressaltando a estrofe denominada de *décima* de sete sílabas, rimada na disposição ABBAACCDDC, percebe que este tipo de estrofe é usado por Calderón de La Barca na Espanha, por Bocage em Portugal, por Gregório de Matos, no Brasil seiscentista barroco, e, finalmente, pelos cantadores populares do Nordeste brasileiro, como Luis Dantas Quesado. Em outro estudo, *Olavo Bilac e Fernando Pessoa: Uma Presença Brasileira em Mensagem,* realiza uma trajetória inversa, do Brasil para a Península Ibérica, pois sua hipótese é que o poema *Mensagem*, de Fernando Pessoa, é baseado em *Sagres,* de Olavo Bilac.

O interesse pela crítica histórica expressa-se na tradução do livro *A Revolução que Nunca Houve – O Nordeste do Brasil (1955-1964)*, de Joseph A. Page. Único livro que traduziu, *A Revolução* é uma avaliação dos acontecimentos ocorridos no Nordeste nos anos que antecederam o golpe militar de 1964. O florescimento da esquerda pelas Ligas Camponesas organizadas por Francisco Julião, da revolução legalista proposta por Miguel Arraes, da criação da SUDENE dirigida por Celso Furtado, e da participação norte-americana no processo.

A tradução, ainda segundo Perrone-Moisés, além de ser trabalho de recriação, porquanto requer a montagem e remontagem do texto original, é conseqüência de uma escolha significativa que, no caso de Ariano, revela seu interesse em entender e discutir o Nordeste e o Brasil, o processo político que envolve o emaranhado de relações entre os países latino-americanos e os Estados Unidos, assim como a forte influência exercida pelos norte-americanos nos destinos dos povos pobres do Terceiro Mundo.

Nas peças, reescreve os folhetos e romances populares e os clássicos da literatura erudita, achando que tal atitude retira a marca da visão puramente individual da criação: "A originalidade, eu acho uma preocupação muito boba. Porque a originalidade, ou se tem de nascença ou não se tem de jeito nenhum. [...] Porque a pessoa procurar a originalidade, eu acho isso uma besteira tão grande! Shakespeare não procurou, por que é que eu vou procurar? Não é? Tá doido"[1]. No caso da literatura popular brasileira, a arte barroco-primitiva dos séculos XVII e XVIII, assim como na Europa clássico-mediterrânea ou na românica, o conceito de autoria é diluído no anonimato, pois a imitação ou reinvenção são processos de criação.

A História de Amor de Romeu e Julieta é emblemática como recriação. Quando Shakespeare escreveu *Romeu e Julieta*, versou as crônicas italianas de Luigi da Porto e Bandello; Ariano,

1 SUASSUNA, A. Revista *Vintém*, mai./jun./jul., nº 2, 1998: 8.

por sua vez, adaptou para o teatro o folheto popular *O Romance de Romeu e Julieta,* de João Martins de Athayde. Da mesma forma, *Fernando e Isaura* é um romance baseado em *Tristão e Isolda*.

Partindo da importância da recriação, lançou, em 1970, o Movimento Armorial, dando contornos mais nítidos à sua criação, talvez na "tentativa de traduzir na literatura e na poesia, na música e nas artes plásticas, [uma] visão da obra completa, integrada, nascida com o [seu] teatro"[1].

O Movimento foi lançado oficialmente, no Recife, em 18 de outubro de 1970, com um concerto da Orquestra Armorial de Câmera, intitulado *Três Séculos de Música Nordestina: Do Barroco ao Armorial*, e uma exposição de gravuras, pinturas e esculturas, ocorridos na barroca Igreja de São Pedro dos Clérigos, promoção do Departamento de Extensão Cultural (DEC) da Universidade Federal de Pernambuco, cujo diretor era o próprio Ariano. No programa do evento, escreveu:

> Em nosso idioma, "armorial" é somente substantivo. Passei a empregá-lo também como adjetivo. Primeiro, porque é um belo nome. Depois, porque é ligado aos esmaltes da Heráldica, limpos, nítidos, pintados sobre metais fabulosos, cercados por folhagens, sóis, luas e estrelas. Foi aí que, meio brincando, comecei a dizer que tal poema ou tal estandarte de Cavalhada era "armorial", isto é, brilhava em esmaltes puros, festivos, nítidos, metálicos e coloridos, como uma bandeira, um brasão ou um toque de clarim. Lembrei-me, aí, também, das pedras armoriais dos portões e frontadas do Barroco brasileiro, e passei a estender o nome à Escultura com a qual sonhava para o Nordeste. Descobri que o nome "armorial" servia, ainda, para qualificar os "cantares" do Romanceiro, os toques de viola e rabeca dos Cantadores – toques ásperos, arcaicos, acerados como gumes de faca-de-ponta, lembrando o clavicórdio e a viola-de-arco da nossa Música barroca do século XVIII.

1 SANTOS, I. dos. *Em demanda da poética popular*, 1999: 280.

> [...] A unidade nacional vem do Povo, e a Heráldica popular está presente, nele, desde os ferros-de-marcar-bois e os autos dos guerreiros do Sertão, até as bandeiras das Cavalhadas e as cores azuis e vermelhas dos Pastoris da Zona da Mata. Desde os estandartes de Maracatu e Caboclinhos, até às Escolas de Samba, as camisas e as bandeiras dos Clubes de futebol.[1]

1 SUASSUNA, A. O movimento armorial. *RPD*, vol. 4, nº 1, jan.-jul. 1973.

O termo Armorial não é simples adjetivação. Reiterando mais uma vez a dinâmica das imagens, percebe-se que acaba sempre por transbordar as objetivações explícitas do real. Talvez, por isso, tenha proposto três anos depois uma definição geral no *Jornal da Semana* do Recife, em 20 de maio, em que enfatiza o espírito mágico presente no romanceiro:

> A Arte Armorial Brasileira é aquela que tem como traço comum principal a ligação com o espírito mágico dos "folhetos" do Romanceiro popular do Nordeste (Literatura de Cordel), com a Música de viola, rabeca ou pífano que acompanha seus "cantares" e com a Xilogravura que ilustra suas capas, assim como com o espírito e a forma das Artes e espetáculos populares com esse mesmo Romanceiro relacionados.[2]

2 SUASSUNA, A. *Jornal da Semana*, 1973: 22.

O romanceiro popular nordestino orienta a pesquisa e condiciona a criação, constituindo-se no alicerce da obra suassuniana. Em 1974, no documento *O Movimento Armorial*, o adjetivo ultrapassa a simples designação de Movimento envolvendo a subjetividade do autor:

> O "folheto" da nossa Literatura de Cordel pode, realmente, servir-nos de bandeira, porque reúne três caminhos: um, para a Literatura, o Cinema e o Teatro, através da Poesia narrativa de seus versos; outro, para as Artes Plásticas como a Gravura, a Pintura, a Escultura, a Talha, a Cerâmica ou a Tapeçaria, por meio dos entalhes feitos em casca de cajá para as xilogravuras que ilustram suas capas; e finalmente um terceiro caminho para a Música, através das

> "solfas" e "ponteados" que acompanham ou constituem seus "cantares", o canto de seus versos e estrofes.
>
> [...] O Movimento Armorial pretende realizar uma Arte brasileira erudita a partir das raízes populares da nossa Cultura. Por isso, algumas pessoas estranham, às vezes, que tenhamos adotado o nome de "armorial" para denominá-lo. Acontece que, sendo "armorial" o conjunto de insígnias, brasões, estandartes e bandeiras de um Povo, no Brasil a Heráldica é uma Arte muito mais *popular* do que qualquer outra coisa. Assim, o nome que adotamos significava, muito bem, que nós desejávamos ligar-nos a essas heráldicas raízes da Cultura popular brasileira.[1]

1 SUASSUNA, A. *O movimento armorial*, 1974: 7-9.

O Movimento reúne artistas eruditos "que recorrem à obra popular como a um 'material' que procuram recriar e transformar segundo modos de expressão e comunicação pertencentes a outras práticas artísticas. Essa dimensão culta e até erudita manifesta-se na reflexão teórica, desenvolvida paralelamente à criação, como na multiplicidade das referências culturais"[2].

2 SANTOS, I. DOS. *Em demanda da poética popular*, 1999: 286.

A reflexão estética do movimento não aceita a hierarquia social de valores estéticos. Considera que a arte popular deve ser apreciada em si mesma, pois possui um alto grau de elaboração e complexidade semelhante à arte erudita.

Impregnado de um forte catolicismo popular, Ariano vivencia uma religiosidade ampla em seu culto à Misericordiosa, Compadecida, Nossa Senhora, Mãe de Jesus, intermediadora entre o Homem e o Divino.

No romanceiro popular nordestino busca a eternidade da tradição do clássico, e a aprovação do coletivo, por meio de uma recursividade infinita, que transparece em suas peças encenadas por circos populares, como já aconteceu com o *Auto da Compadecida, O Santo e a Porca, O Casamento Suspeitoso* e *Torturas de um Coração* no interior de Pernambuco e da Paraíba.

O conjunto de sua obra desdobra-se em literatura e teatro, passando por música, dança, cinema, pintura, gravura e tapeçaria. A arte armorial pretende contemplar a totalidade dessas manifestações culturais, embora a limitação do conceito para abarcar esse objetivo seja evidente.

Em relação à literatura armorial, três linhas são identificadas: 1) a poesia aristocrática e emblemática de Deborah Brennand, em que "o espírito armorial é visível em bandeiras e estandartes, imagens emblemáticas e heráldicas, populares, recriadas num espírito meio épico que poderíamos comparar a essa Arquitetura violenta, recortada e cheia de cores quentes"[1]; 2) a poesia de Janice Japiassu e Marcus Accioly, diretamente ligadas à literatura de cordel. Janice emprega ora o *romance* monorrimado, herdado da Península Ibérica e ainda presente no Sertão, ora a *sextilha* dos cantadores. Accioly recorre à *sextilha*, ao *quadrão*, ao *martelo*, e aos processos enumerativos, também empregados por Janice; 3) a poesia de Ângelo Monteiro intermedeia as duas anteriores, emprega a *sextilha* de folhetistas nordestinos, de maneira aristocrática e refinada.

1 SUASSUNA, A. *O movimento armorial*, 1974: 35.

Entre os romancistas, contistas e novelistas, o trabalho de Raimundo Carrero merece destaque:

> Por causa de suas ligações com o espírito áspero e mágico do Romanceiro popular do Nordeste, as quais ressaltam à primeira vista, desde o título de sua novela. [...] Carrero é sertanejo e sabe, como eu, que, no Sertão, a palavra tigre é feminina e designa a Onça negra, como pode referir-se a uma mulher valente e cruel. [...] O outro motivo que me leva a considerar Raimundo Carrero um escritor armorial é sua forma de escrever emblemática. A prosa de Carrero às vezes se assemelha à escultura em madeira dos nossos santeiros e imaginários ou, noutro nível, dos nossos escultores armoriais, todos eles sempre mais atraídos pelos santos martirizados, como São Sebastião ou Antônio Conselheiro. [...] Outras vezes, ainda como um quadro ou numa tapeçaria, surgem imagens de

verdadeiros estandartes, bandeiras ou galhardetes, imagens que podem aparecer "medievais" aos outros, mas que nós, nordestinos e armoriais, sabemos que se originam muito mais dos estandartes populares dos espetáculos do Povo do Nordeste, sendo por aí que reencontram, de uma forma brasileira, certas formas e valores medievais ainda vivos aqui.[1]

Atualmente, Carlos Newton de Souza Lima Júnior e o grupo do jornal literário *O Pão*, de Fortaleza, representado por Virgílio e Luciano Maia e Jorge Tuffic, vêm trazendo com sensibilidade e competência um novo desdobramento para a literatura Armorial.

A noção de obra aberta amplia-se na direção de todos os artistas armoriais, transbordando e transfigurando sua criação. Ariano criou o *Romance do Bordado e da Pantera*, baseado no conto de Carrero *O Bordado e a Pantera*. Essa prática foi assumida pelos demais artistas, que em seus textos dialogam numa transtextualidade constituída por uma intricada rede de recriação.

Sobre a pintura armorial, Suassuna relacionou, em ensaio de 1974, Francisco Brennand e Miguel dos Santos, Aluízio Braga, Lourdes Magalhães, Geber Accioly e Gilvan Samico:

> Nos quadros de Francisco Brennand, certos frutos e folhagens aparecem como selos ou brasões pintados no centro da tela, como se esta fosse um enorme escudo de armas; o Caju, vermelho ou amarelo, é o fruto brasileiro por excelência e é, portanto, a nossa insígnia vegetal brasileira, assim como a Onça é o nosso animal heráldico mais característico.[2]
>
> [...] nele, como nos outros, está presente esse espírito mágico – brasileiro, nordestino e de raiz popular. [...] Miguel dos Santos, cuja "garra" popular e cuja força brasileira são as mesmas dos "folhetos" e xilogravuras do Romanceiro popular nordestino. A pintura de Miguel dos Santos é algo que me entusiasma, principalmente quando ele povoa seus quadros a óleo, ou suas cerâmicas, de bichos

1 SUASSUNA, A. Carrero e a Novela Armorial. In: CARRERO, R., *A história de Bernarda Soledade, a tigre do sertão*, 1995: 6, 10.

2 SUASSUNA, A. *O movimento armorial*, 1974: 13.

> e personagens nordestinos, anjos e demônios – uma obra tão ligada ao Romanceiro e, por isso mesmo, tão expressiva da visão tragicamente fatalista, cruelmente alegre e miticamente verdadeira que o Povo brasileiro tem do real.[1]

[1] *Ibidem*: 14.

Os quadros bordados, esmaltados minúsculos e cheio de joiarias de Aluízio Braga, semelhantes às miniaturas persas ou hindus, e ao espírito sonhador presente nos autos de guerreiros e nos caboclos-de-lança do maracatu rural, são sempre representados. Ariano refere-se nesse mesmo ensaio de 1974, igualmente, aos vidrilhos e lantejoulas utilizados por Lourdes Magalhães em seus quadros, que lembram os príncipes e os estandartes populares semelhantes aos templos asiáticos, ou ainda, o parentesco de Geber Accioly com as xilogravuras populares do Nordeste, que não utiliza perspectiva, profundidade e relevo, e distribui cores puras em zonas achatadas.

Atualmente, a pintura de Dantas Suassuna, que também se dedica à cenografia e figurinos de espetáculos musicais e teatrais, representa uma nova tendência do Movimento. Em seus quadros, procura incorporar as insculturas, esculturas em baixo-relevo, e as pinturas rupestres da cultura brasileira pré-ibérica, assim como traços da cultura indígena, da negra e da asiática. Joana Lira, com seus bichos aloprados, Jarbas Araújo com a pintura figurativa baseada nas imagens e brinquedos populares, e a de Romero de Andrade Lima, com fortes traços indígenas e africanos, retomam imagens arquetípicas, verdadeiros jogos poéticos prenhes de delicadeza e profundidade.

A escultura armorial tem em Fernando Lopes da Paz um nome de destaque. Seu trabalho "se origina, diretamente, dos entalhes das xilogravuras dos 'folhetos', da tradição da escultura em madeira dos 'santos' e 'imaginários', e das esculturas em pedra do barroco 'primitivizado' do Nordeste. [...] Tem um espírito apocalíptico, que lhe vem, ao mesmo tempo, da tradição da Literatura de Cordel, da leitura dos livros proféticos judaicos e do contato com os escritores e poeta armoriais"[1].

Esse escultor, baseado no desenho *A Besta Bruzacã*, uma das ilustrações de *A Pedra do Reino*, confeccionou em talhas enormes *A Luta da Besta Bruzacã com o Anjo.*

Ligado às xilogravuras populares nordestinas, surge, ainda na década de 70, o escultor Arnaldo Barbosa, responsável pelas esculturas de duas ilumiaras concebidas por Ariano, financiadas pela Secretaria da Cultura do Estado, na sua gestão: a Ilumiara Zumbi, localizada na Cidade Tabajara, em Olinda, inaugurada em agosto de 1997, e a Ilumiara Pedra do Reino, em São José do Belmonte, com inauguração prevista para maio de 2000, durante a Cavalgada à pedra do reino.

Em relação à cerâmica e à tapeçaria armoriais, Francisco Brennand e Miguel dos Santos são os destaques de uma atmosfera de mistério que envolve essas manifestações. Ambos "realizam santos ou animais modelados em barro, que vão ao forno como os santos feitos em Caruaru ou Tracunhaém pelos artesãos populares, e que, em alta temperatura, adquirem aquela cor metalizada e forte que dá a maior nobreza a essa bela arte que é a Cerâmica"[2].

Seguindo essa tradição popular de ceramistas e louceiros, os trabalhos de Zélia Suassuna, e a porcelana de Socorro Maia, Côca, com seus bichos, signos e insígnias dos ferros-de-marcar-bois, expressam a delicadeza e a força com que são tratados os temas míticos.

Na tapeçaria, Maria da Conceição Brennand Guerra povoa seus tapetes de onças, cobras, animais alados e míticos, religando a xilogravura popular nordestina à cultura latino-americana antiga.

A gravura atinge seu apogeu com Gilvan Samico:

> Seu segredo consistiu apenas em o gravador voltar a certos processos que os novidadeiros julgavam esgotados; em voltar ao uso do material mais puro, nobre e primitivo da Gravura – a madeira;

1 SUASSUNA, A. *O movimento armorial*, 1974: 17.

2 *Ibidem*: 18.

em regressar às suas raízes, recriando, com grande liberdade e imaginação, o espírito e as formas da Xilogravura do seu Povo; em contornar as figuras de um limpo traço negro, que se destaca nos puros espaços brancos, por entre massas negras e tramas delicadamente interpostas, e toques de vermelho, verde, azul ou amarelo, que a Gravura popular não usa mas que ele fez muito bem em introduzir para recriá-la.[1]

1 *Ibidem*: 22, 23.

No catálogo da exposição *Samico – 40 Anos de Gravura*, realizada em 1998, Ariano reafirma que o romanceiro popular do Nordeste é a fonte inspiradora do artista, o que faz com que sua gravura seja povoada de pássaros, dragões, pavões, bois encantados, cavalos misteriosos, guerreiros-do-ar, virgens, santos e profetas, numa configuração insana e arrebatadora.

No teatro, é herdeiro do teatro antigo e dos espetáculos populares nordestinos, preferindo a tragédia e a comédia: "O Teatro armorial parte dos *romances,* das histórias trágicas ou picarescas da Literatura de Cordel, assim como dos espetáculos populares do Nordeste, e tem, no campo da Arte erudita, um espírito muito semelhante ao deles"[2]. Esses espetáculos servem de modelo para o figurino, o cenário e a atuação no palco consagrada, nos últimos anos, com os espetáculos de Antônio Nóbrega e o teatro de Romero de Andrade Lima. Este último vem dirigindo a *Trupe Romançal de Teatro,* criada na gestão de Ariano à frente da Secretaria da Cultura do Estado. Encenou *A História de Amor de Romeu e Julieta*, muito elogiada pela crítica, e *A Pedra do Reino*, que abriu o I Festival Nacional de Teatro do Recife no Teatro do Parque, em novembro de 1998. Essa montagem foi motivo de muita polêmica, com o público dividido entre a vaia e o aplauso. Entretanto, não se tratou de uma adaptação integral do romance, e sim, de uma colagem de trechos que, segundo Romero, representam a trama vivida por **Quaderna**.

2 *Ibidem*: 25.

O cinema armorial pretende recriar os espetáculos populares nordestinos; as duas adaptações do *Auto da Compadecida*, principalmente a do diretor George Jonas, com *autos de guerreiros,* cenário e figurino assinados por Francisco Brennand, música de Capiba, e a realizada pelos Trapalhões, numa recriação circense, trazem consigo a marca do movimento. Em janeiro de 1999, a TV Globo levou ao ar a microssérie *O Auto da Compadecida*, adaptada por Guel Arraes, João e Adriana Falcão, utilizando efeitos especiais e personagens e tramas de outras peças do autor.

No artigo *Cinema e Sertão*, Suassuna refere-se às conversas com Glauber Rocha sobre um cinema brasileiro que contasse a épica dos cangaceiros e a dos senhores, por meio do romanceiro e o teatro popular do Nordeste: "Eu achava que os espetáculos populares do Nordeste – o 'Bumba-meu-Boi', o 'Auto-dos-Guerreiros', a 'Nau Catarineta', etc. –, poderiam fornecer, ao teatro e ao cinema nordestino, as roupagens imaginosas, a música, as danças, as lutas de espada, as máscaras, as histórias, os heróis e os mitos que lhes dariam espírito realmente brasileiro, como acontecera com o Teatro Nacional e Popular Japonês, em relação ao cinema épico de 'samurai'; Glauber Rocha concordou comigo"[1]. Alguns filmes são representativos do sonho de uma épica pobre: *Memória do Cangaço* e *Proezas de Satanás na Vila de Leva-e-traz*, de Paulo Gil Soares; *Deus e o Diabo na Terra do Sol* e *O Dragão da Maldade Contra o Santo Guerreiro*, de Glauber Rocha; *A Bolandeira* e *O País de São Saruê*, de Vladimir de Carvalho. Luiz Fernando Carvalho e Guel Arraes são os protagonistas, atualmente, de experiências em vídeo e cinema em que redescobrem e reconstroem uma épica brasileira.

1 SUASSUNA, A. *Cinema e sertão*, 1986: 160.

A dança armorial teria de recriar as danças populares, e mais especificamente o carnaval. A primeira experiência nesse sentido foi realizada em 1959, no Teatro Santa Isabel, com uma história sua, *Os Medalhões*, musicada pelo maestro Guerra Peixe e coreografada por Ana Regina. Um segundo espetáculo, também de sua autoria, foi realizado no teatro Santa Isabel, em 1978; trata-se da história *Iniciação Armorial aos Mistérios do Boi de Afogados*, com músicas do Quinteto Armorial, e encenação do Balé Armorial. Em um trecho do programa do espetáculo, Ariano reafirmava sua obsessão pela fusão:

> Acontece que somos brasileiros e nossa obrigação é tentar fundir, numa união de contrários e complementares, as duas principais raízes culturais das quais descendemos: a da tradição européia, que, no caso da dança e dos espetáculos populares do Nordeste, seria o equivalente de balés nacionais como o do Senegal ou o da Índia. É como se, no Senegal, a escolha tivesse que ser feita entre a Arte nacional, realizada pela antiga colônia, e a Arte superposta, vinda da metrópole. No Brasil, porém, o nosso desejo é unir, dentro de nossas próprias fronteiras, a dança herdada da antiga "metrópole" com a dança nacional; ou melhor, para ser mais preciso: quando atingirmos o que realmente desejamos, trata-se de colocar a técnica tradicional a serviço da Dança nacional com a qual sonhamos – dionisíaca por um lado, hierática por outro, total, de festa, celebrativa e sagratória, na linha dos nossos extraordinários espetáculos populares.

Além do Balé Armorial, outra iniciativa dos anos 70 que perdura até hoje é o Balé Popular, dirigido por André Madureira, que se apresenta regularmente no Teatro Beberibe do Centro de Convenções de Pernambuco, com o espetáculo *Nordeste*. Dois Balés encenados em 1998, no Teatro Arraial, demonstram o vigor da dança armorial, são eles: *A Demanda do Graal Dançado* e *Pernambuco do Barroco ao Armorial*, também concebidos por Ariano.

A *Demanda do Graal Dançado* foi coreografado por Maria Paula Costa Rego e encenado pelo Grupo Grial de Dança:

> O título do espetáculo alude, então, ao fato de que nele acontece uma demanda; uma busca; a procura de um dos caminhos possíveis para a Dança Brasileira e que aqui foi tentado pela fusão da dança chamada contemporânea com a popular. E o que mais me entusiasma no espetáculo é ver dançarinos de formação erudita e popular, dançando, juntos, Mestre Salustiano [Mestre do Maracatu Rural, tocador de rabeca] e Beethoven, cuja música, rápida e sincopada, serve curiosamente de anúncio e porta-de-entrada para o Frevo e que por isso foi escolhida para preceder a bela composição de Antônio Madureira que encerra o espetáculo.[1]

1 SUASSUNA, A. Programa de *Demanda do Graal dançado*, 1998.

No *Pernambuco do Barroco ao Armorial*, o sonho de uma dança brasileira é alentado por um espetáculo que funde música erudita e música popular:

> Por isso, um dos méritos do espetáculo criado por Heloísa Duque e Marisa Queiroga para o *Grupo Arraial Vias da Dança* é a revelação de que, além do grande compositor de frevo que foi, Capiba era também mestre em vários outros gêneros; pois, sem se falar das obras que fez para orquestras sinfônicas e grupos camerísticos, suas composições vão da valsa ao choro e ao maracatu. Por isso, no espetáculo, três movimentos da *Missa Armorial* de Capiba puderam servir de passagem da música sacra de Luís Álvares Pinto [compositor barroco pernambucano, cuja peça Te-Deum, composta em 1760, é o primeiro movimento desse espetáculo] para a pianística do próprio Lourenço da Fonseca Barbosa, belamente tocada por Elyanna Caldas. Os dançarinos que nele figuram fazem parte do Balé *Vias da Dança* e da Escola dirigida por Marisa Queiroga. O cenário e as roupagens são de Dantas Suassuna. O *Te-Deum* de Luis Álvares Pinto é tocado e cantado pelo conjunto suíço *Turicum Ensemble*, e a *Missa* de Capiba pela orquestra Armorial e pelo coro do *Conservatório Pernambucano de Música*.[2]

2 *Ibidem*: 2.

Em 18 de maio de 1999, o grupo Grial levou a público num palco ao ar livre do Sítio do Pica-pau Amarelo, no Recife, *O Auto do Estudante que se Vendeu ao Diabo*, adaptação e concepção de Ariano com base em um folheto de cordel anônimo. O espetáculo, com músicas de Strawinski, foi coreografado por Paula Costa Rego e dirigido por Romero de Andrade Lima, que também assinou os cenários e figurinos.

Quanto à arquitetura Armorial, ela é brasileira, dionisíaca, sagratória para os prédios públicos, e tranqüila e acolhedora para as moradias:

> Não acredito, como os regionalistas, que se deva "voltar ao colonial"! Temos é que criar, em relação a nosso tempo, uma Arquitetura brasileira que a ele corresponda. Sonho com uma Arquitetura civil e religiosa brasileira, a qual, partindo do bom senso meio mouro e chão da Arquitetura das casas, desse o salto maior para o Divino, com florestas de pedra, colunas de arenito retorcidas em forma de troncos vegetais, dividindo fachadas e espaços revestidos de azulejos e cerâmicas, e triunfantemente, para o alto através do maciço, o pesado e o irregular.[1]

1 SUASSUNA, A. *O movimento armorial*, 1974: 33.

Os arquitetos devem reinventar e recriar a matéria-prima nacional e utilizar as cores do sertão, o vermelho, o ocre, o castanho e o amarelo, e o azul e o verde marinhos, cores da zona da mata, em quadros, cerâmicas e esculturas em pedra ou madeira povoadas de frutos, animais, profetas, virgens e mitos.

A casa de Ariano Suassuna é a própria explicitação do seu sonho. Construída em 1870, com ares de fazenda, torna-se evidente a presença das raízes rurais da infância. A fachada é recoberta com azulejos de Francisco Brennand; nas portas altíssimas e nas janelas, topos rendilhados de ferro; o piso é de ladrilhos hidráulicos; no jardim, pinturas rupestres de sua autoria, mulheres esculpidas e o painel *A Compadecida*, assinados por Zélia, e a *Santa Sofia*, de Arnaldo Barbosa, complementam esse mosaico armorial. Pela casa inteira disseminam-se peças antigas, herança de família. Na sala, uma homenagem de Dantas Suassuna ao pai: um tríptico referente ao *Romance d'A Pedra do Reino;* um tapete seu, esculturas, quadros, cadeiras pernambucanas de balanço e espreguiçadeiras compõem o ambiente. A casa "é um meio-termo entre arquitetura rural e urbana. Apenas a varanda isola a casa-grande da senzala"[1].

Quanto à música, o Quinteto Armorial é a cristalização das idéias defendidas desde 1946, quando organizou, no Teatro Santa Isabel, a cantoria que deu origem ao Congresso de Cantadores do Nordeste, com o patrocínio de Miguel Arraes, Secretário da Fazenda do Estado de Pernambuco da época.

Em 1950, no artigo *Notas sobre a Música de Capiba*, o mergulho nas raízes musicais nordestinas é reafirmado como ponto de partida para produzir uma música genuinamente brasileira, como o fez Villa Lobos. Maracatus, modinhas, valsas, choros, sambas e frevos de Capiba, compostos e recriados com base em pesquisa das canções de domínio público, cantigas de roda e música negra, expressam a fusão como uma das tendências da música pernambucana.

O Quinteto Armorial introduziu na música de câmera a viola sertaneja, a rabeca, o pífano e o marimbau, com grandes discordâncias de Jarbas Maciel, músico e compositor do Quinteto que, junto com Guerra Peixe, maestro e compositor, foi fundamental na criação do grupo. A primeira formação do Quinteto foi composta por Cussy de Almeida, no violino, Jarbas Maciel, na viola, José Tavares de Amorim e Rogério Pessoa, nas flautas, e José Xavier, na percussão. Um violão, com Henrique Annes, para compensar a ausência da viola nordestina, juntava-se ao conjunto, em alguns momentos.

Os músicos deveriam estar voltados para a música do sertão, que, por sua vez, encontra-se ligada à indígena, à ibérico-árabe, ou ibérico-mourisca, e à gregoriana. A música do sertão

1 SUASSUNA, A. Revista *Cláudia Casa*, ano 21, nº 4, pág. 114.

nordestino é uma música primitiva e pré-clássica, portanto ligada aos *motetos* medievais e à música renascentista. Essa tradição é expressada nos *romances,* nas *excelências* dos mortos e nos *baiões* de tonalidade trágica.

Esses romances, excelências e baiões constituiriam a base da pesquisa do Quinteto Armorial:

> O primitivo Quinteto Armorial, fundado por mim em 1969, era, portanto, composto por duas flautas por causa dos dois pífanos dos "ternos", um violino e uma viola-de-arco – por causa das duas rabecas – e percussão, por causa da "zabumba", [inspirado no Terno de mestre Ovídio, composto de dois pífanos e duas rabecas]. [...] Esse fato de partir de temas arcaicos do povo tinha apenas um caráter "didático" inicial. Era um modo de, digamos assim, "reeducar" os nossos músicos, encaminhando-os a um despojamento, a uma pureza e a uma estrutura musical brasileira que os afastassem dos padrões convencionais europeus. [...] Assim, a princípio, a Música Armorial era composta para um Quinteto... Depois da fundação da Orquestra (Armorial de Câmera), o trabalho ficou dividido: a Orquestra, que absorvera inclusive os membros do Quinteto que eu tinha fundado, passou a se encarregar da execução das músicas. [...] Fundei, depois, outro Quinteto, que batizei de Quinteto Armorial; é que, entre outubro de 1970 – data do concerto de estréia da Música Armorial – e 26 de novembro de 1971, acontecera um fato que iria abrir novas perspectivas para o nosso movimento: eu travara conhecimento com Antônio José Madureira, jovem músico que iria abrir novas perspectivas para a Música Armorial.[1]

1 SUASSUNA, A. *O Movimento Armorial*, 1974: 59.

Madureira se dispôs a aprender a técnica da viola sertaneja com a ajuda de dois cantadores vindos do interior. Ao mesmo tempo, convidou mais outro aluno de violino do curso de Música da Universidade Federal de Pernambuco, Antônio Nóbrega de Almeida. Com isso, o Quinteto ficou formado por: Antônio José Madureira, na viola sertaneja; Edílson Eulálio, no violão;

Antônio Nóbrega, no violino; Jarbas Maciel, na viola-de-arco, e José Tavares de Amorim, na flauta. Pouco tempo depois, realizando seu sonho, Fernando Torres Barbosa, seu ex-aluno de Estética, entrou para o Quinteto tocando marimbau ou "berimbau de lata", que consiste num arame, pregado a uma tábua e esticado por cima de duas latas, que servem, ao mesmo tempo, de cavalete para o arame e de caixa de ressonância. O Quinteto só introduziu a rabeca com Antônio Nóbrega, e a flauta ou pífano, com Egildo Vieira, estudante de Engenharia, no concerto de 29 de novembro de 1972.

Entusiasmado com a musicalidade do grupo, Ariano declarou: "Quando eu falo da importância, para o quinteto Armorial, da Arte barroca, é pensando, principalmente, no Barroco ibérico, muito mais aproximado do espirito medieval e pré-renascentista do que, por exemplo, da Arte do século XVIII europeu. [...] Assim, quando falo na importância, para a Música Armorial, dos 'cantares' que nos vieram para cá nos séculos XVI, XVII e XVIII, é pensando em algo muito mais áspero e primitivo do que a música de Mozart"[1]. Ele sabe de cor alguns desses "cantares", que lhe foram ensinados na infância por uma tia e uma moradora da fazenda São Pedro, do tio Quincas, no sertão da Paraíba.

1 *Ibidem*: 61.

No início dos anos 80, o Quinteto Armorial extinguiu-se. Surgiu na década de 90 o Quarteto Romançal, também dirigido por Antônio José Madureira, o Zoca, que gravou o *Romançal* e criou o selo Ancestral produzindo *A Poesia Viva de Ariano Suassuna – Com músicas de Antônio Madureira.*

Antônio Nóbrega, há muitos anos radicado em São Paulo, onde possui o Teatro Brincante, vem levando adiante as idéias de Ariano em suas pesquisas e espetáculos, acrescendo músicas de sua autoria em parceria com Wilson Freire e Braulio Tavares.

Três outros conjuntos ampliam o leque desse universo musical: a Camerata Armorial, criada por Ariano em 1996, formada por jovens instrumentistas de cordas, estudantes e profissionais, uma iniciativa do SESI-PE, que leva a música aos operários em seus locais de trabalho; o Quinteto da Paraíba, conjunto de cordas criado em 1997, constituído por músicos da Universidade Federal da Paraíba, e o Sá Grama, composto por músicos do Conservatório Pernambucano de Música.

A pesquisa desenvolvida pelos músicos armoriais segue a mesma orientação dos trabalhos de Mário de Andrade e Heitor Villa Lobos, pesquisadores voltados para o nacionalismo. Villa Lobos, representante oficial da visão modernista no campo musical, segundo Idelette Muzart F. dos Santos, interessado pela música folclórica e pela tradição popular, a partir de 1917 deixa de transcrever freqüências melódicas ou rítmicas da música popular, preferindo criar com 'certo clima interior', suas inquietações pessoais. Mesmo assim, sua música é 'tropical'. Mário de Andrade torna-se o principal teórico musical, após a Semana de 22, reiterando essa tendência nacionalista, que é visível na atual cena cultural pernambucana, com a adoção da rabeca por diversos artistas, a revalorização e recriação que se encontram presentes no Movimento Mangue, com Chico Science & Nação Zumbi, Mundo Livre S. A., em Mestre Ambrósio, Cascabulho, Comadre Florzinha, Chão e Chinelo, Faces do Subúrbio e Devotos do Ódio, que buscam na fusão de ritmos regionais com o *rock*, o *hip-hop*, o maracatu, reisado, coco-de-roda, pastoril, novos caminhos para a música, mostrando que o interesse pela pesquisa e valorização da cultura popular tem se mantido, e até se ampliado.

Ao longo de quase trinta anos de vida, o Armorial tem apresentado mudanças que vêm reafirmar seu compromisso em sintonizar-se com o meio que o envolve. Segundo Idelette Muzart F. dos Santos, o Movimento Armorial poderia ser dividido em três fases: 1) a *Experimental*, de 1970 a 1975, quando Ariano era Diretor do Departamento de Extensão Comunitária da UFPE.

Essa fase se caracteriza, sobretudo, pelo início do Movimento, com a criação em diversos campos da arte e o lançamento de diversos artistas; essa sua ação promocional no campo das Artes Plásticas resultou na inauguração da Pinacoteca da UFPE, com verbas advindas da venda de obras de arte desses artistas; 2) a *Romançal*, que teve início com a apresentação da Orquestra Romançal Brasileira, em 18 de dezembro de 1975, quando era o Secretário de Educação e Cultura da Cidade do Recife, ocasião em que a tapeçaria Armorial foi relançada; uma política de coedição com a editora Artenova, do Rio de Janeiro, foi instituída; a encomenda de peças valorizou os escultores populares, e o Conselho Municipal de Cultura, presidido por Murilo Guimarães, foi criado. Esse Conselho contou com a participação de seis membros, além do presidente, sendo quatro artistas ligados ao próprio movimento: Marcus Accioly, Raimundo Carrero, José Antônio Madureira e Gilvan Samico. Como característica desta fase, tem-se a criação do neologismo *Romançal*:

> **Romance** designa, em primeiro lugar, este amálgama de dialetos do baixo-latim, língua popular que foi a origem das línguas românicas; é também o termo utilizado, por extensão, para poesias orais cantadas "em romance", em oposição à cultura letrada, escrita em latim. Pouco a pouco, a palavra torna-se mais específica e passa a designar uma forma popular privilegiada desse tipo de poesia, o poema em versos heptassílabos com assonância nos versos pares e ímpares. O termo amplia seu campo e designa, mais tarde, toda a literatura narrativa em prosa, concorrendo com o termo **novela**. Enfim, **romance** remete para o imenso Romanceiro popular brasileiro, a esses romances e folhetos orais e escritos, cuja estrutura herdada da Europa adaptou-se tão perfeitamente aos temas e às vozes nordestinas. No plano musical, Suassuna rejeita a conotação romântica e lírica da **romança** [composição, em geral curta, para canto e piano, de cunho sentimental ou patético, típica do século XIX, segundo o *Dicionário Aurélio*] para exaltar o romance

definido como "composição polifônica". [Romançal também pode ser compreendido como] uma reminiscência do termo **romani**, designando a língua falada pelos ciganos da Europa Ocidental, que conserva, sob aspectos diversos, um fundo oriundo da Índia. Os ciganos foram, de fato, para Suassuna como para Garcia Lorca, os principais responsáveis pela recriação e renovação do romanceiro medieval, que souberam reinterpretar no século vinte, reintroduzindo nele o elemento popular apagado pelo tempo, senão totalmente desaparecido[1].

1 SANTOS, I. dos. *Em demanda da poética popular*, 1999: 31.

Romançal, além de designar uma fase do movimento, também reafirma sua ligação com a cultura popular. Para Santos, pode-se entender como o fim do movimento, o artigo *Despedida*, uma carta aberta publicada pelo *Diário de Pernambuco*, em 9/8/1981. Nesse texto, Ariano declara seu direito de retirar-se da vida pública, tencionando não mais publicar e conceder entrevistas. No entanto, continuou escrevendo e exercendo sua atividade de professor na Universidade Federal de Pernambuco.

Mesmo enfrentando dificuldades, o Armorial persistiu graças à obstinação dos artistas. Em *Um Balanço do Movimento Armorial, 20 Anos Depois*, Ariano, no afã de reafirmar sua continuidade, esquece os entraves e concentra seu depoimento nos artistas e grupos responsáveis pela permanência: o Balé Armorial, Antônio José Madureira, Dantas Suassuna, Romero de Andrade Lima, Arnaldo Barbosa e Antônio Nóbrega. O tom da entrevista ao caderno *Mais!*, da *Folha de São Paulo*, em 1997, é o mesmo de quando faz questão de anunciar uma terceira fase do movimento, a *Arraial*, iniciada com a inauguração do Teatro Arraial, homenagem ao Conselheiro, quando Secretário da Cultura do Estado.

O Armorial preocupa-se, sobretudo, com a criação de um pensamento brasileiro ligado com todos os povos da Rainha do Meio-Dia. Mesmo criticado por isso, "incentiva a uma viagem dentro das culturas brasileiras. O nacionalismo apresenta-se então como uma busca da diferença, da multiplicidade cultural e não como uma exaltação unanimista e nostálgica"[1]:

> É o Povo que mantém, até os dias de hoje, essas características brasileiras, que nós, atualmente, procuramos defender e recriar, contra a corrente "europeizante e cosmopolita", o que fazemos procurando ligar nosso trabalho de escritores e artistas criadores à Arte, à Literatura e aos Espetáculos populares. Nenhum de nós pretende ser "primitivo": o que procuramos é mergulhar nessa fonte inesgotável, em busca das raízes, para unir nosso trabalho aos anseios e ao espírito do nosso Povo, fazendo nosso sangue pulsar ao contato com aquilo que tais artes e espetáculos têm de festa – entendida no sentido latino-americano de celebração e sagração dionisíaca do Mundo[2].

O conjunto da obra ultrapassa os limites da categorização armorial e pode ser entendido como uma estratégia de explicitação do ideário de Ariano. Contém uma visão de mundo barroca prenhe de religiosidade e a confluência entre a reversibilidade e a irreversibilidade do tempo, tratadas com estilo forte, áspero e insano. Esse ideário é encontrado em sua plenitude na temática da pedra que transversaliza e impregna o universo suassuniano, intermediada pela paixão e pelo sonho.

A pedra, metáfora crua do sertão, religa o conjunto da obra às imagens de petrificação que revelam o que Bachelard denomina de "complexo de Medusa". Essa cólera petrificada, contida, característica da fala do sertanejo, é tematizada no poema *O Sertanejo Falando* de João Cabral de Melo Neto:

> A fala no nível do sertanejo engana:
> As palavras dele vêm, como rebuçadas
> (palavras confeito, pílula), na glace
> de uma entonação lisa, de adocicada.
> Enquanto sob ela, dura e endurece,

1 *Ibidem*: 261.

2 SUASSUNA, A. *O Movimento Armorial*, 1974: 63, 64.

o caroço de pedra, a amêndoa pétrea,
dessa árvore pedrenta (o sertanejo)
incapaz de não se expressar em pedra.

2

Daí porque o sertanejo fala pouco:
as palavras de pedra ulceram a boca
e no idioma pedra fala à força.
Daí também porque ele fala devagar:
tem de pegar as palavras com cuidado,
confeitá-las na língua, rebuçá-las;
pois toma tempo todo esse trabalho.[1]

1 MELO NETO, J. *A educação pela pedra e depois*, 1997: 4.

O idioma pedregoso de Ariano rompe o silêncio da matéria dura num sonho alucinado povoado de mitos, fantasmas e desejos que ressoam nos *Mosaicos Armoriais* de Guilherme da Fonte. Em exposição inaugurada em 16 de dezembro de 1997, trouxe a público uma recriação, em granito e mármore, dos desenhos e gravuras constantes nos romances *A Pedra do Reino* e *O Rei Degolado*, nos tapetes, e nas iluminogravuras:

> São dezesseis peças, de vários formatos e tamanhos, a maior delas chegando a mais de dois metros de largura. As possibilidades de uso, portanto, são muitas – de tampos de mesa à aplicação em pisos ou paredes, em ambientes internos ou externos [...] O resultado obtido por Guilherme é realmente surpreendente, talvez pela concordância mais do que perfeita entre os temas e a técnica escolhida para representá-los. Trabalhando com tesselas de formato irregular, de cores bem escolhidas, Guilherme faz com que a beleza impolida e forte dos desenhos de Ariano seja ressaltada por um material de aparência arcaica, tosca e rude, e que possui, além dessa qualidade, o brilho dos esmaltes dos brasões de armas, ou das lantejoulas, vidrilhos e metais baratos que o Povo brasileiro usa para enfeitar seus trajes de dança e *festa*, em nossos espetáculos populares

– metais que, segundo Suassuna, apesar de baratos, são mais valiosos que os "verdadeiros", pela maior quantidade de sonho humano que contêm.[1]

Em sua "Oficina Armorial", Guilherme redimensionou a obra de Ariano, e sua segunda exposição, de 15/12/1998 a 15/1/1999, confirma isso. Para Brennand, trata-se de um trabalho que segue a direção dos grandes ornatos medievais, podendo representar uma espécie de renascimento da arte secular do mosaico, com intenções simbólicas claramente atreladas às mais antigas tradições mediterrâneas.

A Ilumiara Suassuna, denominação dada à casa de Ariano por Lima Júnior, deu à luz além de Guilherme, mais quatro artistas: Zélia Suassuna, com as porcelanas e litogravuras, Alexandre Nóbrega e Dantas Suassuna, ligados às artes plásticas (sendo que Dantas também desenvolve um trabalho de cenografia e figurino), e Romero de Andrade Lima, à pintura e às artes cênicas:

> A *Itaquatiara* é formada pela casa do escritor e seu entorno, o amplo terreno no qual algumas de suas filhas construíram já suas próprias casas. Se não é ela a maior e mais importante das muitas itaquatiaras que compõem a Ilumiara Suassuna (talvez seja o romance d'*A Pedra do Reino* o monólito central ou *Altar* do conjunto), é considerável a influência que exerceu e ainda exerce sobre vários artistas.[2]

Itaquatiaras são pedras pintadas ou lavradas em baixo relevo que datam da pré-história, e, normalmente, situam-se perto das águas, no centro de anfiteatros naturais, povoando o interior do Nordeste e outras regiões do Brasil. Uma das mais importantes itaquatiaras do Nordeste é a *Pedra do Ingá*, situada próxima ao riacho Bacamarte, no interior da Paraíba, e que dá nome ao município, "Ingá do Bacamarte". As esculturas formam um todo:

1 LIMA JÚNIOR, C. Os mosaicos armoriais de Guilherme da Fonte e Ariano Suassuna. *O pão*. CEARTE, ano VII, nº 51, págs. 17-18, out. 1998.

2 *Ibidem*.

eu cheguei lá prá ver a Pedra do Ingá, onde eu sempre entrava com um sentimento solene de respeito, como se está entrando numa catedral, porque é um lugar religioso! [...] Este é um lugar religioso, é um dos primeiros grandes monumentos da cultura brasileira, que não surgiu no século XVI... mas muito antes"[1].

Alguns motivos presentes nas gravuras, tapetes e desenhos de Ariano foram baseados nessas inscrições que representam monstros, fantasmas e deuses.

As itaquatiaras que foram de fundamental importância para a criação das ilumiaras, constituem-se em indícios de uma *Educação pela Pedra*:

> Outra educação pela pedra: no Sertão
> (de dentro para fora, e pré-didática).
> No Sertão a pedra não sabe lecionar,
> e se lecionasse não ensinaria nada;
> lá não se aprende a pedra: lá a pedra,
> uma pedra de nascença, entranha a alma.[2]

As itaquatiaras assemelham-se a um complexo jogo de imagens que transitam em torno do devaneio da eternidade, iluminando as potências oníricas e os desejos obscuros:

> Anfiteatros ou conjuntos-de-lajedos, insculpidos ou pintados há milhares de anos pelos antepassados dos índios Cariri, no sertão do Nordeste brasileiro e que, como "A Pedra do Ingá", na Paraíba, foram lugares de culto. Por isso, normalmente têm como núcleo uma Itaquatiara, isto é, um Monólito-central, lavrado por baixos-relevos ou decorados por pinturas rupestres. A do Ingá não é pintada, é lavrada numa pedra castanha. [...] Vista de longe, parece um torso de Mulher tatuado pelos letreiros, figuras e sinais. Mais de perto, é Beemot, a Fera terrestre. Sua superfície coberta por estranhas marcas entalhadas na pedra. Entre elas, uma figura masculina – sacerdote ou Divindade menor, talvez – e que, com uma Esfera entre os pés, parece exercitar-se num passo de jogo ou Dança, ao

1 SUASSUNA, A. *Aula magna*, 1994: 27-29.

2 MELO NETO, J. *A educação pela pedra e depois*, 1997: 4.

mesmo tempo em que conduz nas mãos um Vaso-de-Oferendas. Mas existem, ainda, Candelabros, ou, talvez e mais certos, Pássaros e corolas de Cactos perigosos. [...] Os candelabros do Ingá têm, normalmente, 9 braços, e não 7! [como a Menorá, candelabro judaico do Velho Testamento] Estão situados junto de Cocares enormes, Lagartos, sóis, luas, sexos, estrelas e Serpentes, formas gravadas ou não se sabe com que instrumentos rudes e primitivos no Céu opaco, duro, áspero, constelado e chumboso da pele-de-fera da Pedra. Assim, os baixo-relevos insculpidos em sua superfície transformam o Monólito numa grande Escultura que aproveitou e incorporou a forma da Pedra original e que há milhares de anos está ali como homenagem não se sabe a que terrível Deus-Desconhecido. E o vasto conjunto-de-lajedos, não por acaso situado dentro do trecho mais pedregoso do "Riacho Bacamarte", termina parecendo também o esboço imperfeito e mal-acabado ou então os destroços de uma vasta obra, meio de arquitetura, meio de escultura. [...] O conjunto termina sendo um Anfiteatro, e a Pedra-Central um Altar, semelhantes a essas Aras estranhas e a esses Tronos brutais de pedras que os Povos antigos, contemporâneos do Velho Testamento, erguiam quase sempre no meio dos Desertos; ou perto de serras pedregosas e descalvadas como o Gólgota; ou junto ao Mar, às fontes e aos Rios, como implorações de piedade ou como locais de sacrifício a suas Divindades implacáveis. [...] A Itaquatiara do Ingá é aparentada com Leopardos e os candelabros de pisos de cerâmica romano-judaicos de Jerusalém; com alguns enormes Carneiros e Gaviões de pedra do norte da África; com os grandes bichos rupestres do Tasslit argelino; com as pirâmides, jaguares e anfiteatros Maias; com as igrejas e Santuários etíopes, escavados em forma de Cruz em blocos gigantescos e inteiros de pedra, enfiados chão adentro; com as estupas e Estrelas indianas e com os "touros de Guisando", brutais e maciços; enfileirados num capinzal da *meseta* espanhola, ninguém sabe por quem e com qual desígnio: "E os touros de Guisando", quase morte e quase pedra, mugiram como dois séculos fartos de pisar a terra.[1]

1 SUASSUNA, A. Yaari: Diálogo sobre a Ilumiara Brennand. In: *Francisco Brennand*. Staatliche Kunsthalle, 1993: 9, 10.

As ilumiaras são um exemplo cabal de santuários. A pedra ressoa no conjunto da obra refletindo o desejo do autor em petrificar seu universo.

O poema *Guararapes* integra o mural *A Batalha dos Guararapes*, fachada de um banco do Recife, parte integrante da Ilumiara Brennand. Clarival Valadares afirma que se trata de um tipo de linguagem estética que,

> pela primeira vez, no Brasil, fala ao Povo. Nele, uma temática histórica é integrada à fabulação popular em soluções surpreendentes de valores plásticos de contemporaneidade, sem divorciar-se daquele compromisso de causar emoção e provocar consciência no homem comum[1].

1 VALADARES, C. São os do norte... *Jornal do Brasil*, Caderno C, Sábado, 11 nov. 1967, pág. 1.

O poema épico é sangue vivo dos heróis mortos na batalha, marco da nossa cultura. As pedras encandeadas pelo sol, transformam-se em estrelas-guias no resgate dos subterrâneos do povo brasileiro que anseia por descobrir o país:

Guararapes

A terra, cor de vinho, a furna, a Onça castanha –
Num campo de batalha – o mundo, o ouro do Sol –
há sangue nas raízes, há ossos que branquejam;
no sol da terra sangra o sol deste outro sol.

E inda hoje esturra aqui a Onça da paz, escura,
mestiça e magistral – a Onça agateada:
um de seus olhos dorme, o outro, aceso, encandeia,
vigiando o sol, as pedras, as árvores sagradas.

E Deus escreve certo suas áureas linhas tortas.
Nesta terra que é dele o diabo perde as botas.
– "Viva o sangue de Deus vencendo a luz do mal!" –,
grita o clarim dos cantos à luz deste mural![2]

2 *Ibidem.*

As principais inspirações para a construção das Ilumiaras Zumbi e Pedra do Reino foram a arte rupestre e a fotografia de Anna Mariani, das casas populares nordestinas. Nelas, a delimitação dos espaços é feita por meio da pintura e baixo-relevo, com as fachadas servindo sempre de espaço para a pintura. Nos muros e paredes, encontram-se encravados os baixos-relevos de Arnaldo Barbosa, escultor que funde o barroco brasileiro "primitivizado" com o estilo das itaquatiaras.

A Ilumiara Zumbi situa-se na Cidade Tabajara, em Olinda, onde, tradicionalmente, apresentam-se os grupos de maracatu rural; também foi escolhida como local para a fotografia da capa do CD *A Poesia Viva de Ariano Suassuna – Com música de Antônio Madureira.*

A Ilumiara Pedra do Reino, localizada em São José do Belmonte, no sertão pernambucano, é uma referência ao episódio histórico ocorrido entre 14 e 16 de maio de 1838, quando as bases das duas pedras foram banhadas com o sangue de trinta crianças, doze homens, onze mulheres e quatorze cães. Esse cenário representa o pano de fundo revelador da religiosidade sertaneja, onde **Quaderna** sacraliza a missão da construção do Quinto Império:

> Agora a fuga não era mais possível. Por mais mesquinho que eu me mostrasse daí por diante em relação à Coroa do Divino, o impulso dado para o alto fora definitivo. Eu não era mais D. Pedro Dinis Quaderna, fidalgo arruinado e pobre, escrivão e astrólogo do Cariri; era D. Pedro IV, o Decifrador, Rei e Profeta do Quinto Império e da Pedra do Reino do Brasil.[1]

O reino onde D. Sebastião ressuscitaria era constituído por duas pedras enormes que rebrilhavam ao sol, cobertas de pingos prateados e estava situado em Belmonte, na época Comarca de Flores:

1 SUASSUNA, A. *Romance d'A pedra do reino e o príncipe do sangue do vai-e-volta*, 1971: 107.

São as duas enormes pedras castanhas a que já me referi, meio cilíndricas, meio retangulares, altas, compridas, estreitas, paralelas e mais ou menos iguais, que, saindo da terra para o sol esbraseado, numa altura de mais de vinte metros, formam a torre do meu Castelo, da Catedral encantada que os Reis meus antepassados revelaram como pedras angulares do nosso Império do Brasil. [...] As pedras e lajedos do nosso sagrado Cariri encontram-se, às vezes, em aglomerados que parecem Fortalezas ou Castelos arruinados. A partir daí, toda vez que eu me lembrava dos dois rochedos gêmeos da Pedra do Reino, era como se eles fossem, além da Catedral Soterrada que os Reis, meus antepassados, tinham revelado, a Fortaleza e o Castelo onde se fundamenta a realeza do nosso sangue.[1]

1 *Ibidem*: 33, 34.

As pedras e rochedos do sertão nordestino trazem consigo o mistério do encantamento, como se constituíssem uma esfinge a ser decifrada, pois representam lendas e mitos em inscrições naturais, porquanto transformam o poeta no mais primitivo dos paleógrafos, decifrador de dimensões legendárias.[2] No caso específico, elas apresentam-se sob formas insinuantes como as pegadas de Jesus, Maria e José fugindo da perseguição de Herodes, pelas marcas da Procissão de Ramos, na qual Jesus, montado em um jumento, entrou triunfalmente em Jerusalém. Em Belmonte, Serra Talhada, Cimbres, Triunfo, e por todo o sertão de Pernambuco, Paraíba, Bahia e Ceará, Jesus eternizou-se marcando e santificando as pedras e rochedos.

2 Bachelard chama a atenção para as sutilezas psicológicas expressas nas pedras e rochedos que, segundo ele, constituem ilustrações da natureza inanimada. Cf. BACHELARD, G. *A terra e os devaneios da vontade:* Ensaio sobre a imaginação das forças, 1991: 156.

A imaginação do poeta sugere também a superposição de tempos. Em *A Pedra do Reino*, a narrativa de **Quaderna** perpassa três períodos: 1938, tempo vivido por ele; 1838, tempo dos acontecimentos sangrentos; 1968, tempo presente, de maneira subjacente, um artifício de que o autor lança mão para narrar alguns fatos ocorridos no período da ditadura militar, como o assassinato do Padre Henrique. Tem-se então a cidade de Taperoá, centro sagrado, desdobrando-se para todo o sertão e o Recife, transpondo cenários e conferindo ao poeta a alma de transeunte.

Ao confundir cenários que constituem referências da memória da infância, estabelece um diálogo em que procura dominar as imagens de um mundo longíquo emprestando-lhe um sentido de familiaridade:

> Não sei não, Dinis, mas deve ser longe como o diabo, ali por perto da Turquia, já quase na beira do mundo! Em Serra Talhada, existe uma família Lorena: portanto esses lugares devem ser prá lá do Sertão do Pajeú, de Serra Talhada prá cima, mais de sessenta léguas! Ou então, é pr'os lados do Piauí, entre a Turquia e a Alemanha! A guerra do Doutor Santa Cruz contra o Governo da Paraíba, parece que foi pr'aquelas bandas, em 1912: mas o que eu me admiro é que uns chamam ela de "A Guerra de Doze", e outros de "A Guerra de Catorze", e a gente fica sem saber quantos Reis se meteram nela, se foram doze ou catorze! Meteram-se nela um tal de Togo do Japão, o Caisalamão, Antônio Silvino, os Pereiras, Dom Sebastião, Carlos Magno, os Viriatos, esse pessoal guerreiro todo! Digo isso porque, naquele tempo, eu perguntei a seu Pai: – "Justino, sabe me dizer se a Paraíba está metida nessa guerra que está havendo por aí?" Ele respondeu: – "Filipa, a Paraíba é do Brasil, e o Brasil está!!" Aí, eu perguntei: – "A favor ou contra a Alemanha?" Aí ele disse: – "Contra o Caisalamão!" Eu perguntei, de novo: – "Contra o quê?" Seu Pai disse: – "Contra a Alemanha! O Caisalamão é o Rei da Alemanha!" Aí eu perguntei: – "E se a Alemanha ganha a guerra, você acha que vão tomar as terras do nosso Compadre Pedro Sebastião?" Justino respondeu: – "Essa gente de Governo é tão ruim, que é capaz de tomar!" Eu, com raiva, falei: – "Tá, é da vez que eu largo esse Brasil velho e vou me embora pr'o Ceará[1]

Para **Quaderna**, "Deus fala por meio das pedras". Nesse contexto sertanejo, os rochedos possuem alguma coisa de humano e os homens são feitos de pedra, a mesma pedra que aprisionou

1 SUASSUNA, A. *Romance d'A pedra do reino e o príncipe do sangue do vai-e-volta*, 1971: 57, 58.

D. Sebastião, que um dia se desencantará. **Quaderna** descendia dali, da Pedra do Reino, ungida em sangue nos rituais comandados por seus antepassados. Seu sonho régio estava prestes a se realizar, requeria novamente um ritual, aquele era o instante da Sagração:

> Ergui-me, atei ao pescoço, jogando-o para as costas, o Manto real, subi à Pedra dos Sacrifícios onde fora degolada a Princesa Isabel, coloquei a Coroa sobre a cabeça e fiquei um momento, com o Cetro na mão direita e o Báculo na esquerda, de pé, na posição em que D. João Ferreira-Quaderna, o Execrável, aparece faiscando, os catolezeiros gemendo na ventania quente, os cactos espinhosos, o chão pedreguento. Comecei a pronunciar as palavras sacramentais. De repente, senti aumentar, de modo insuportável, a terrível sede que já vinha sentindo. Em algum lugar, ali perto, escancarou-se a boca da fornalha do Sertão, o bafo ardente e felino me crestou. Uma espécie de oura começou a girar, esquentar e encantar meu juízo, meu sangue a estremecer pelo terror sagrado e epiléptico, num redemunho de glória, inferno e realeza. Rangi os dentes: – "Vou morrer! Ninguém pode ir tão longe e tão alto!" Mas reagi e me mantive firme, pronunciando até o fim as palavras da "Pedra Cristalina", até que senti que meus lombos tinham sido consagrados e minha fronte definitivamente selada com o Régio Selo de Deus.[1]

1 *Ibidem*: 107.

Sagrado rei por suas próprias mãos, **Quaderna** busca decifrar o enigma da Pedra do Reino, que simboliza o permanente, o eterno, contrapostos ao contingente e ao efêmero. A pedra resiste ao tempo, por isso é a imagem mais perfeita do eterno; montanhas e grutas sacralizam o berço de todas as religiões, pois estão impregnadas da simbólica do divino:

> Não foi sem séria significação que Deus deu ao Homem os mandamentos de sua Lei inscritos na Pedra. E as Tábuas de Pedra do Decálogo foram recebidas, também, sobre o cimo de Pedra de

uma Montanha. E a Igreja de Cristo foi fundada sobre a Pedra de um homem e seu testemunho: "Pedro, tu és pedra, e sobre esta pedra edificarei a minha Igreja".[1]

Como Édipo, cujo mito pode ser entendido como uma história sobre as origens da virtude, de acordo com o psicanalista inglês Adam Phillips, o desafio de **Quaderna**, poeta das pedras, é decifrar o enigma da esfinge. "Uma das virtudes do enredo edipiano, porém, é que ele nos faz desejar desenredá-lo (os modos como procuramos contornar nosso complexo de Édipo *é* nosso complexo de Édipo)."[2] É no sentido de tentar decifrar ou desenredar que **Quaderna** aceita e enfrenta o desafio que emerge do diálogo com o amigo **Samuel**:

– Pedra-lispe é a pedra do raio do corisco!

– Que tolice é essa, Quaderna! Pedra-lispe é nitrato de prata! É o sulfato de cobre, o vitríolo azul, não sei?!

– Pode ser lá, na Zona da Mata, para as suas negras! Aqui no Sertão, todo mundo sabe que, quando cai um raio, vem uma pedra na ponta dele, uma pedra que se chama pedra-lispe ou pedra-de-corisco e que enterra sete palmos chão adentro! Agora, se nessa pedra tem nitrato de prata ou não, isso é lá com ela, e eu não tenho nada com isso! Por outro lado, é até bom que existe prata na pedra-lispe, porque, desde a *Cantiga de La Condessa* que se sabe que a lua, o sangue de aragão dos cavaleiros e a prata são coisas altamente poéticas![3]

A Igreja sertaneja criada por esse personagem possui leis, mandamentos e princípios próprios, prega a poligamia, o pensamento socialista-sertanejo e monárquico, a devora dos proprietários por cachorros degolados e ressuscitados como dragões. Trata-se de uma questão de fé, sangue, ciência, estro e planeta, decorrente da condição de profeta assumida por **Quaderna**; ele reatualiza e ressignifica os rituais sagrados da

1 MONTEIRO, 1974: 39.

2 PHILLIPS, A. *O flerte*, 1998: 27.

3 SUASSUNA, A. *Romance d'A pedra do reino e o príncipe do sangue do vai-e-volta*, 1971: 213.

Pedra do Reino, em seu lajedo sagrado. A véspera de Pentecostes é um dia importantíssimo da liturgia do seu catolicismo sertanejo, data decisiva nos rituais astrológicos, zodiacais, mouro-cruzados e negro-vermelhos que o integram:

> Forrei uma saliência do Lajedo, que me servia de Altar, com o Lenço de cambraia. Pendurei no pescoço, por uma corrente longa, o anel amarelo de Topázio. Coloquei no anular esquerdo, o anel de Rubi vermelho, e, no direito, o anel verde de Esmeralda. Assim preparado, num dos lados do Altar de pedra, abri o *Caminho Místico*, do Santo Peregrino do Sertão, isto é, Santo Antônio Conselheiro de Canudos. Do outro, abri o *Caderno Astrológico* que meu Pai me legara, copiado cuidadosamente pelo próprio punho dele, com tinta negra e vermelha, herança inestimável para minha carreira de Poeta de sangue, de ciência e de planeta, de Decifrador e Mestre dos Arcanos do Tarô. Coloquei também sobre o Altar o pichel de vinho, o farnel com paçoca e queijo de coalho, e então comecei a cerimônia.
>
> [...] Voltando-me na direção do Pajeú, falei assim: "Ó Adonai! Ó meu Deus judaico-tapuia e mouro-sertanejo! Considerai que qualquer coisa é bastante para me tirar a vida! Uma gota de salmoura que desça ao coração entupindo uma artéria, uma veia importante que se rompa em meu peito, uma sufocação de tosse, uma forte opressão interna, um fluxo impetuoso do meu sangue, uma Cobra-Coral que me morda, uma febre, uma picada, um corisco de pedralispe incendiada, um raio, uma pedrinha de areia nos rins, um inimigo audacioso, uma pedra que se despenque de um serrote – tudo isso e qualquer coisa pode me coalhar o Fel e me cortar o Nó do sangue, roubando-me a vida em dois tempos! Por isso, Senhor, não leveis a mal que, enquanto estou aqui no Mundo, capaz de gozar esta vida que Vós mesmo engendrastes – juntando o barro da terra sertaneja com o Sol e o furor dos vossos lombos – eu vos preste as homenagens deleitosas que devo à Divindade e que as inicie bebendo uma boa lapada do meu Vinho Tinto e Sertanejo da Onça Malhada.[1]

1 *Ibidem*: 453, 454.

Após essa invocação de Adonai, **Quaderna** bebe o vinho tinto sagrado, que opera nele a superação de toda a contingência e a compreensão do maravilhoso e do terrível. Entre uma invocação e outra, comia queijo, paçoca com alguns goles de vinho. Ao final, após devorar a rapadura acompanhada com água, fez a última invocação e dormiu.

A Santíssima Trindade dessa Igreja inclui a dimensão do feminino e a figura do Diabo, amplificando o mistério na tentativa de amainar as dores deflagradas pelo pecado:

> Formada por cinco animais num só. Era a Onça Malhada do Divino, formada por cinco bichos: a Onça-Vermelha, a Onça Negra, a Onça-Parda, a Corça Branca e o Gavião de Ouro, ou seja, o Pai, o Diabo, o Filho, a Compadecida e o Espírito Santo. [...] O Diabo é um revoltado do Partido Negro-Vermelho, e portanto precisa ser reabilitado e integrado na Divindade. Depois no meu Catolicismo, os bichos que servem de insígnia ao Divino são todos rigorosamente brasileiros e sertanejos. [...] No meu Catolicismo Sertanejo, o Espírito Santo é um Gavião, bicho macho e sangrador, e não essa pombinha que sempre me pareceu meio suspeita.[1]

1 *Ibidem*: 464.

A divindade sertaneja é o mesmo Deus judaico e católico, semelhante ao Deus do deserto, do Antigo Testamento, que aparecia no sertão da Judéia. O catolicismo iniciado por **Quaderna** salvava, ao mesmo tempo, a alma e o corpo, pois permitia "o bom comer, o bom beber e o bom foder"; sofria influência monárquica, ibérica, popular e negro-tapuia, o que lhe permite a condição de profeta e príncipe. É a "única religião do mundo que é bastante 'judaica e cristã' para levar ao Céu e, ao mesmo tempo, bastante 'moura' para nos permitir, aqui logo, os maiores e melhores prazeres que podemos gozar neste mundo velho de meu Deus!"[2].

2 *Ibidem*: 453.

Ariano faz da cidade de Taperoá seu centro geográfico, espaço sagrado, que quebra o silêncio das pedras. É aí que se desenvolve o enredo de quase todas as suas peças e romances. O autor desloca-se no interior de um ciclo mágico, por entre as pedras sagradas, ungidas pelo sangue dos heróis, profetas e santos, em uma ligação mais próxima com o divino.

Na peça *Uma Mulher Vestida de Sol*, os personagens, rondados pela morte, caminham por entre as pedras calcinadas; em a *Farsa da Boa Preguiça* temos o diabo **Quebra Pedra**; em *A Pena e a Lei*, **Benedito** tenta entender sua morte provocada por uma pedra:

> **Benedito:** Me lembro: montei no cavalo, saí galopando, e, quando vi, foi uma pedra enorme na minha frente.
>
> **Pedro**: Pois foi essa pedra, mesmo, que desgraçou você: o cavalo tropeçou e você caiu de cara nela. Sua cara lascou-se pelo meio, rasgou-se o pano dos fígados, os peitos se abriram, a espinhela arriou. O sangue, que alimentava os tecidos epiteliais, refluiu, vermelhando, para as concavidades interiores, que ressoaram cavamente, num eco terrificante e atroador. A barriga estufou, as tripas explodiram, o espinhaço torou-se, isso tudo foi lhe dando aquela raiva, aquela raiva, e você morreu.
>
> **Benedito**: Eu sempre fui um sujeito esquentado da peste! Qualquer coisinha me fazia um ódio! Quer dizer que morri no chão!
>
> **Pedro**: Morreu!
>
> **Benedito**, a **Vicentão**: Por sua causa, viu? Se você não tem morrido, eu não tinha ido buscar o advogado. Se não tivesse ido buscar o advogado, não teria caído com a cara na pedra. E se não tivesse caído de cara na pedra, não teria tido aquela raiva que me matou![1]

1 SUASSUNA, A. *A pena e a lei*, 1994: 158, 159.

A temática desdobra-se na poesia, no soneto *Lápide – Com tema de Virgílio (o Latino) e de Lino Pedra-Azul (o Sertanejo)*, e em outros poemas: "no planalto da Pedra sertaneja", do *Soneto a Meus antepassados – Com tema de Fernando Pessoa*; "era feito de Pedras empilhadas e negras" de *O Reino*; "Por que molhar essa Pedra/ sangue Limpo e principal?", do poema *Os Guabirabas*.

O autor, como Sísifo, esse 'herói proletário' como foi magistralmente definido por Camus, empreende uma luta real contra a pedra infernal que o aprisiona. Tudo parece interminável, os mesmos temas ressurgem como sombras – o assassinato do pai, a morte e o tempo –, os problemas aumentam, vêm em bando formando um bloco imenso.[1] O suplício parece não ter fim, mas é necessário imaginar Sísifo feliz, diz Camus, e Ariano aprende com os rigores da incompletude, conferindo à pedra imagens de suavidade e delicadeza no poema

Pedra do Tendó – Com tema de Eurípedes:

Da Pedra enorme pinga o puro orvalho
que canta ao Sol o sal destas matinas,
já descem de lugares Escarpados
"Águas Escarlates, águas Cristalinas,
águas Azulosas, águas Purpurinas".

A água limpa da Clara que se estende
sobre a Pedra fendida pelo mal.
E as Claras fontes enchem grandes Urnas,
as urnas do Cristal.

Em baixo, o Longe, gritos, som de Carros,
na Fornalha vermelha da Espinhara.

Aqui, porém, estou liberto e Imune:
imune a sua Prata,
imune ao Pardo-Azul,
imune a seu Tesouro,
pois o Sol me envolve na Poeira
de sua Carruagem de ouro.

É no Tanque da pedra, dentro d'água,
numa Urna trincada e transparente,
que dorme a Mulher de musgo
seu sono de Espreita ardente.

1 Edgar Morin é autor de um livro que, por discutir como a rotina e a obstinação, que vivenciamos em nosso cotidiano, estão presentes no mito de Sísifo, intitulou-o de "Um ano Sísifo". Cf. MORIN, E., *Une anée Sisyphe*, 1995.

"Lavar nas águas vestidos Escalartes,
enxugá-los depois ao abrigo da Pedra quente!"

E quanto a mim?
"Penetrar, erecto, no Campo sedento
onde o Pasto nunca foi cortado
pelo ferro agudo e Sangrento".

Aqui fundarei, um dia, um Reinado,
águas Escarlates, águas cristalinas,
pois aqui por perto serei sepultado,
águas Azulosas, águas Purpurinas.[1]

1 SUASSUNA, A. *Poemas*, 1999: 123-124.

No texto poético é revelado o sonho de construir o reino sobre uma pedra. Reino encantado, seu templo e ilumiara, abrigo de Antônio Conselheiro, Padre Cícero, Beato Zé Lourenço, Dom Antônio e Lampião.

Em outro momento, a pedra alumia o Recife velado pelo mar, rebrilhando nos arrecifes dessa cidade que o acolheu, e que ele adotou:

E por isso o Recife era a esmeralda
e a Muralha-de-pedra, a Vastidão:
Pedra-angular do Reino-esverdeado,
Rosa-vermelha-e-bruna do Brasão,
Porta-azul dos Engenhos e do Mar,
Porta-rubra-e-castanha do Sertão.[2]

2 *Ibidem:* 229.

O poeta continua a gemer suas dores no sertão-de-pedra, chora a vida e a morte. No sertão abrasado de hoje, "entre datas de seca e seca de datas"[3], ainda os mesmos perigos da infância na fazenda Acauhan, e a Onça Caetana continuam a espreitá-lo. Mas a fera do divino defende-o, e seu reino mítico e sagrado consagra-se para além do tempo, como se a irreversibilidade da flecha temporal rasgasse o véu da história e recriasse, continuamente, o sentido dos acontecimentos.

3 Verso do poema *Fazer o seco, fazer o úmido*, de João Cabral de Melo Neto.

Entre as estradas, pardas pedras sertanejas, revive Lorca, o romanceiro, Dom Quixote, Santa Tereza de Ávila e São João da Cruz. Revive seu pai, Goya e Góngora. Revive Camões, Gil Vicente, os cantadores, o Sebastianismo, Portugal e Espanha. Revive Zumbi, os índios Tapuia, os brasileiros, os latino-americanos, africanos e asiáticos. Revive todo o povo da Rainha do Meio-Dia. As pedras alumiadas pelo sol configuram seu áspero mundo. Em *Vida-Nova Sertaneja*, situa o "planalto reluzente e pedregoso que, povoado de carneiros e cabras, nos Tabuleiros, e com frutas e sombras nos baixios, e revências dos açudes, fora o Reino encantado da [sua] infância"[1].

Seus sonhos lhes revelam os segredos de um lajedo adormecido ao sol, prestes a desencantar-se com o sopro da corneta do anjo que, a um só golpe de seu cinzel, corta e desperta a pedra-do-sono, para que ele, profeta, rei e poeta possa assentar-se no trono do sertão.

1

SUASSUNA, A. *Poemas*, 1999: 165.

Malaquias Pavão encontra-se imerso nesse sertão ameaçador. No roteiro inédito para o cinema *O Sedutor do Sertão ou o Grande Golpe da Mulher e da Malvada*, enfrenta os perigos das emboscadas, e **Maria Cascalha** apresenta-se como mulher cortada na pedra, à foice e enxó. Em sua desventura pelo sertão, deserto nordestino, **Malaquias Pavão, o Sedutor**, e seu companheiro **Miguel Bioco**, viajam e se encontram sempre numa dada pedra. **Malaquias** gosta de cantar:

> Coração de pedra dura
> deixa de me maltratar
> Cascalho das criaturas,
> Tem pena do meu penar.[2]

2

SUASSUNA, A. *O sedutor do sertão ou O grande golpe da mulher e da malvada*, 1966: 82.

Os personagens defrontam-se com um tabuleiro que parece infinito e é aí que travam a mais ferrenha das lutas. Enfrentam homens, sombras escondidas atrás das pedras, inimigos quase invisíveis, seguidores de *D. Pedro Depois, Rei do Sertão e Arcebispo da Paraíba.*

Nessa terra de homens ressequidos, tocados pelo destino irremediável, surge a Pedra do Pico, a segunda mais alta do estado da Paraíba, e o Chapadão dos Cariris Velhos, parte da Serra da Borborema, mais pedregosa, seca e áspera, é o cenário onde se desenrola o enredo de *O Rei Degolado.*

O sertão explode em imagens de um mundo petrificado, e guarda os segredos mais íntimos de **Quaderna**:

> Minha história só será entendida integralmente por uma pessoa para quem a palavra "pedra" representasse tudo o que significa para mim. Uma pessoa que, ao ouvir dizer "pedra", entrasse imediatamente num reino, pobre mas reluzente, e onde havia pelo menos quatro tipos de pedra: enormes pedrouços brancos e meio transparentes, de cristal ou mármore, ajuntados e disseminados nos "tabuleiros" por entre pés de xiquexique, a modo de reluzentes ossuários; as pedras meio arenosas das encostas e dos riachos, incrustados de malacachetas, e que, em menino, eu julgava serem pepitas de ouro e de prata; os seixos amarelos, roxos e vermelhos dos riachos menores; e finalmente os grandes Lajedos, que ora me pareciam enormes lagartos petrificados pelo Sol, ora, por influência dos "casos" e das "histórias" que os Vaqueiros e Cantadores me contavam, as estradas fortificadas de estranhos Castelos, ou "moradas" subterrâneas: eu acreditava que, se dissesse certas palavras desconhecidas, a mim sopradas por lagartos desenhados ou entalhados nas pedras pela estranha Raça Cariri, o Lajedo se abriria, não para me revelar simplesmente a entrada do Castelo, mas para me abrir seu próprio interior sagrado, onde, vencida a dura crosta cinzenta de granito, eu encontraria, aprisionado por grades de diamante, Arcanjos de quartzo e de cristal-de-rocha, que me revelariam o Sentido do Mundo.[1]

A pedra prenha de Ariano é uma revelação que conduz os personagens a uma legenda obscura e extraviada, feita de

1 SUASSUNA, A. *História d'O rei degolado nas caatingas do sertão: ao sol da onça caetana*, 1974: 80.

sangue e morte. Deus e o Diabo são apenas duas faces de uma mesma história; Deus é o Deus-Terrível, sangrento, áspero, cruel e impiedoso; o Diabo é a besta-fera, o demônio, a besta Bruzacã desafiadora, que aguarda ser resgatada, um dia, molhada de sangue e cravada de estrelas.

No galope livre de seu sonho de poeta, o castelo da Rainha do Meio-Dia permanece o alvo de sua busca real e imaginária. Na aspereza do sertão pedregoso, irrompe o encanto, o mistério, o divino, a sagração e a transcendência dos homens e das coisas.

Capítulo III

Encantações Coroadas

Eu conto como contam na minha terra,
de outro modo não sei contar. Cervantes

ENCANTAÇÕES COROADAS

Ariano Suassuna.
Palhaço. Contador de Histórias.
Criador de Cabras. Mentiroso.
Professor. Personagem. Quixote Sertanejo.

A idéia de Lévi-Strauss, segundo a qual "só o mito é verdadeiro em qualquer época: a verdade da história está no mito, e não o inverso"[1], foi o fio condutor utilizado na pesquisa para compreender a dimensão de contador de histórias de Ariano Suassuna e, simultaneamente, contar histórias sobre ele, de modo a recuperá-lo como palhaço, seu personagem principal.

1 LÉVI-STRAUSS, C. *Olhar, escutar, ler*. 1997: 92.

Em São José do Belmonte, caminha a pé pela praça principal, trocando cumprimentos com todos que encontrava. Noutra ocasião, durante a inauguração da Ilumiara Zumbi, atendia com alegria às inúmeras solicitações para ser fotografado ao lado de pessoas simples, do povo. Em todas as aulas-espetáculo que profere, é sempre aplaudido de pé antes mesmo de iniciar sua fala, como comprovam os mais variados eventos.

No carnaval de 1999, no Recife Antigo, quando se dirigia para o palco onde assistiria o espetáculo de Antônio Nóbrega, o "Toinho", foi bastante solicitado para fotografias e autógrafos, e festejado como artista famoso.

Como se não bastasse todo esse carinho, empolgado com o espetáculo, subiu ao palco e cantou, junto com Nóbrega, o frevo "Madeira que o Cupim não Rói", de Capiba. A platéia delirou, não se cansando de aplaudir. Dias depois, a TV Tribuna, afiliada da Rede Record, ficou exibindo o episódio, como marco do carnaval. Na telinha, a vibração quando cantou o que, para ele, é o hino da vitória da cultura brasileira:

Madeira do Rosarinho
vem à cidade sua fama mostrar.
E traz com seu pessoal
seu estandarte tão original.
Não vem prá fazer barulho,
vem só dizer, e com satisfação:
queiram ou não queiram os juízes
o nosso bloco é de fato campeão.

E se aqui estamos
cantando essa canção,
viemos defender a nossa tradição.
E dizer bem alto
que a injustiça dói,
nós somos madeira de lei
que o cupim não rói.

O bloco "Madeira do Rosarinho", embora vitorioso no julgamento popular, foi preterido pelo júri oficial, que deu seu veredicto aos "Banhistas do Pina", favorecendo o luxo, o brilho e a ostentação. Com esse hino-frevo, passou a encerrar algumas de suas aulas-espetáculo pelo Brasil afora, sempre com a vibração do público. Na festa de seus 70 anos, realizada na Torre Malakof, no Recife Antigo, os funcionários da Secretaria de Cultura do Estado homenagearam-no cantando "Madeira", e ele, entusiasmado, dançou com ex-meninas-de-rua pertencentes agora ao Circo Popular.

No difícil enfrentamento entre a vida e as idéias, vem-se forjando um contador de histórias que resgata o palhaço da infância, que assume o riso, como uma possibilidade de *religar* presente e passado e presente e futuro. Às histórias subjazem uma ligação profunda entre a memória e a imaginação, que se evidencia na valorização do passado, retorno às figuras e imagens que compunham a infância. Como sugere a psicanalista junguiana Clarissa Pinkola Estés, as histórias têm o poder de perpetuar a humanidade pois são tão necessárias "para uma vida longa e saudável quanto uma alimentação razoável, trabalho e relacionamentos razoáveis. A vida de um guardião de histórias é uma combinação de pesquisador, curandeiro, especialista em linguagem simbólica, narrador de histórias, inspirador, interlocutor de Deus e viajante do tempo"[1].

A profundidade das histórias não reside na palavra dita, mas num sentido subjacente, numa "explicação substancialista, uma explicação profunda. A profundidade é o que se oculta, o que se cala"[2]. Essa ordem oculta possibilita perceber que há uma interligação entre as histórias, tal qual as bonecas *Matriockas,* originalmente russas, encaixam-se umas nas outras. Talvez Ariano queira nos pôr frente a frente com as culturas que contribuíram para a formação brasileira, na tentativa de impedir o esquecimento dessa 'desordem organizadora', dessa pulsação que só os 'Castanhos' são capazes de disseminar.

A difícil missão de manter viva, de perseguir e apreender as tradições em cada pequeno detalhe, em cada sopro do popular, só pode ser exercida por esse cavaleiro-de-capa-e-espada que tem enfrentado inimigos poderosos, moinhos de vento, fantasmas e almas deste e do outro mundo.

Nesse papel de contador, revela-se um personagem singular. Tal qual o *narrador* descrito por Walter Benjamin, ele adquire o *status* de um conselheiro, um sábio com uma experiência a ser transmitida pois "aconselhar é menos responder a uma pergunta que fazer uma sugestão sobre a continuação de uma história que está sendo narrada. Para obter essa sugestão, é necessário primeiro saber narrar a história (sem contar que um homem só é receptivo a um conselho desde que verbalize a sua situação). O conselho tecido na substância viva da existência tem um nome: sabedoria"[3]. Suas histórias são uma aula de vida para os

1 ESTÉS, C. *O dom da história*, 1998: 9-10.

2 BACHELARD, G., *A psicanálise do fogo*, 1994: 43.

3 BENJAMIN, W. O narrador. In *Magia e técnica, arte e política*, 1994: 200.

ouvintes; têm sempre uma dimensão utilitária explicitada num ensinamento moral. Assim, quem ainda estiver acordado ao final de uma sessão de histórias, sem dúvida irá tornar-se a pessoa mais sábia do mundo:

> Stomberg, um morador de São José do Belmonte, foi acordado uma noite, pela mulher, aflita: "Homem, está querendo me dar uma coisa!" Respondeu: "Então, aceite!" "Mas é uma coisa ruim". "Então, não queira!", sentenciou.
>
> De outra vez, o mesmo Stomberg escutava há três dias as reclamações da mulher: "Homem, não tem nada na geladeira!" Ou: "Homem, a geladeira está vazia!" Impaciente, determinou: "Mulher, então desliga essa geladeira prá não gastar energia!"

Segundo Bachelard, o estilo do autor pode ser apreendido por meio da repetição que garante a expressão simbólica e a atividade estética, "não é de admirar, pois, que certas imagens conservem na obra inteira uma marca que possibilita designar para sempre o psiquismo de um escritor"[1]. Nas histórias de Balduíno Lélis, de Taperoá, as temáticas de insanidade e mentira repetem-se, delineando os contornos do estilo suassuniano. Balduíno é fundador da "Universidade Leiga do Trabalho". O prédio existe, mas está vazio, sem alunos e professores. Em 30 de maio de 1998, homenageou Ariano: "A sala de espetáculos da universidade foi batizada com seu nome". Também convidou-o para um almoço, entregando o cardápio de um restaurante inexistente: "Balduíno é um personagem quadernesco", move-se entre o mito e a razão, acentua uma das dimensões de **Quaderna**, é um pícaro.

Ariano nutre grande simpatia pelo doido e pelo mentiroso que, no Nordeste "são nossos Aedos", e que confirmam uma longa tradição de contar histórias. Num movimento de identificação com eles, é um antecipador de verdades, transitando entre a memória involuntária e a memória consciente informando e revivendo por meio das histórias que conta:

1 BACHELARD, G. *A terra e os devaneios da vontade*, 1991: 175.

Eu assistia, junto com meus filhos, a uma entrevista na televisão com uma modelo. Como de costume, ficava imitando sua voz e trejeitos: "Quantos anos você tem?" "Tenho 18 aninhos", respondeu a moça. E eu seguia imitando, para a gargalhada geral. A certa altura, a modelo declarou que pretendia ser atriz, e que já havia até trabalhado numa peça, o "Auto da Compadecida". Nesse momento parei de rir, e ponderei: "Olhando bem, ela é até bem bonitinha..."

Vaidoso assumido, coleciona o que é veiculado na mídia a seu respeito, e utiliza esse material como fonte inesgotável de revigoramento. As críticas servem de auto-avaliação, mesmo as impiedosas, que terão uma resposta mordaz, embora sutil, em entrevistas, artigos ou em personagens de suas peças e romances.

Tal qual Narciso, alimenta-se com as críticas favoráveis, antídoto para sua alma. Mas para amenizar a vaidade, costuma afirmar que é uma característica comum entre os escritores, o que reitera a discussão de Matias Aires no ensaio *Reflexões Sobre a Vaidade dos Homens*, que considera a vaidade do saber a mais forte de todas, "porque no homem não há pensamento que mais agrade, do que aquele que o representa superior aos demais, e superior no entendimento, que é nele a parte mais sublime"[1]. O ensaio *Da Vaidade,* em que Montaigne reflete sobre si mesmo, é um exemplo cabal disso, na tentativa de antecipar-se aos inimigos, confessa suas qualidades e defeitos. Duas histórias contadas por Ariano também ilustram a vaidade do saber:

1 MATIAS AIRES. *Reflexões sobre a vaidade dos homens*, 1993: 23.

Depois de muita insistência de Álvaro Moreira, José Lins do Rego concordou, a contragosto, em atender o convite do então governador de São Paulo, o dr. Ademar de Barros. Ao chegar à casa, foi recebido por sua mulher, d. Leonor, que, depois de citar de cor uma página inteira de *Fogo Morto*, de Zé Lins, arrematou: "Essa é uma das mais belas páginas do romance brasileiro". Ademar discordou: "A que vou citar, sim, é que uma das mais belas páginas".

Zé Lins ficou boquiaberto. Depois da visita comentou com Álvaro Moreira: "Quantas calúnias não falam contra esse grande homem!"

Ao tomar posse na Academia Brasileira de Letras, Gilberto Amado foi saudado com um belo discurso de Alceu Amoroso Lima. No dia seguinte, ligou para a casa dele a fim de agradecer as belas palavras. Ao telefone, a esposa, d. Maria Tereza, respondeu: "Pois é, hoje já recebi não sei quantos telefonemas congratulando-o pelo discurso de Alceu. Gilberto retrucou: "Também, com um assunto como eu!"

A verve de contador de histórias é uma tradição dos Suassuna que Ariano faz questão de perpetuar para compensar o *palhaço frustado* que habita seu ser. As perguntas sobre como viver a vida, sobre o significado das coisas são respondidas com uma história ou uma série delas, uma chama a outra. Talvez esteja cumprindo um destino anunciado anos antes pelo cantador sertanejo Antonino Coelho Lisboa:

> Ilustre paraibano,
> na redação, na tribuna,
> garganta de graúna,
> nascido em Taperoá,
> é Suassuna e é Vilar
> é Vilar e é Suassuna.

Mas foi como colaborador do *Jornal da Semana* do Recife, entre 1972 e 1973[1], que deu contornos mais nítidos a essa faceta, com o lançamento do *Almanaque Armorial do Nordeste*, "contendo idéias, enigmas, informações, comentários e a narração de casos acontecidos ou inventados, contados em prosa e em verso, no 'Livro Negro do Cotidiano', pelo Bacharel em Filosofia e Licenciado em Artes, Ariano Suassuna"[2].

O *Almanaque* é uma influência direta do *Lunário Perpétuo*, publicado no século XVIII, pelo valenciano Jerônimo Cortez.

1 A partir de 10/7/2000, o *Almanaque* é reeeditado pela *Folha de São Paulo*, todas as segundas-feiras.

2 *Jornal da Semana*, de 17-23 dez. 1972 a 2-8 jun. 1974.

Como é comum nos almanaques sertanejos, continha contos trágicos e cômicos, charadas, cartas enigmáticas e receituários para todos os tipos de doença.

Mais do que uma coluna semanal, o *Almanaque* é um espaço de devassamento em que o autor faz uma relação ou inventário das conversas que ouvia, dos acontecimentos que vivenciava ou que lhe foram contados:

> Das histórias que vivo inventando, dos assuntos que estão me apaixonando no momento, [atribuindo] algum sentido a meus atos e palavras, àquilo que, por natureza, é desordenado e sem brilho. A vida é um sonho, disse um Poeta espanhol e que, como todo grande espanhol, como todo grande brasileiro, como todo grande homem, devia ser meio despilotado do juízo. Ao que ajuntou outro Poeta, que a vida é um conto narrado por um idiota, um conto cheio de sons e fúria mas que nada significa: um pobre jogral que dá cambalhotas e logo se retira do palco.
>
> Pois se minha vida é um sonho, e o sonhos de um demente, cuide-se de fazer, aqui, deste pesadelo feio e sujo uma narração, cruelmente alegre ali, sangrenta e colorida acolá, sagrada em sua profanidade, coberta de vidrilhos e de jóias pobres em sua tristeza, luzida e intrépida em sua feiúra. Uma narração na qual caibam as coisas mais diferentes e opostas – o brilhante e o monstruoso, o grotesco e o terrível, o trágico e o ridículo, a emoção e a bufoneria. Assim o que minha vida teve e tem de morno, de diferente, de feio e de errado, terminará cicatrizado na unidade do conjunto.[1]

1 *Jornal da Semana*, Ano I, de 17 a 23/ 12/1972, n 1, pág. 20)

Consciente da sua loucura, é ferozmente arremessado em direção a uma beleza subterrânea, oculta na longa noite dos loucos, dos palhaços, dos mentirosos e contadores de histórias. Nessa trajetória ao lado dos mentirosos e doidos, inventa uma realidade mais prazerosa e onírica, na qual os itinerários empírico–lógico–racional e mítico–mágico–simbólico pulsam simultaneamente, numa dialogização infinita:

> Assim, minha vida, minhas opiniões, minhas atitudes e minhas idéias perante o mundo serão mais ou menos retratadas aqui, aos poucos, sob forma fragmentária e desigual, neste Almanaque Armorial do Nordeste que conterá: aforismos, conversas sobre Arte e Literatura, anedotas e versos de Cantadores; enredo em prosa e verso; um inventário dos seres dos três reinos da natureza, com seus respectivos signos, emblemas e invocações; críticas e provérbios, discussões e informações proveitosas sobre religião, filosofia, política, sortilégios e esconjuros; casos verídicos; receitas, previsões e profecias; horóscopos e proposições de enigmas; influências zodiacais, medicinas, charadas, poesias, contos, etc. Uma espécie de "Grande Logogrifo Brasileiro do Real e da Beleza".[1]

O "Grande Logogrifo" parece esclarecer algumas questões formuladas em relação ao autor e à obra e ao Movimento Armorial. A idéia é sempre responder com histórias, quase sempre uma chama a outra, de modo que se alcança a compreensão por meio de um leque delas.

No *Almanaque*, o mentiroso revela-se nos moldes de **Chicó**, no *Auto da Compadecida*:

> **Chicó**: Foi uma velha que me vendeu barato, porque ia se mudar, mas recomendou todo cuidado, porque o cavalo era bento. E só podia ser mesmo, porque cavalo bom como aquele eu nunca tinha visto. Uma vez corremos atrás de uma garrota, das seis da manhã até as seis da tarde, sem parar nem um momento, eu a cavalo, ele a pé. Fui derrubar a novilha já de noitinha, mas quando acabei o serviço e enchocalhei a rês, olhei ao redor, e não conhecia o lugar em que estávamos. Tomei uma vereda que havia assim e saí tangendo o boi...
>
> **João Grilo**: O boi? Não era uma garrota?
>
> **Chicó**: Uma garrota e um boi.
>
> **João Grilo**: E você corria atrás dos dois de uma vez?
>
> **Chicó***, irritado*: Corria, é proibido?

1 *Ibidem.*

> **João Grilo**: Não, mas eu me admiro é eles correrem tanto tempo juntos, sem se apartarem. Como foi isso?
> **Chicó**: Não sei, só sei que foi assim. Saí tangendo os bois e de repente avistei uma cidade. É uma história que eu não gosto nem de contar.
> **João Grilo**: Conte, conte sempre, você está em casa.
> **Chicó**: Você sabe que eu comecei a correr da ribeira do Taperoá, na Paraíba. Pois bem, na entrada da rua perguntei a um homem onde estava e ele me disse que era Propriá, de Sergipe.
> **João Grilo**: Sergipe, Chicó?
> **Chicó**: Sergipe, João. Eu tinha corrido até lá no meu cavalo. Só sendo bento mesmo.
> **João Grilo**: Mas Chicó, e o Rio São Francisco?
> **Chicó**: Lá vem você com sua mania de pergunta, João.
> **João Grilo**: Claro, tenho que saber. Como foi que você passou?
> **Chicó**: Não sei, só sei que foi assim. Só podia estar seco nesse tempo, porque não me lembro quando parei... E nesse tempo todo o cavalo ali comigo, sem reclamar nada![1]

1 1989: 27-28.

A versão do mentiroso forja um sentido misterioso, num pêndulo em que a seta do tempo oscila entre a irreversibilidade e a reversibilidade, e num espaço qualitativo que reatualiza o mito, pois, como se sabe, os mitos se transformam e, confirmando as intuições de Lévi-Strauss, essas transformações afetam ora sua armadura, ora seu código, ora sua mensagem. Mas o mito permanece apesar de tudo, pois é respeitado o que ele denomina de 'princípio de conservação da matéria mítica'. Como conseqüência, de qualquer mito poderá sair outro mito. Esse espírito se encontra na versão do mentiroso que conserva a 'matéria mítica' seja em uma nova mensagem, código ou armadura, ou mesmo à custa de outro mito:

> Em Taperoá, tinha um que era meio violento. Ele viu uma vez um sujeito morrer com duas facadas. Olhe, um mentiroso ver um

sujeito morrer, e com duas facadas, já é dose demais pra sua imaginação. Ele viu e começou a contar, do jeito dele, e começou a juntar gente. E ele solto no meio. O defunto já havia morrido duas vezes, levantado oito, levado nove facadas, já havia botado sangue por três homens, e o povo atento, pra ver aonde ia parar o rio de sangue. A cada pergunta era mais um detalhe, era uma deixa, pro mentiroso variar. Mas prá desgraça dele apareceu uma testemunha que também tinha visto o homem ser morto. Aí a testemunha interrompeu o doido santo: "olhe, não foi assim não. O homem morreu foi com duas facadas, de uma só vez". O doido se voltou. Vejam só que negócio interessante, que lição. Virou-se com raiva e disse: "Você tinha nada que me desmentir? Você tinha nada que estragar minha história no meio do povo? Tá vendo? Me digam uma coisa..." aí ele já falou pro pessoal em volta... "me digam uma coisa: do jeito que tava minha mentira, não tava mais bonito que essa verdade?" E o povo concordou com o mentiroso. Não é? A mentira dele tinha mais beleza.[1]

1 *Diário Oficial de Pernambuco*, Suplemento Cultural, ago. 1990, Ano IV, nº 11, pág. 5.

Ao considerar a versão do mentiroso mais bela, Ariano deixa transparecer que sua intenção como artista é transfigurar o real em algo mais prazeroso e sedutor. Algo em que as histórias ou prosas delineiem a invenção e criação de um espaço onde o intercâmbio de experiências possibilite a construção de um conhecimento apoiado nas ignorâncias e sabedorias dos letrados e dos não-letrados:

> Vieram me procurar, eram da USP, e queriam fazer pesquisa lá em Taperoá, a fim de refletirem sobre o "rurbano", acho que deve ser uma mistura do rural e do urbano... Encaminhei as duas para conversar com um famoso pescador da cidade.
>
> Chegando lá, iniciaram o trabalho no rio, a bordo da canoa do pescador: "O senhor sabe quem é o presidente do Brasil?" "O senhor sabe o nome do governador da Paraíba?" "Como se chama o prefeito de Taperoá?" A todas as questões, o pescador respondeu

"Não!". Falaram, decepcionadas: "Mas o senhor não sabe de nada?" Impaciente, vingou-se: "E vocês sabem o nome desse peixe, aqui?" "Não". "E desse?" "Não". "Vocês não sabem de nada! Pois é, moças, cada qual com suas sabedorias e suas ignorâncias!"

O conhecimento que brota do confronto "ata a imaginação; não a deixa livre para deixar-se ser"[1], por isso o sertanejo empreende uma luta contra "a gente de uma capital entre mangues, gente de pavio e de alma encharcada"[2]:

> Nos 90 anos do cantador paraibano Severino Pinto, um famoso repórter da televisão brasileira foi entrevistá-lo: "Como é que o senhor se sente, o senhor, um semi-analfabeto, recebendo tantas homenagens?" Respondeu: "Semi-analfabeto é o senhor. Eu sou analfabeto mesmo".

1 Verso do poema *Bifurcados de "Habitar o tempo"*, de João Cabral de Melo Neto.

2 Verso do poema *Fazer o seco, fazer o úmido*, de João Cabral de Melo Neto.

A seqüência de histórias propicia uma compreensão mais profunda sobre o confronto entre letrados e não-letrados; talvez, por meio dela o autor esteja respondendo à questão: "há diferenças entre o conhecimento gerado nesses registros distintos?"

A história "Meu Tio e o Doido", contida no *Almanaque Armorial do Nordeste*, talvez expresse a loucura vivida em seu sentido próprio, tal qual entre os povos primitivos, como lembra Lévi-Strauss, ao estudar a relação entre arte e loucura nos Tsimshian, cujos pintores e escultores constituíam uma categoria separada por serem considerados naturalmente insanos:

> Meu tio Joaquim Duarte Dantas, sempre que chega a uma cidade qualquer, do sertão, informa-se a respeito do doido do lugar e vai procurá-lo. [...] Ocorre que, chegando em Patos de Espinhara [Paraíba], foi procurar o doido do local, que estava sentado embaixo de um pé de figo benjamim, pensando e espiando a maçaranduba do tempo – ocupação das mais dignas. Meu tio aproximou-se, puxou conversa com ele:
>
> "Então, como vai?"

O doido, para surpresa do meu tio, conhecia seu interlocutor e respondeu chamando por seu nome:

"Ah, seu Quincas, não vou bem não! Isso aqui está é uma desgraça. Olhe, basta dizer ao senhor uma coisa: o cabra, pra ser doido em Patos, é preciso ter muita cabeça, senão se lasca!".[1]

1 SUASSUNA, A. *Jornal da Semana*, Ano I, 7-12 jan. 1973, nº 4, pág. 30.

A lucidez do louco que atravessa a narrativa, vislumbre criativo da condição em sintonia com o mundo, poderia ser um resquício que sinaliza a necessidade e importância de viver a loucura em sua plenitude.

Na escolha das histórias, o devaneio do autor reflete sua visão sertaneja, pois "a Comédia corre em seu sangue. A gente olha o cabra e sente que aquele é o próprio João Grilo. Traz com ele a terra agreste do sertão, marcada de cangaço e seca. Mas atrás do homem simples, do cidadão irreverente, está uma sólida formação cultural"[2].

2 ROCHA, G. Conversas. *Diário de Notícia*, 17 abr. 1961, pág. 3.

Professor na Universidade Federal de Pernambuco, sua sala era apinhada de alunos regularmente matriculados, de ouvintes e curiosos. Talvez isso ocorresse porque, como assegura Benjamin, "a arte de narrar está em via de extinção. São cada vez mais raras as pessoas que sabem narrar devidamente"[3], e Ariano é uma delas, pois sabe como poucos prender a atenção dos ouvintes, com a faculdade de intercambiar experiências, característica fundamental dessa arte:

3 BENJAMIN, W. O narrador. In: *Magia e técnica, arte e política*, 1994: 197.

> Eu estava uma vez em São Paulo com dois mil estudantes. E eu fiz uma brincadeira. Disse: "Olha, eu vou mostrar como a formação da gente é alienada da realidade do Brasil. A formação da gente é européia, ultimamente mais americana. Me digam uma coisa: quem foi que já ouviu falar de um filósofo chamado Kant?" Quase todo mundo levantou a mão. "Agora eu vou perguntar quem já ouviu falar de um filósofo chamado Matias Aires?" Levantou a mão um estudante. E eu falei: "Vocês estão vendo? Matias Aires, um filósofo paulista, brasileiro, e aqui só esse rapaz conhece". Aí eu perguntei

a ele como é que ele conhecia. Ele respondeu: "Eu não conheço, não, é porque eu moro numa rua com esse nome!".[1]

A narrativa é uma crítica contundente à universidade brasileira, implica em rever suas propostas de valorização do conhecimento produzido no Brasil, que seria somado às influências dos pensadores europeus e norte-americanos.

As histórias orais são a fonte das melhores narrativas. Apoiado nelas e transtornado pelos sonhos e fantasmas, Suassuna traça um fio tênue entre real e imaginário. Uma cena da *Farsa da Boa Preguiça*, entre **Clarabela** e o poeta **Joaquim Simão**, ocorreu com ele:

> Ela estava com uma piteira enorme (imita): "Meu caro Suassuna. Eu tenho uma dúvida a seu respeito, porque alguns dizem que você é uma pessoa de formação universitária. Outros, não, dizem que você é um nordestino *autêntico*. Suassuna, você é autêntico?" Eu disse: "Minha senhora, eu não sei se sou autêntico, não. Agora, eu sei que sou asmático. E bota essa piteira prá lá, porque senão daqui a pouco eu vou começar a piar aqui". É verdade, aconteceu comigo e eu coloquei lá prá me vingar.[2]

Como narrador, o que conta é retirado da própria experiência ou do relato dos outros, e ampliado para a experiência dos ouvintes. A sabedoria transmitida pelo narrador, como sugere Benjamin, está desaparecendo. "Porém, esse processo vem de longe. Nada seria mais tolo que ver nele um 'sintoma de decadência' ou uma característica moderna"[3], talvez seja esse um dos motivos da incompreensão dos ouvintes, como ocorre com Ariano. Acusado por alguns de defender "a boa vida" em a *Farsa da Boa Preguiça*, contra-ataca dizendo que, para os povos "Castanhos", o único objetivo do trabalho é a preguiça:

> Nunca pude me esquecer da expressão de fria cólera com que uma senhora rica me contou, em 1960 – ano em que escrevi a

1 SUASSUNA, A. Revista *Vintém*, 1998: 2.

2 *Ibidem*: 6.

3 BENJAMIN, W. O narrador. In: *Magia e técnica, arte e política*, 1994: 201.

"Farsa da Boa Preguiça" – como ficara, no dia anterior, quase uma tarde inteira, desesperada, angustiada, com seu belo automóvel enguiçado diante de um posto de gasolina, presa na boléia por uma dessas nossas fortíssimas chuvas de junho, no Recife. A cinco passos dela, abrigado num portal, estava um negro alto, magro e forte, olhando a cena, impassível. A dona baixava o vidro do automóvel e gritava para o negro que empurrasse o carro até o Posto, que ela lhe pagaria o que ele pedisse. Ao contar a história, ela sentia de novo a raiva que experimentara, e me dizia com os olhos fuzilantes:

– O que me fazia mais raiva era que eu via que ele precisava de dinheiro, pois estava todo esmulambado. Não vinha por preguiça e por orgulho, porque achava que, se eu não estava na chuva, ele também tinha o mesmo direito. Quanto mais eu subia a quantia oferecida, mais ele se obstinava, dizendo que, "se fosse para o meio da rua ficaria todo molhado!" É por isso – rematava a dona do automóvel – que o Brasil não vai para a frente.

Eu objetei:

– Minha cara, é exatamente por isso que o Brasil um dia irá para a frente. O que você viu ali foi a fidalga preguiça e o fidalgo orgulho do Povo brasileiro. Você precisa entender que estava tratando com o descendente brasileiro de algum Príncipe negro, com um fidalgo que não se vende nem se dobra. E se nós não traírmos nem essa gente nem esse espírito, o Brasil será, ainda neste século, um país único no mundo, pelo modo de vida, pela grandeza, pela justiça social e, ao mesmo tempo, pela graça fidalga de seu Povo.

Pode haver nobreza e criação na preguiça; dureza, injustiça e roubalheira no trabalho organizado. Sei que acusam gente como eu de sofrer de complexo de inferioridade. Não me incomodo, absolutamente. Muita coisa grande nasce assim, a Arte e a Literatura inclusive. Todo mundo tem senso de inferioridade. Os que o aproveitam para lutar, salvam-se; os que se conformam, perdem-se. É melhor um nobre complexo de inferioridade que luta e reivindica, do que uma torpe resignação que se agacha, partido do deslumbramento basbaque diante de tudo o que vem de fora.[1]

1 SUASSUNA, A. *O Brasil, a preguiça e a África*, 1966-67: 25-26.

O lucro é apenas uma estratégia para se atingir o sonho e o trabalho criativo. Todo homem, reiterando a idéia de Henri Atllan ao tratar dos modelos físicos, deveria buscar a união entre o cristal, ou seja, o trabalho escravo, uma ordem repetitiva e simétrica, e a criação, que se caracteriza por uma variedade complexa e imprevisível, a fumaça.

Na tentativa de transitar entre o cristal e a fumaça, a imagem que brota de **Quaderna**, em *A Pedra do Reino*, encerra a ambivalente louca sanidade. Sua narrativa contempla "os sonhos do estilo rapão-ranhoso da Direita, com a exatidão mesquinha do estilo raso da Esquerda"[1]:

> Sr. Corregedor, conhecendo, como conheço, os Enigmas e os fins ocultos de tudo o que se passou nessa história; conhecendo os fios secretos que ligavam todos os acontecimentos; conhecendo, ainda, o papel que tinha e tenho a desempenhar na "Guerra do Reino" e na "Demanda Novelosa do Reino do Sertão", só posso atribuir, mesmo, minha ausência da Vila naquele instante a uma disposição oculta da Providência Divina! Isso é tanto mais evidente porque, como já disse, aquela era a primeira vez que eu me atrevia a faltar a uma Cavalhada! Eu tivera, aliás, o cuidado de prevenir meus irmãos, que faziam o papel do Rei Mouro do Cordão Encarnado e de Rei Cristão do Cordão Azul, para que, em seus movimentos a cavalo, não fizessem nenhuma mesura que pudesse ser interpretada como preito de vassalagem ao Prefeito e ao Presidente do Conselho! Conheço muito bem a Humanidade, e sabia que, ao primeiro sinal de fraqueza da família Quaderna, o Prefeito, o Presidente do Conselho ou qualquer outro "Rico-Homem" da Vila começaria logo a conspirar, iniciando seu trabalho de sapa para usurpar o Trono do Cariri, trono que, desde a morte de meu Padrinho, eu venho acumulando com os outros de Gênio da Raça Brasileira, Rei do Quinto Império do Sertão, Imperador do Divino e do Sete-Estrelo do escorpião e com a dignidade de Profeta e Sumo-Pontífice da Igreja Católico-Sertaneja. É por isso que, como já disse, o pessoal, na

1 SUASSUNA, A. *A pedra do reino*, 1971: 308.

> hora da saudação, não se voltou ao Palanque. Tranqüilizado eu, portanto, por essas providências que tinha determinado, achei-me no direito de atender a meu pressentimento, indo almoçar no Lajedo que se encontra no lado direito de quem segue pela Estrada de Estaca Zero, Soledade e Campina Grande e que segue, daí, para o Mar, "o Mar, o Mar livre", como dizia Rui Barbosa! Ora, Sr. Corregedor, se eu saía da rua em ocasião tão importante, foi, primeiro, por aquele desígnio secreto da Providência, e, depois, porque a Véspera de Pentecostes era e é um dia importantíssimo na Liturgia do meu Catolicismo-sertanejo, uma data decisiva nos rituais astrológicos, zodiacais, mouro-cruzados e negro-vermelhos que o integram![1]

1 *Ibidem*: 439, 440.

O espírito poético da narrativa obedece à sedução da imagem do mentiroso, recorrente nos contos populares nordestinos. Poetas e cantadores criam suas obras com base na imitação ou reinvenção das 'histórias sem dono', adicionando um toque pessoal.

A criação suassuniana baseia-se em histórias sem dono, consagradas coletivamente pelo batismo nordestino, buscando aproximar-se do espírito tragicômico do povo. Seus personagens refletem as dores e alegrias de um homem universal que se defronta com os mistérios e a imprevisibilidade dos sonhos.

Talvez a atmosfera de sonho que o embriaga faça dele um mestre, na melhor acepção da palavra. Move-se com a força do seu sangue, "nada lhe pára os pés"[2], e prossegue seus ensinamentos: "Tão linda a arte do ensaísta Ariano Suassuna! Faz-me lembrar um grande sábio ensinando como ler uma escritura sagrada"[3]:

2 Verso do poema *Uma mulher e o beberibe*, de João Cabral de Melo Neto.

3 Carta de Cecília F. dos Mares-Guia à revista *Bravo*, jun. 1999, ano 2, nº 21.

> O verdadeiro papel do mestre, em Arte e Literatura, é o de um irmão mais velho – sugerir e despertar; e, se ele é um verdadeiro mestre, sua alegria mais generosa consiste exatamente em ver os mais novos ganhando liberdade e caminhando com as próprias

pernas, por veredas que os antecessores ajudaram, talvez, a descobrir, mas que, agora, são somente da nova personalidade que enveredou por eles e terminou desembocando em sua própria estrada real.[1]

1 SUASSUNA, A. Prefácio. In: CAMPOS, M. *As emboscadas da sorte.* 1971: XI-XII.

Mestre Ariano, como é tratado habitualmente, sempre foi apaixonado por sua atividade de professor, inventou a aula-espetáculo para continuar lecionando, divertindo-se com os alunos:

> Quando dr. Arraes me convidou para assumir a pasta da Cultura, eu fiquei preocupado, e pedi um prazo para pensar. Nesse período, encontrei a mulher dele, d. Madalena: "Já decidiu?" "Ainda não. É que eu tenho dificuldade de lidar com dinheiro!" Ela respondeu, tranqüilizando-me: "Então, pode aceitar o convite, porque sua secretaria vai ter pouca verba!"

Mas o Ariano contador de histórias quer ultrapassar o silêncio das dores íntimas que o atormentam. Num clamor de loucura, vislumbra novos e infinitos mundos com o olhar de um personagem em torno do qual existe todo um anedotário, e ele próprio não sabe ao certo como tudo isso começou:

> É difícil dizer. E eu contribuo um pouco para isso, porque como todo romancista, lido com um universo mítico. Então a gente se habitua a mudar as histórias. Agora, a maior parte da culpa do folclore, que acontece tendo a mim como centro, não é minha não, é dos outros. Porque às vezes eu conto uma história de Lampião e, meses depois, escuto a mesma história contada com um tio meu ou comigo mesmo. Mas isso é também devido à condição de escritor. Eu sou um ator frustrado, há muito tempo que digo isso. Sou uma espécie de palhaço de circo frustrado. Sempre tive muita admiração pelo palhaço, que representava para mim a saída de um cotidiano. Criado no Sertão, eu só tinha duas coisas para me fazer sair do cotidiano: a leitura – e eu lia muito desde menino, ainda hoje eu não posso pagar os momentos de encantamento que a literatura me

> deu desde menino – e o circo. Já começava a preparação espiritual da gente quando diziam: “chegou o circo”. E eu ficava o tempo todo em torno do circo. É por isso que eu digo que dentro de mim vive um palhaço frustrado.[1]

1 *Diário de Pernambuco*, Caderno Viver, 16 jun. 1987, pág. 1.

Para Benjamim, os melhores narradores são os anônimos, aqueles que viajam, que vêm de longe com muita história para contar, mas que se tornam tangíveis quando concretizados no camponês sedentário e no marinheiro comerciante, representantes arcaicos do narrador que se interpenetram: “O mestre sedentário e os aprendizes migrantes trabalhavam juntos na mesma oficina; cada mestre tinha sido um aprendiz ambulante antes de se fixar em sua prática ou no estrangeiro. Se os camponeses e os marujos foram os primeiros mestres na arte de narrar, foram os artífices que a apefeiçoaram. No sistema corporativo, associava-se o saber das terras distantes, trazidas para casa pelos migrantes, com o saber do passado, recolhido pelo trabalho sedentário”[2].

2 BENJAMIN, W. O narrador. In: *Magia e técnica, arte e política*, 1994: 198.

Embora distante no tempo e no espaço dessas corporações, Suassuna traz consigo o arquétipo do narrador impregnado na sua trajetória que oscila entre o campo e a cidade, no convívio com mestres-contadores, o pai, os tios, irmãos e os poetas nordestinos. Suas narrativas possuem a tonalidade pessoal de um cotidiano marcado pelo desejo de ultrapassar o real. Em suas confissões, sempre reitera a vontade que teve de fugir com o circo, mergulhar no encantado, embora a coragem lhe tenha faltado. Essas confissões parecem esbarrar nas idéias rousseaunianas presentes no livro *Devaneios de um Caminhante Solitário* que as considera um “informe jornal” de alguém que deseja se descobrir, “porque um solitário que se reflete se ocupa necessariamente muito consigo mesmo”[3], por isso não cessa de ampliar suas experiências com imagens encantadoras, na tentativa de vivificar seus devaneios:

3 SUASSUNA, A. *Devaneios de um caminhante solitário*, 1995: 26.

O que acontece na minha vida é muito pouco. Então, se a gente não contribuir um pouco com a imaginação, a gente não conta nada. Como essa figura circense frustrada que sou, eu gosto muito de contar histórias e gosto muito de rir e de fazer rir. Então, dentro dessa linha, às vezes eu modifico um pouco a realidade para rir. Uma vez aconteceu uma coisa muito boa nessa linha: eu estava fazendo uma conferência na Universidade de Brasília, aliás uma série de aulas sobre Teatro. E tinha muita gente. Eu comecei a contar histórias para ilustrar a conferência, o povo começou a rir, eu fui me entusiasmando e daqui a pouco quando notei a verdade ficou aqui e eu já lá na frente. De repente, lá vem um estudante de Ciências Sociais – o pessoal de Sociologia é um povo sério danado – e perguntou: "Professor, por favor, isso que o senhor está contando é verdade mesmo?" Aí eu fiquei morto de vergonha: ele, um estudante, preocupado com a verdade, e eu, o professor, aqui mentindo. Então eu disse: "Olhe, eu sou um contador de histórias, como romancista e dramaturgo, e vou lhe responder com uma história: lá no Nordeste dizem que um amigo virou-se para o outro e perguntou: "você quer ouvir uma história boa?", aí o amigo disse: "quero". Então ele contou: "Eu tomei um navio no Recife para ir para o Rio de Janeiro e, de noite, acordei com o navio batendo numa pedra e começou a afundar. Eu meti os pés na cama para subir ao convés e pular na água mas quando tentei abrir a porta do camarote, a porta tinha emperrado. Aí abri a escotilha, mas esta era estreita e não dava para eu passar. Felizmente era no tempo da brilhantina, eu tirei a roupa, passei brilhantina no corpo e escorreguei por ali e caí na água. Aí o tubarão bateu em cima de mim. Mas aí eu não me apertei não. Meti a mão no cinturão, arrastei a faca... Aí o amigo perguntou: 'E você não estava nu?' 'Ah, meu amigo, você não quer ouvir história não, você quer é discutir'."[1]

No depoimento, a figura do palhaço "é como um jasmineiro em alvoroço/ Ébrio de sol, de aroma, de prazer!"[2], é a própria

1 *Diário de Pernambuco*, Caderno Viver, 16 jun. 1987, pág. 1.

2 Verso do poema *Toledo*, de Florbela Espanca.

chama da alma do poeta. No *Auto da Compadecida*, o palhaço é o apresentador:

> **Palhaço**, *grande voz*: Auto da Compadecida! O julgamento de alguns canalhas, entre os quais um sacristão, um padre e um bispo, para exercício da moralidade.
>
> *Toque de clarim.*
>
> **Palhaço**: A intervenção de Nossa Senhora no momento propício, para triunfo da misericórdia, Auto da Compadecida!
>
> *Toque de clarim.*
>
> **A Compadecida**: A mulher que vai desempenhar o papel desta excelsa Senhora, declara-se indigna de tão alto mister.
>
> *Toque de clarim.*
>
> **Palhaço**: Ao escrever esta peça, onde combate o mundanismo, praga de sua igreja, o autor quis ser representado por um palhaço, para indicar que sabe mais do que ninguém, que sua alma é um velho catre, cheio de insensatez e de solércia. Ele não tinha o direito de tocar nesse tema, mas ousou fazê-lo, baseado no espírito popular de sua gente, porque acredita que esse povo sofre, é um povo salvo e tem direito a certas intimidades.
>
> *Toque de clarim.*
>
> **Palhaço**: [...] Auto da Compadecida! Uma história altamente moral e um apelo à misericórdia.[1]

1 SUASSUNA, A. *Auto da compadecida*, 1989: 22-24.

No trecho da peça, o palhaço representa o próprio autor, que sonha religar-se ao povo e amainar a feroz realidade do sertanejo com o riso. O sentimento vivido que oscila entre dor e riso é desenhado pelas marcas da memória individual e coletiva, que constroem um sertão moldado pelo desejo, espelho das paixões. No ensaio *O Humor*, Freud chama atenção para o uso do humor como mecanismo de defesa, o que reencontramos em Ariano denotando uma recusa em defrontar-se com o sofrimento, uma forma de enfrentar o real, e a manutenção de uma estreita ligação com a infância.

A infância presente na lembrança, com marcas profundas, é constantemente inventada e reinventada com base no laço que estabelece com os acontecimentos. Ariano confunde verdade e mentira, perde-se num emaranhado de lembranças, mente para sentir prazer, fala a verdade na expectativa de lhe mentirem. Mas quando pressente que esse movimento pode "causar angústia, pára para que o sofrimento não signifique nem perversamente prazer..."[1]

O torpor lúcido que envolve seu ser de poeta criou, ao longo do tempo, uma atmosfera de viagens que nunca fez e, por isso, muitas histórias que lhe são atribuídas nem sempre são verdadeiras. Muitas delas nem sequer aconteceram com ele, como aquela contada por d. Hélder na televisão, que, na verdade, ocorreu com seu irmão Saulo:

> Uma pessoa bateu no carro dele, era umas 11 horas da manhã, aquele sol danado, lá na Guararapes, o povo correu para ver o que era, e o cara foi logo dizendo: "Eu sou cunhado do senador Fulano de Tal". Aí, Saulo com aquela tranqüilidade dele, respondeu: "E eu sou afilhado de Padre Cícero do Juazeiro".[2]

No *Almanaque*, Suassuna focaliza às vezes seu interesse no cotidiano da Dona Berta, pensão em que moravam, nos anos 40, Rubem Braga, Capiba, Noel Nutels, seus irmãos Saulo, João e Lucas Suassuna, Luiz Canuto, Radjalma da Silva Rego e Arino Barreto. Como narrador, descreve o extraordinário e informa a reação que o acontecimento provoca no sujeito:

> Nesse tempo, Rubem Braga era comunista e redator, aqui no Recife, do jornal "A Folha do Povo". Depois, o velho Braga romperia com essas idéias, mas, no tempo da pensão de Dona Berta, teve que fazer várias "visitas" à Secretaria de Segurança Pública, para responder editoriais em seu jornal. E lembro-me de algumas histórias contadas a mim por meu irmão Saulo, a esse respeito.

1 PESSOA, F. *Livro do desassossego*, vol. I, 1996: 28.

2 SUASSUNA, A.: *Diário de Pernambuco*, Caderno *Viver*, 16 jun. 1989, pág. 1.

Uma vez, por exemplo, Rubem Braga estava sentado com os outros, almoçando, quando chegou um investigador e disse: – "Senhor Rubem, o Delegado mandou dizer que quer falar com o senhor!" – "Diga a ele que eu vou amanhã!" – respondeu Rubem, tranqüilamente, continuando a almoçar. O investigador insistiu: – "Não, ele mandou dizer que é para o senhor ir agora. O senhor está sendo **convidado** a ir até lá, por causa do artigo de ontem". – "Quem é **convidado** atende o convite quando lhe convém! Diga que eu vou amanhã!" – teimou Braga. – "Dr. Rubem, o senhor está **intimado**! Venha logo, pelo amor de Deus, senão sua situação se complica!" – "Ah, bem! Então eu estou é **preso**, convidado não! Por que não disse logo?" E, erguendo-se tranqüilamente – a escova de dentes já vivia em seu bolso, tão freqüentes eram os **convites**, saiu, para falar com o Delegado.[1]

As histórias desse grupo são legendárias, tendo influenciado fortemente sua formação, e ele reinventa cada uma delas, ou melhor, seus significados. No seu peito batia a saudade de um tempo que não viveu, "uma saudade de coisas idas, de passados da alma, talvez porque em reencarnações antigas"[2] já prefigurasse a figura de Noel Nutels, em "A lição de anatomia":

Existe um quadro célebre, de Rembrandt, com esse título, mas não é a ele que desejo, agora, me referir: é a um incidente acontecido a Noel Nutels durante um exame final de Anatomia que ele teve que fazer. Não tendo conseguido as notas necessárias para passar por média, teve que fazer uma prova escrita, uma prática e outra oral. Fez a prova escrita, lá, como Deus era servido, e apresentou-se, então, aos Professores Frederico Cúrio e Odilon Gaspar, que, naquele ano estavam substituindo o Doutor Luis de Góes. Na prova prática, o ponto que lhe coube foi a dissecação de um bíceps. Ele entrou no necrotério e, rapidamente, relanceou os olhos pelos cadáveres que ali estavam. Só com esse golpe de vista, conseguiu descobrir um bíceps já dissecado por outro estudante, que fora

1 SUASSUNA, A. *Jornal da Semana*, 18-24 mar. 1973, pág. 33.

2 PESSOA, F. *Livro do desassossego*, vol. 1, 1996: 47.

examinado antes dele. Notando que os professores estavam com a atenção dividida por muita gente que trabalhava na sala, aproximou-se, sorrateiro, do lugar em que estava o **homem**, segurou-lhe o braço, encobriu o bíceps com o corpo, agitou os braços por algum tempo como se estivesse fazendo o trabalho, e, depois, ficou imóvel, apenas segurando o braço do cadáver. Ficou assim até que os dois professores se aproximaram, e, então, deu o trabalho como seu. Como ele esperava, os dois já tinham esquecido, no meio da confusão, de que aquele cadáver já tinha sido **trabalhado** e aprovaram-no na prova prática, com boa nota.

Terminados os exames práticos, foram, todos, para a sala, para a prova oral. Quando chegou a vez de Noel, caiu, para ele, o ponto sobre "traquéia?" O professor perguntou-lhe: – "Qual é a forma da traquéia?" Noel ergueu os olhos para o teto e ficou silencioso um momento, à procura. O professor impacientou-se um pouco. Disse: – "Que é que o senhor está olhando? Aí em cima, no teto, não tem nem uma traquéia, nem um livro de Anatomia, para o senhor procurar, nele, a forma da traquéia!" Noel concordou, em parte. Disse: – "Realmente, aí em cima não tem nem uma coisa nem outra! Mas tem, ali, aquela fita de chumbo enrolada, isolando o fio da luz! A traquéia é mais ou menos daquele jeito, e era aquilo que eu estava procurando!"

O professor riu-se, mas insistiu: – "Sim, é verdade! A traquéia é mais ou menos daquela forma. Mas como se chama a forma?" Noel respondeu, calmo: – "Professor, o exame aqui é de Anatomia, não é de Geometria não! E eu confesso ao senhor que, durante o ginasial, fui um péssimo estudante de Geometria!" – "Sim!" – "Sim!" – insistiu o professor. – "Mas acontece que, no caso, a sua geometria vai ter que ajudar a sua anatomia! Diga: que forma é essa?" Noel arriscou: – "Cilíndrica!" – "Certo!" – concordou o professor. – "A forma do tubo de chumbo que enrola e isola o fio de luz é cilíndrica. Mas a da traquéia não é exatamente igual a ele, é quase isso! Qual é a forma da traquéia?" – "A forma da traquéia é um cilindróide!" – disse Noel, para ver se colava.

Colou. O professor disse: – "Aceito, contanto que o senhor me diga qual é a diferença de forma de um cilindro para um cilindróide!" E Noel, completou, vitorioso: – "Um cilindróide, professor, é um cilindro que levou um acocho e apertou um pouco, de banda!"

E foi aprovado com nota bastante razoável.[1]

1 SUASSUNA, A. *Jornal da Semana*, de 3 mar.-7 abr. 1973, pág. 43.

As imagens que brotam de suas lembranças correspondem a um olhar inquieto de quem percorre uma trajetória singular, estabelecendo relações próprias com lugares e acontecimentos, aprisionado nas malhas de um tempo mítico. Como todo poeta, o mister de Ariano é criar, e criar coincide com sonhar, querer ou desejar. No *Almanaque*, declara sua intenção de tornar-se criador de cabras, com a aplicação do dinheiro ganho com o Prêmio Nacional de Ficção, em 1972, pelo romance *A Pedra do Reino*. Essa intenção causou espanto e muito falatório, mesmo que argumentasse que era originário de uma família de criadores. Mas os desejos são os dínamos da vida, viabilizam as transformações. Ao descrever os acontecimentos que envolveram a decisão de criar cabras, o Ariano narrador percorre sua vida inteira com o pensamento, não se perde, e tem a sensação exata do vazio que envolve o espaço vazio, inexprimível por palavras. Daí a necessidade de metáforas para aludir ao que só o coração revisita, só ele propicia os encontros e desencontros com pessoas e acontecimentos de um tempo dado, e uma cumplicidade que decorre do ritmo próprio com que os olhos do poeta prescutam a alma dos personagens da história:

> Eu ia, lá, admitir essa desmoralização de a única geração de Suassunas a não criar ser a minha? Confesso que era uma coisa que me humilhava, sensação que aumentou muito quando, um dia, lendo um discurso pronunciado por meu Pai no tempo em que ele governava a Paraíba, encontrei um trecho no qual ele falava com incrível desprezo dos "parasitas da cidade de rosto pálido e bolso vazio", e rematava, com orgulho, dizendo que, quanto a ele, sempre

fora um homem do campo que vivera apegado à terra, plantando e criando, e, portanto, produzindo algo de concreto e indiscutível.

Depois, noutro dia, meu irmão Marcos, pessoa cuja opinião me é muito valiosa, chegou lá em casa e me disse, com o ar mais natural do mundo, que por mais úteis que fossem as outras profissões, as verdadeiras, aquelas das quais todas as outras viviam, era a do lavrador, a do criador e a do minerador. Vi que ele tinha razão, e, imediatamente juntei as palavras dele com as de meu Pai, notando que toda essa multidão de médicos, escritores, advogados, economistas, escriturários – toda essa legião é integrada exatamente pelos caras-pálidas dos parasitas das cidades a que meu Pai se referia. Essas palavras vinham corresponder à parte mais secreta do meu sonho. Minha peça "Auto da Compadecida" foi escrita em 1955. Quem tiver a pachorra de lê-la ou assistir a sua encenação, há de ver que, através das palavras do Cangaceiro, Severino de Aracaju, meu sonho de me aposentar e criar cabras já está presente, expresso nela, desde 1955.[1]

1 *Ibidem*: 3-9 jun. 1973, pág. 33.

Membro atual da Associação Brasileira de Criadores de Cabra, enfrentou desconfianças no seio da própria família, que achava tudo uma grande temeridade. Mas como essas histórias demonstram, Suassuna não se deixou abalar; as dificuldades foram um convite permanente para mergulhar no sonho. As narrativas sobre cabras são constituídas por imagens presentes na própria história do poeta:

Veio primeiro com a história de que os bodes passavam para os roçados dos vizinhos. Objetamos que as cercas da fazenda de meus primos (onde estão se criando nossas cabras) estavam, todas, sendo reparadas, de modo a evitar isso. Mas ele teimou: – "Cercas? Os bodes passam por todas!" Meu primo Manuel respondeu: – "Por todas, não! Se a cerca for de fachina, com as varas implantadas verticalmente, os bodes não passam, não!" – "Mas as varas apodrecem logo e caem!" – teimava Sandoval. – É, depois, tem mais uma coisa: na criação de bodes, o pior de tudo é o furto! Vão furtar as cabras uma por uma!" Nós lembramos que, em Taperoá, não havia casos, pelo menos conhecidos, de ladrões de bodes, dizendo que, até agora pelo menos, "não apareceu nenhum caso de cabra desaparecida". Mas nosso primo Sandoval Vilar mantinha-se renitente, botando defeito em tudo e, sem querer, não por maldade mas por ser, aquilo, uma disposição entranhada em sua própria natureza, já estava nos instilando um bocado do seu pessimismo.

Foi quando seu sobrinho e primo meu, Luis Vilar, interveio, com sua fala mansa, grave e descansada de gigante bom (ele é de estatura alta e forte, e muito boa pessoa). Disse: – "Vocês não desanimem não! A criação vai dar certo! Eu, por mim, com a experiência, sou muito entusiasmado com bode! Tio Sandoval fala assim, mas é porque ele é desse tipo de pessoa que só enxerga o avesso do mundo.[1]

1 *Ibidem*: 12-18 ago. 1973, pág. 21.

O cabreiro foi se forjando aos poucos. Seu maior desejo era que suas cabras fossem vermelhas com uma lista preta ao longo do dorso, mas os especialistas não conseguiam ajudá-lo nisso. Como obstinado que é, decidiu pesquisar por conta própria, mandou buscar livros até no exterior, estudou muito e depois de muita luta conseguiu o intento. À primeira cria deu o nome de Arupiara, nome do queijo tipo *chèvre* que fabrica.

Na condição de grandes criadores de cabra, ele e o sócio e primo Manuel Dantas Vilar, Manelito, comparecem às reuniões da área; Manelito, aliás, tem sido entrevistado em revistas e programas de televisão rurais. A criação carrega consigo uma das preocupações centrais do autor: a diversidade de raças que forma o nosso povo. Assim é que Suassuna resolveu também criar cabras pretas e brancas. Não lhe basta o delírio; busca a todo o custo a concretização no real, em todas as dimensões da vida.

Essas histórias de cabras lhe têm permitido redimensionar o imaginário do sertanejo, que não se deixa apreender pelo discurso. Guardado por deuses e mitos, extrapola a ânsia de ser verossímil e entrega-se às malhas da tensão existente entre real e irreal:

> De repente, a certa altura, ele pegou um cabrito macho para que meu primo Manuel o castrasse. Enquanto segurava o bicho, José Santino voltou-se para mim, que, como sempre, estava no serviço mais maneiro, o de anotar, num livro, o nome das cabras novas e verificar se as antigas estavam presentes. José Santino indagou então, de mim, com aquela voz mansa de sertanejo: – "E esse agora, que nome vai ter?" Eu respondi: – "Nome nenhum, José Santino! Aqui, só as fêmeas é que recebem nome e registro."
>
> José Santino coçou a cabeça e me disse com o olhar meio desviado: – "Doutor, o senhor não repare o que eu vou dizer não, mas está me dando uma vontade danada de enterrar os pés daqui desse chiqueiro e entupir no oco do mundo! Porque eu já vi que bicho macho, aqui, é amaldiçoado: além de passar por essa desgraça, não tem direito nem às graças do batismo!"[1]

[1] *Ibidem*: pág. 23.

A narrativa envolve a consciência de sua consciência, e exibe certezas que desnorteiam e inquietam José Santino. O diálogo repete o tom de insanidade presente nos contadores de história, e aumenta a distância entre Ariano, o narrador, e nós, fato comum quando se descreve um narrador, segundo Benjamin.

A fonte primordial de todos os contadores é a experiência que passa de pessoa para pessoa. Baseado nelas, o autor amplifica o universo das cabras com o caso do prefeito da "cidade da Paraíba", que desencadeou uma campanha nos jornais, "Uma Onça para Badu". Como resposta, recebeu a seguinte carta:

> Sr. Redator do Correio da Paraíba.
>
> O Prefeito Dorgival Neto está à procura de uma Onça fêmea para Badu. Como eu tenho uma sogra que é mais onça do que muita onça, pergunto ao ilustre jornalista: devo mandar minha

sogra para Badu? Estou pensando nisso, porque cheguei à conclusão de que, assim, se o Prefeito aceitar minha doação, resolverá, com uma só cajadada, quatro problemas: o do Parque Solon de Lucena, o da minha sogra (que está viúva), o de Badu e o meu. Assim, por meio desta, peço-lhe que, junto ao Prefeito, interceda por mim, pelo amor de Deus. Sem mais etc.[1]

A onça é o animal mais importante da sua mitologia. E "é por isso que, na minha Poesia, escolhi como símbolo do povo brasileiro a Onça castanha ou parda, também chamada no Sertão de Suçuarana"[2]. O lirismo selvagem transfigura a morte em Onça Caetana, reencontrando a importância mítica e cósmica da pantera. Caetana é a representação da divindade primitiva no Sertão, caracterizada pela dureza e implacabilidade. É uma "mulher jovem, bela, cruel e impiedosa, observadora implacável dos homens, misto de mulher e felino, cobra e gavião"[3]. Responsável pela morte dos personagens de *O Rei Degolado*, ronda o próprio Ariano, ressoando na poesia, na gravura e no romance:

> Aquelas pedras desiguais, brutas, gigantescas apesar de tudo, tinham, na sua desordem, o fascínio de um enigma ligado à Bicha Bruzacã, à Vaca do Burel, ao Cavalo Misterioso, ao Dragão do Reino do Vai-e-Volta, à Besta Ipuriara, enfim, a todas aquelas encarnações que a Onça-Malhada do Divino assumia em suas aparições, fosse no Sertão, fosse no Mar, fosse nas desaventuras narradas nos "folhetos". Era uma Fera insaciável, sedenta do meu sangue, que tinha ali, naquelas pedras, seu Reino Encantado, e que me chamava a uma sagração perigosa, exigindo que eu me elevasse acima de mim mesmo. Eu sentia que algo de muito precioso, puro, perigoso, valioso e raro me seria instilado de uma vez para sempre, se eu tivesse coragem de, enfrentando minha covardia, minha mesquinhez, minhas traições, a tentação da comodidade e da segurança, doar meu sangue à Fera da Encantação, à Onça do Divino, que

1 *Ibidem*: 22-28 abr. 1973, pág. 29.

2 SUASSUNA, A. *O Brasil, a África e a preguiça brasileira*, 1966-1967:23.

3 SANTOS, I. dos. Uma epopéia do sertão. In: SUASSUNA, A. *História d'O rei degolado...*, 1977: XIV.

o beberia, destruindo-me mas divinizando minha natureza para identificá-la com ela, nos termos do sermão do Padre Daniel.[1]

1

SUASSUNA, A. *Romance d'A pedra do reino e o príncipe do sangue do vai-e-volta*, 1971: 106.

O imaginário da onça ressoa também em *A Pedra do Reino*, quando o **Profeta Nazário** narra sua visão investida de duplo aspecto, o afetivo e o intelectual. A onça dessa história, semelhante aos seres que habitam o pensamento indígena, é investida de significação e percebida como que mantendo um certo parentesco com o homem, como demonstra Lévi-Strauss ao tratar da "lógica concreta" em *O Pensamento Selvagem.* Seguindo essa lógica, há um profundo sentimento de identificação entre o homem e o animal, a natureza e a cultura:

> Meu Povo, eu vi! Eu vi a Furna da Onça-Pintada, com a Onça de Pedra na entrada, e outra Onça, viva, dentro dela! Eu vi, eu juro que vi! Na entrada da furna estavam as Coisas todas, pintadas na Pedra: a Onça, o Veado, o Gavião de um lado, e, do outro, a Traíra, o Bode, a Carneira e as Lamparinas de barro, tudo pintado no Preto e Vermelho! E a Onça estava lá, dentro da Furna, com os olhos em brasa, cercada de coriscos amarelos e zelações azuis, e um bocado de pedras-lispes encarnadas despencando do céu! Era uma Onça Malhada Cantadeira! Tinha um olho de Pedra-verde e outro de Pedra-encarnada, e, além da cabeça de Canguçu, ela tinha asas e duas cabeças de Gavião! [...] Por isso, se a gente conseguir pegar essa Onça, a gente vai ser tudo feliz, rico, bonito, poderoso e imortal, bebendo o sangue do Sagrado e o Sol de aço das navalhas das Asas dela! Ela me dizia: – Venha, Nazário! Chame o Povo e metam o pé na Estrada, que, se vocês acharem a minha Furna, vão encontrar o Ouro e a Prata e os Diamantes! Ganham a Coroa da Pedra Cristalina, e eu, ainda por cima, faço a felicidade de vocês![2]

2

SUASSUNA, A. *A pedra do reino*, 1971: 347.

A onça adquire imortalidade, humaniza-se, diviniza-se, rege o destino do homem, seu ser encantado é uma promessa cifrada de fartura e enriquecimento.

As encantações e enigmas que envolvem o romance devem ser decifrados por **Quaderna**. Ameaçado pelo **Corregedor**, em meio a uma solene e trágica tristeza, é surpreendido pela Moça Caetana:

> A sentença já foi proferida. Saia de casa e cruze o Tabuleiro pedregoso. Só lhe pertence o que por você for decifrado. Beba o Fogo na taça de pedra dos Lajedos. Registre as malhas e o pêlo fulvo do Jaguar, o pelo Vermelho da Suçuarana, o Cacto com seus frutos estrelados. Anote o Pássaro com sua flecha aurinegra e a Tocha incendiada das macambiras cor de sangue. Salve o que vai parecer: o Efêmero sagrado, as energias desperdiçadas, a luta sem grandeza, o Heróico assassinado em segredo. O que foi marcado de estrelas – tudo aquilo que, depois de salvo e assinalado, será para sempre e exclusivamente seu. Celebre a raça de Reis escusos, com a Coroa pingando sangue; o Cavaleiro em sua Busca errante, a Dama com as mãos ocultas, os Anjos com sua espada, e o Sol malhado do Divino com seu Gavião de ouro. Entre o Sol e os cardos, entre a pedra e a Estrela, você caminha no Inconcebível. Por isso, mesmo sem decifrá-lo, tem que constar o enigma da Fronteira, a estranha região onde o sangue se queima aos olhos de fogo da Onça-Malhada do Divino. Faça isso, sob pena de morte! Mas sabendo, desde já, que é inútil. Quebre as cordas de prata da Viola: a Prisão já foi decretada! Colocaram grossas barras e correntes ferrujosas na Cadeia. Ergueram o Patíbulo com madeira nova e afiaram o gume do Machado. O Estigma permanece. O silêncio queima o veneno das Serpentes; e, no Campo de sono ensangüentado, arde em brasa o Sonho perdido, tentando em vão reedificar seus Dias, para sempre destroçados.[1]

O discurso sinaliza a condenação de **Quaderna** em meio a uma densa eclosão de imagens, que ressoam na visão aterradora de um sonho perdido, com uma força imaginal reanimada nas profundezas do ser.

1 SUASSUNA, A. *Romance d'A pedra do reino e o príncipe do sangue do vai-e-volta*, 1971: 241-242.

A onça metamorfoseia-se em Besta Bruzacã, ora é "Cachorra-Cantadeira", um monstro alado, macho e fêmea, ora é mais felina, ou monstro marinho:

> São sete Chifres turvos e amolados, o Focinho peludo, a Corcova cerúlia! No cabelouro espesso, uma Cabeleira de serpentes e conchas entrançadas! O olhar de Cobra e o corpo feito à semelhança de um corpo enorme de Touro branco! Era a Besta marinha, partejada pelos lombos diabólicos e sagrados do Mar.[1]

1 *Ibidem*: 329-330.

Na mitologia que brota da obra suassuniana, a Besta Bruzacã transita pelos quatro elementos – terra, fogo, água e ar –, reunindo-os e estremecendo-os selvagemente, a fim de forjar uma regularidade no caos primordial.

Uma fraternidade com os animais, desdobramento das primeiras posses do homem, ressoa no romance, na poesia e no teatro. Consumada a expulsão do paraíso, resta-lhe tentar o resgate do tempo anterior ao pecado, povoando-o de animais, que irrompem como recorrência.

No *Auto da Compadecida*, o cachorro da **Mulher do Padeiro** é enterrado em latim, e o gato de **João Grilo** "descome" dinheiro. Em *O Santo e a Porca*, **Euricão** guarda todas as suas economias em um cofre, com a forma de porca, e tem por ela verdadeira adoração. **Fedegoso**, um dos diabos de a *Farsa da Boa Preguiça*, vem "buscar" **Aderaldo**:

> Bê-ê-ê! Puf, puf!
> **Aderaldo**: Xô, bode! Ai! Que é isso?
> Ó bode feio dos seiscentos diabos!
> Xô, bode!
> **Fedegoso**, *dando poupas e traques, como jumento ruim*: Bâ-â-â! Puf, puf!
> **Aderaldo**: Xô, bode!
> **Fedegoso**: Xô, bode? Xô bode, o quê?
> Você sabe quem sou eu, catingoso?

Aderaldo: Parece aquele Vaqueiro que passou por aqui!
Você não é o Vaqueiro?
Você não é Fedegoso?
Fedegoso: Fui eu que, disfarçado de frade,
roubei, aqui, seu dinheiro
que você pensava que era eterno!
Fui também o vaqueiro Fedegoso!
Mas sou, mesmo, é um Diabo do inferno,
o Diabo em que você não acredita
e que veio agora buscar você![1]

Ainda em a *Farsa*, **Simão** tem a mania "de achar gente parecida com bicho!":

Andreza parece um bicho,
um desses bichos malignos,
uma mistura de cobra,
morcego e sapo hidrofóbico![2]

A antropomorfização da natureza traz à tona a constante tensão entre natureza e cultura, cujo caráter concreto se revela no conhecimento que **Simão** possui sobre as características e necessidades dos animais, deixando claro que as relações do homem com o meio natural desempenham o papel de objeto de pensamento, nos moldes propostos por Lévi-Strauss. As confusões desse personagem, no entremez *O Homem da Vaca e o Poder da Fortuna*, envolvem a negociação de animais; **Simão** forja significados e explicita uma ordem não natural própria do mito, ao tentar explicar o real:

Simão
Aqui, nada mais se tem!
Eu fiquei com uma vaca
que minha mulher ganhou:
fiz, porém, quatro negócios

1 SUASSUNA, A. *Farsa da boa preguiça*, 1974: 160.

2 *Ibidem*: 18.

e o que eu tinha se acabou!
Tenho um pão e dez mil-réis:
foi tudo quanto sobrou!

O Rico
Pode explicar essas trocas?
Voltaram? Você voltou?
Prá sobrar só dez mil-réis,
o pessoal o enganou!
Diga lá todas as trocas
Que você, aqui, fechou!

Simão
Eu troquei, primeiro, a vaca,
pelo burro dum freguês.
Dei o burro numa cabra
e esta num galo pedrês.
Me deram por esse galo
dez mil-réis e o pão francês![1]

Na poesia, "o bode, no sertão de seu Deserto,/ sonha o tempo em que as Águas se cumpriam" (*O Cego e o Mundo*, 1999: 117). Mas o sonho do poeta é ir além, "e ele queria ver,/ ver sempre mais/ que é destino sem fim do gado eterno/ decifrar todo o Bicho deste Mundo"[2].

A inteligibilidade que confere ao animal reflete a relação estreita com os objetos da natureza, tida como algo bom para pensar. Mas, como todo homem, não observa passivamente esses objetos do pensamento, ao contrário, repensa-os para inferir deles a lógica do concreto, sempre passível de sistematizações. O destino trágico da vida é compartilhado por outros seres, também investidos dos mesmos sentimentos: "deixa essa Onça malhada/ sangrar o Bode e o Carneiro [...] os Animais

1 SUASSUNA, A. *O homem da vaca e o poder da fortuna*, 1974: 52.

2 SUASSUNA, A. Balzacãa. In: *Poemas*, 256.

inquietos,/ com seu Bafo e com seu grito/ o Bode, o Macaco, o Jito,/ o Papa-Mel, a Preguiça"[1], mal suportam a negra ameaça.

No solitário caminho da vida, "o rebanho dos graves animais/ parece a nosso grupo/ um rebanho tranqüilo e condenado,/ nosso igual por sentença e desventura"[2].

Como reiterou Fernando Pessoa no *Livro do Desassossego*, volume I, o poeta nada possui além de suas dores profundas, "nem um corpo, nem uma verdade – nem sequer uma ilusão"[3]. São essas dores que se encontram expressas no *Soneto de Babilônia e Sertão* – Com tema de Tupan-Sete:

> Aqui, o Corvo-azul da Suspeição
> apodrece nas frutas violetas,
> e a Febre-escusa, a rosa-da-infecção,
> canta aos Tigres de verde e malhas-pretas.
>
> Lá, no pêlo de cobre do Alazão,
> o Bilro-de-ouro fia a Lã-vermelha.
> Um Pio-de-metal é o Gavião,
> e são mansas as Cabras e as Ovelhas.
>
> Aqui, o lodo mancha o Gato Pardo:
> a Lua esverdeada sai do Mangue,
> e apodrece, no Medo, o Desbarato.
>
> Lá, é fogo e limalha a Estrela-esparsa:
> o Sol-da-Morte luz no sol do Sangue,
> mas cresce a Solidão e sonha a Garça.[4]

O simbolismo animal irrompe na pintura, gravura e tapeçaria, povoadas de gaviões, tigres, onças, pássaros e cabras. Uma rica e variada heráldica animal advém dessa recorrência, de suas perplexidades, dos seus sonhos, erros, tentativas e esperanças: "Sem falar do cavalo, todos os animais importantes,

1 SUASSUNA, A. Carta – a Francisco Sereno. In: *Poemas*, 1999: 135.

2 SUASSUNA, A. A Laurênio. In: *Poemas*, 1999: 135.

3 PESSOA, F. *Livro do dessossego*, vol. I, 1996: 64.

4 SUASSUNA, A. *Poemas*, 1999: 202.

a serpente, o gavião e sobretudo a onça têm uma dimensão supra-animal: são divinizados, tornam-se um aspecto do mito, uma das formas de Deus e do Diabo. Aqui o animal é a expressão da vontade divina, representa as potências benéficas ou maléficas que dirigem o sertão. Torna-se o símbolo dessa Natureza dura e opressiva, mas bela e algumas vezes generosa"[1].

Em *A Pedra do Reino*, a heráldica animal usada por **Quaderna** é sempre medieval, pois o simbolismo da onça é ligado ao do leopardo e da pantera, conforme explicita Idelette Muzart Fonseca dos Santos, estabelecendo uma linearidade que desconsidera a subversão temporal presente na criação suassuniana:

> Parece-nos interessante retomar alguns aspectos da simbólica tradicional do Leopardo e da Pantera, o que nos permitirá esclarecer o papel da Onça. Com efeito, aqueles dois animais são ligados e a transformação da pantera em leopardo, em linguagem heráldica, entende-se, é o resultado da influência da Igreja, através da cristianização do Graal.
>
> A pantera, animal heráldico tradicional, tinha uma significação muito clara (*pan-thér*: animal do todo): ela evocava o panteísmo e pelas manchas de sua pelagem simbolizava todos os astros do cosmos. Daí a presença da estrela do macrocosmo – de seis raios –, associada freqüentemente à pantera e que se reencontra sobre os mantos cósmicos, freqüentes na Idade Média nas representações de reis e santos. A qualidade lunar, cósmica, do animal, sublinha seu papel de intermediário entre o cosmos e o homem. A substituição da pantera pelo leopardo corresponde ao método experimentado pela Igreja medieval, o qual consistia em batizar os emblemas pagãos, modificando assim, pouco a pouco, seu sentido. O leopardo torna-se, assim, um "quase-leão"; é um animal mal diferenciado, em plena evolução, no caminho da Graça, o leão cristão.
>
> Suassuna reencontra na Onça o peso mítico e cósmico da pantera. No "Catolicismo Sertanejo", a Onça é a encarnação da

1 SANTOS, I. dos. Uma epopéia do sertão. In: SUASSUNA, A. *História d'O rei degolado...*, 1977: XV.

divindade múltipla, é a herdeira direta do "animal do todo". A simbólica astrológica e a dimensão cósmica e heráldica da vida e da morte se reúnem para a explicação armorial da criação do mundo e da morte.

A heráldica e a arte seriam, da mesma forma que a cavalaria de Quaderna, o caminho para o Divino, para o Criador do Mundo, para a criação da Obra? A heráldica tem, no romance de Suassuna, uma função semelhante à estrutura cavaleiresca, à qual ela é, afinal, estreitamente ligada.

Ela é integrada por seu sistema de signos, sua linguagem própria, à técnica romanesca, à estética da memória, mas possui igualmente uma função de transposição da imagem real, permitindo a mudança de visão e o deslocamento para um mais-além pictórico e literário mais significativo e mais verdadeiro do que a realidade".[1]

1 *Ibidem*: XVI.

Em *A Pedra do Reino*, a heráldica pode ser entendida como um metatexto que ultrapassa e compõe o sentido da palavra. **Quaderna** orgulha-se de ser especialista nessa nobre arte, e tenta recompor um conhecimento adquirido que situa a visão da natureza ao lado da visão da família, ou da cultura, o que reitera a idéia de Gregory Bateson ao estudar o totemismo.[2] No Ocidente, a dignidade antiga de famílias e linhas patrilineares afirmam-se nas pinturas de animais, nos seus escudos heráldicos ou nos postes, que por sua vez se transformam em diagramas genealógicos pela combinação dos animais de diferentes linhas ancestrais.

2 BATENSON, G. *Natureza e espírito*, 1987: 127, 128.

Essas representações da posição social da família numa hierarquia mitológica exaltam o ser e a sua própria descendência, à custa das linhas de outras famílias. Essa arrogância teve como conseqüência, segundo Bateson, o esquecimento da relação com o mundo natural, que **Quaderna** quer resgatar e perpetuar. Sua heráldica reforça a sutura do par homem-natureza, e a metáfora torna-se o recurso principal, no lugar da analogia:

Mas, por um artifício tapirista de estilo, pelo menos nessa primeira cena de estrada, só lembrei o que, da realidade pobre e oncista do Sertão, pudesse se combinar com os esmaltes e brasões tapiristas da Heráldica. Cuidei de só falar das bandeiras, que se usam realmente no Sertão para as procissões e para as Cavalhadas; nos gibões de honra, que são as armaduras de couro dos Sertanejos; na Cobra-coral; na Onça; nos Gaviões; nos Pavões; e em homens que, estando de gibão e montados a cavalo, não são homens sertanejos comuns, mas sim Cavaleiros à altura de uma história bandeirosa e cavalariana como a minha.

Entretanto, é deste relato que depende a minha sorte, e ninguém é tão fanático a ponto de fazer Literatura em troca de cadeia. Devo ser exato: e infelizmente, no mesmo instante em que consigo arrumar tudo, tenho que desarrumar tudo de novo. Porque, naquele dia, quando a Cavalgada vinha perto do legendário Riacho de Cosme Pinto, ela mesma foi desarrumada por um incidente sujo e oncístico, que causou alguns rasgões raposos na bandeira da frente, sujou homens e cavalos de suor e poeira e chegou mesmo a derramar sangue, se bem que esta última parte ainda possa ser considerada tapirista e heráldica, pois houve tiros e reluzir de facas nos riscos de Sol – o que não deixa de ser armorial.[1]

A arte heráldica remete a imagens primordiais, arquetípicas, quando compreendida em termos de uma recriação do totemismo. Nesse sentido, ela reafirma as relações entre natureza e cultura, uma vez que é uma tentativa de expressar e controlar o poder da solidariedade e de outras forças naturais por meio da magia e abundância do ambiente. A heráldica e as demais manifestações artísticas, de acordo com as idéias de Edward O. Wilson ao tematizar a relação entre arte e intepretação, ritualizam as forças naturais e simulam uma nova realidade.[2] Do mesmo modo que os animais totêmicos, investidos de qualidades sobrenaturais e honrados com arte reverencial, são usados como

1 SUASSUNA, A. *Romance d'A pedra do reino e o príncipe do sangue do vai-e-volta*, 1971: 19-20.

2 WILSON, E. *A unidade do conhecimento – Consiliência*, 1999: 216.

símbolos para unir os membros de um determinado clã, a heráldica une os membros de uma dada família.

Para Lévi-Strauss, os artistas que conceberam a heráldica reproduziram, sem o saber, e mesmo anteciparam estados futuros da matéria, o que para ele os liga a dimensões sobrenaturais:

> Quando a arte heráldica imaginou as coroas, não podia saber que tais objetos reproduziriam por sua forma estados muito fugidios da matéria. Uma coroa de conde oferece a imagem exata dos respingos provocados por alguma gota de leite caindo nesse líquido, mas para saber disso era necessário que a cronofotografia fosse inventada. Do mesmo modo, aqueles que conceberam as coroas reais ou imperiais chamadas "fechadas" ignoravam, como não podia deixar de ser, que a explosão de uma bomba atômica forneceria delas, durante uma fração de segundos, um protótipo que a natureza mantinha em segredo.
>
> Sem que os artistas que as imaginaram pudessem ter a mais remota idéia disso, as coroas resultam de uma percepção intuitiva, e que em tudo se parece com uma adivinhação, de estados instáveis da matéria. Mais surpreendente ainda, sua hierarquia reproduz a dos graus de instabilidade intrínseca – do líquido ao gás – da matéria, segundo os ensinamentos dos físicos. O espírito humano era capaz de conceber essas formas e suas relações muito antes de sua existência.[1]

1 LÉVI-STRAUSS, C. *Olhar, escutar, ler,* 1997: 126-127.

Ao contrário dos artistas que desconheciam o caráter antecipatório de sua heráldica, **Quaderna**, como adivinhador e astrólogo, tem consciência de que está lidando com uma arte prefigurativa e antecipadora do real. Em seu depoimento ao **Corregedor**, usa toda sua intuição no que denomina de prosa heráldica:

> Como, ao que parece, tinha-se convencionado, que ninguém se vestisse de maneira mais comum naquela tribo, o rapaz do cavalo branco usava um gibão mais artisticamente trabalhado do que os

> dos outros Cavaleiros. Assemelhava-se aos "gibões de honra e boniteza", que se usam nos desfiles de Cavalhadas e puxadas-de-boi. Era feito de três qualidades diferentes de couro – de Bode, de Vaqueta e de Veado –, combinando de maneira variada o amarelo, o castanho, o vermelho e o negro. Tinha as mesmas joelheiras e ombreiras dos outros. As dele, porém, negras e costuradas ao couro castanho da véstia e das "guardas" por tiras de couro vermelho, de modo que, mais do qualquer outro, seu gibão parecia a armadura de um Cavaleiro sertanejo, com os couros trançados em ouro, púrpura, goles e sable – para narrar com esmaltes heráldicos esta heráldica cena da mais armorial Cavalaria sertaneja. E o próprio Donzel, assim, com aquela roupa de couro dominantemente amarela e vermelha, parece (todo ele ouro, sangue e coração) um Valete de Copas montado num cavalo branco e escoltado por uma tropa sertaneja de peninchas e valetes de paus ou de espadas.
>
> O mais notável, porém, é que, atado ao pescoço por uma fechadura de prata, caía por trás das costas do Donzel, de modo a cobrir a garupa do cavalo "Tremedal", um manto vermelho, no qual estava bordado um grande Escudo com as mesmas armas da bandeira – as três Onças vermelhas em campo de ouro e os treze contra-arminhos de prata em campo negro. Aqui, porém, havia uma novidade: o escudo era encimado por uma figura a modo de "timbre", uma bela Dama de cabelos soltos, vestida com um manto negro semeado de contra-arminhos de prata e mantendo as mãos cobertas. Era a Dama jovem e sonhosa, de olhos verdes, de cabelos lisos, finos, compridos e castanho-claros, que seria, para o rapaz do cavalo branco, "o grande amor de sua vida".[1]

1 SUASSUNA, A. *Romance d'A pedra do reino e o príncipe do sangue do vai-e-volta*, 1971: 16.

Em sua construção heráldica é adicionado o elemento ferro, que aparece em *A Pedra do Reino*, na bandeira da onça, representada pelo ferro-de-marcar boi dos Garcia Barretos e dos Ferreira-Quadernas. Encontra-se, igualmente, na bandeira do Divino Espírito Santo, e no episódio do assassinato de **Dom Pedro**

Sebastião Garcia-Barreto, tio e padrinho de **Quaderna**, que aparece morto, marcado na espádua com um ferro-de-marcar boi, que representava uma lua crescente com uma cruz em cima. A recriação da heráldica amplifica-se em direção a um universo familiar em que cada membro é constantemente lembrado da sua pertença a algo maior, de dimensão espiritual. O ferro-de-marcar boi representa poder, impõe um sentimento fraterno entre os componentes e reafirma a ligação com a natureza.

Ferros do Cariri – Uma Heráldica Sertaneja é o livro que explicita a importância do ferro como recorrência, partindo dos ferros-de- marcar-boi da família:

> Guardo, ainda hoje, comigo, entre meus OBJETOS SAGRADOS, O FERRO com o qual, pessoalmente, meu Pai, antes de 1930, marcava seu gado, nas fazendas "Acauhan" e "Malhada da Onça". É o ferro dos Suassunas, aquele mesmo que aparece na capa deste livro. Não existe, nele, nenhuma diferenciação: meu Pai era o último dos filhos homens de meu Avô, motivo pelo qual, quando começou a ter gado, seu Pai já tinha morrido; e como os irmãos mais velhos já usavam, todos, o ferro familiar com as respectivas DIFERENÇAS, meu Pai ficou com o ferro do meu Avô; ferro que era, aliás, o mesmo do meu Bisavô, Raymundo Francisco de Salles Cavalcanti de Albuquerque Suassuna. A base de um ferro familiar chama-se MESA. As diferenças a ela acrescidas chamam-se DIVISAS. A MESA de uma das minhas famílias maternas, a família Villar, é um PÉ-DE-GALINHA. Dentro da família o PÉ-DE-GALINHA, tendo embaixo e para o lado esquerdo, um PUXETE, rematado por uma MEIA-LUA voltada para fora.
>
> Assim usava seu ferro meu Avô, Gabriel Villar de Araújo, filho de Adeodato. O filho de Gabriel, meu tio Manuel Dantas Villar, usava O FERRO do Pai e do Avô com uma divisa como diferença: um pequeno PUXETE abaixado obliquamente, pendendo da HASTE lateral esquerda do PÉ-DE-GALINHA. O filho desse meu tio Manuel chama-se Manuel Dantas Villar Filho. É, como eu, neto de Gabriel e bisneto de Adeodato.

Pegou o ferro de seu Pai, acrescentou a ele um PUXETE na HASTE direita do PÉ-DE-GALINHA dos Villares, de modo que seu FERRO pessoal, além de feito rigorosamente de acordo com as leis da Heráldica sertaneja, ficou rematado, em cima, por um M, letra inicial de seu nome.[1]

Alguns ferros-de-marcar-boi do sertão exibem formas hieroglíficas, abstratas, primordiais. São imagens ligadas às inquietações vividas pelo homem durante a idade do ferro, que representam, segundo Bachelard, a "idade do ferreiro", um tempo marcado pela máscula alegria. No ferro-de-marcar boi, o homem é representado por um pé-de-galinha, e o triângulo é o símbolo da mulher. No simbolismo tradicional, "a cruz, na Arte antiga das insígnias, simboliza a união perfeita entre o Céu e a Terra, entre o Divino e o humano"[2].

A bela e áspera heráldica popular, encontrada sobretudo nos desenhos, representa uma "marca sertaneja, como se os ferros-de-marcar-boi da Civilização do Couro tivessem deixado, a fogo e para sempre, seu sinete no Sul e na Civilização do Açúcar dos Engenhos do Nordeste"[3].

A imagem do ferro ressoa nos tapetes, pinturas e gravuras que Ariano assina com o ferro que herdou do pai, num desejo incontido de presentificar o passado "sem tempo de manteiga nos dentes"[4].

Cada verso é uma maneira de atar seu espírito às imagens do passado, e o verdadeiro ferreiro não esquece os sonhos primitivos. Na poesia, a língua trabalha o ferro: "Passe a língua no ferro! – disse a voz da Mulher/tem gosto de Ferrugem ou sangue Envelhecido"[5].

A ferrugem invade cruelmente a alma do poeta, o sonho o perturba e surpreende: "Ali, por entre as Pedras, mordidas de Ferrugem"[6]; "ferrugem da Cadeia e negro Fado"[7]; "o noturno

1 SUASSUNA, A. *Ferros do Cariri*... 1974: 2-3.

2 *Ibidem*: 9.

3 SUASSUNA, A. Novo romance sertanejo. In: CAMPOS, M. *Sem lei, nem rei*, 1968: 122.

4 PESSOA, F. *Seleção poética*, 1971: 264.

5 SUASSUNA, A. O reino. In: *Poemas*, 1999: 26.

6 SUASSUNA, A. *Poemas*, 1999: 22.

7 SUASSUNA, A. Labirinto de Babilônia e Sião. In: *Poemas*, 1999: 46.

Duende enferrujando"[1]; "a mancha de ferrugem,/ que suja suas espáduas"[2].

Mas o ferro, como toda matéria, gera imagens ambivalentes, também produz aquela que sangra o peito do poeta, pois "no sertão é outra a faca que se usa:/ é menos de cortar,/ é uma faca de perfurar"[3]. O aço se enfurece e forja o poema *Faca – A José de Moraes Pinho*:

Entre a Faca e o Muro frio
sem palavras se quedou.
Lembranças corriam Rápidas:
vozes alegres, Perdidas,
numa já Distante infância.

Rostos e Mãos, à distância,
Surgiam em sua Vista
fascinada pela Faca.

E tudo foi um Momento:
ao Sol, um risco de Prata,
um baque surdo, um Gemido,
e a vida, em Sangue jorrada.[4]

Nessas imagens poéticas, delineia-se o estranho fascínio pelo irremediável, a aspereza do sertão marcado por facas, punhais, anéis, espadas e adagas, que faíscam no calor da luta e do heroísmo do sertanejo.

Em *A Pedra do Reino*, o tio-padrinho de **Quaderna** é esfaqueado e degolado; **Romeu** mata **Teobaldo**, durante um duelo de espadas, e **Julieta** crava um punhal no próprio peito, em *A História de Amor de Romeu e Julieta*; **Rosa**, em *Uma Mulher Vestida de Sol*, também apunhala-se; **Vicentão**, de *A Pena e a Lei*, é assassinado com "duzentos mil-réis de aço penetrante e cortante no seu infarto do miocárdio"[5].

1 SUASSUNA, A. Canto armorial ao Recife, capital do reino do nordeste. In: *Poemas*, 1999: 234.

2 SUASSUNA, A. Balzacãa. In: *Poemas*, 1999: 258.

3 Verso do poema *As facas pernambucanas*, de João Cabral de Melo Neto.

4 SUASSUNA, A. *Poemas*, 1999: 45.

5 SUASSUNA, A. *A pena e a lei*, 1994: 149.

O poeta reencontra no metal o lirismo da infância, e a face suave do ferro é simbolizada pelas *Histórias de Trem*:

> Creio que, para os nordestinos da minha geração, os velhos trens, usados entre 1935 e 1945, terão sempre uma aura poética a envolvê-los. Não que fossem cômodos e limpos. Pelo contrário. Mas existia e existe em torno deles, pelo menos para mim, quase uma espécie de legenda, algo de poético e heróico. Ninguém se engane pensando que isto é apenas literatura. Existe realmente no Nordeste, ligada aos nossos velhos trens, uma legenda, às vezes picaresca, às vezes ensangüentada e heróica.[1]

1 SUASSUNA, A. *Terceira história do trem*, 1973: 7.

As estradas de ferro povoam o imaginário do autor. Sonhava, ainda menino, que os trens que via nos filmes de faroeste eram os mesmos do sertão, e que, por isso, esses filmes traduziam acontecimentos que lhe eram familiares.

O apito do trem, "parecia acentuar a solidão e a saudade de casa, lembrando-me que, ali, eu estava preso e exilado, e que, noutro lugar – para onde eu deveria ir de trem – estavam me esperando as pessoas e os lugares amados, dos quais eu fora apartado, um dia, de maneira tão brusca e em tão pouca idade"[2]. O sonho do poeta-menino percorria os trilhos, a vida se passava na viagem de faz-de-conta que lhe permitia conhecer terras distantes:

2 *Ibidem*.

> Um dia, na aula do Doutor Menezes, nosso colega Reinaldo Ferreira (conhecido como Reinaldo "Satanás"), tinha incluído entre as grandes estradas de ferro transcontinentais "a Trans-Siberiana, que vai de Moscou a Vladivostok, e a Great-Western, que vai até Alagoa-de-Baixo". Assim, vendo o mapa e lembrando-me da poeira terrível que me irritava dolorosamente os olhos nas minhas viagens, eu pensava, penalizado, em que estado não chegariam a Vladivostok os olhos dos pobres meninos russos, internos em colégios de Moscou e que certamente eram obrigados a fazer toda aquela viagem, para passarem os três meses de férias de verão

1

Ibidem.

– dezembro, janeiro e fevereiro – nas fazendas, situadas no Sertão quente, áspero, e pedregoso da Sibéria, que eu imaginava tão empoeirado quanto o do Moxotó ou o do Espinhara.[1]

Encantado com o mundo que se delineava pela janela do trem, Suassuna acha fundamental preservá-lo para o filho e mesmo para as gerações futuras, nesse Brasil ainda tão dominado pelo mito e pela paixão:

> Qualquer dia a gente pega um trem aí, cruza a grande estrada transiberiana que vai do Recife a Alagoa de Baixo, para você ver como o mundo é grande, e belo e estranho, visto de um vagão vermelho e amarelo, principalmente quando, nas curvas, a gente vê a máquina resfolegando lá na frente e avista a grande serpente avermelhada cruzando a terra sagrada do sertão. Vamos fazer uma viagem de trem, meu filho, porque, fora as viagens a cavalo, não existem viagens mais belas e mais épicas do que as de trem![2]

2

Ibidem: 5.

A poesia contida nas viagens de trem provoca-lhe saudades irremediáveis e, talvez, tenham condicionado sua ojeriza aos aviões: "Se avião fosse seguro, quando a gente entrasse nele, a aeromoça não viria com aquela conversa de que, em caso de acidente, você deve usar a máscara de oxigênio que cairá a sua frente, e de que o assento flutua, podendo ser usado como bóia, se o avião cair no mar!"

Esse medo de avião pode representar algo mais amplo, expresso em sua dificuldade de lidar com a máquina. Define-se, sempre, como um homem artesanal, pois prefere "escrever a mão para sentir o prazer de escrever"[3].

3

SUASSUNA, A. *Correio Brasiliense*, 28 dez. 1997, pág. 32. Entrevista.

Crítico ferrenho do progresso tecnológico, afirma que "a noção de progresso vale no campo da Tecnologia, mas vale muito pouco no campo da Cultura e não vale nada no campo da Arte [...] A Arte Medieval não é superior nem inferior à Renascença, é diferente dela, e a introdução da perspectiva não é um progresso em Arte, é mudança. Tanto assim que a Arte do século XX abandonou de novo a perspectiva, e nem por isso é inferior à do século XIX, é apenas diferente dela"[1].

Para ele, a tecnologia deve ser sempre posta a serviço do homem e da cultura. Em sua gestão como Secretário de Cultura, financiou a edição de folhetos no computador:

> Para surpresa de muita gente, quem apoiou esta coisa foi eu, fui eu que financiei. O pessoal ficou todo de queixo caído, eles não entendem. Não tenho nada contra isso não, desde que isso não seja uma deformação nossa, está entendendo? É João José da Silva, não é ele? Ele me procurou na Secretaria. Não editava desde a década de 60, ele é editor e é poeta. [...] Ele comprou o computador e já está digitando, ele mesmo. Ele tem 300 e tantos folhetos para editar, já fez os primeiros 25, me levou de presente. Isto aí é o que eu chamo colocar a tecnologia a serviço da cultura brasileira.[2]

Arte e tecnologia constituem dois pólos de criatividade cultural. Mesmo que fundamentais para instaurar a condição humana, são revividos na própria tensão do autor em se decidir entre a gravação do CD *A Poesia Viva de Ariano Suassuna – Com Música de Antônio Madureira* e a Iluminogravura; entre os *sites* na internet – *Ariano Suassuna, A Fala de Ariano: Bem x Mal* e *Jornal de Poesia* – e o Alfabeto Sertanejo, criado com base nos ferros-de-marcar boi; entre o *Canto de Ariano*, programa da TV Globo de Pernambuco, e a escrita manual.

O caminho de sensibilidade depreendido dessa tensão é comum a todos aqueles que resistem à desumanização tecnológica provocada pelo mundo globalizado, tema discutido de modo surpreendente por Kirkpatrick Sale, em *Inimigos do Futuro*. De acordo com ele, os luditas, liderados pela figura imaginária Ned Ludd, representaram algo inédito na Inglaterra do final do século XIX. Organizados em grupos e bastante disciplinados, agiram eficientemente na destruição de máquinas e propriedades,

1 SUASSUNA, A. *Uma teoria da arte rupestre*, 1991: 129.

2 SUASSUNA, A. *Jornal de Poesia*, Internet, 1998: 3, 4.

causando enormes prejuízos. Eram tidos como um perigo para o progresso industrial, inimigos do futuro. Mas seu verdadeiro desafio era moral, pois "traziam à baila questões de justiça e eqüidade, bem como a legitimidade de princípios como lucro, competitividade e inovações tecnológicas ilimitadas, que ocupavam o centro das diretrizes governamentais"[1].

Embora se referindo aos luditas no início da revolução industrial, Sale vê ressonâncias desse feito até hoje, denominando de neoluditas àqueles que "têm a coragem de olhar a catástrofe total de nosso século, resultante do fato de as tecnologias criadas e disseminadas pelas sociedades ocidentais modernas estarem fora de controle e profanando a frágil teia da vida na Terra. [...] Como os primeiros luditas, também somos pessoas desesperadas, procurando proteger as existências, famílias e comunidades que amamos, e que se encontram à beira da destruição"[2].

A peleja de Ariano com a parafernália permanece sem desfecho, apesar de os críticos acusarem-no de arcaico, de ter dificuldades, de não querer ou mesmo de não saber lidar com ela. Como qualquer um, Ariano vivencia a eterna tensão entre o homem e a máquina, explicitada no seguinte conto chinês:

> Quando Tse Cung andava pela região norte do rio Han, viu um velho que estava trabalhando na sua horta. Tinha feito umas covas para a irrigação; descia ao poço e voltava carregando entre os braços um vaso cheio de água, que deitava nas covas. Assim, cansando-se muito, pouco rendimento tirava do seu trabalho. Disse-lhe então Tse Cung: "Existe um aparelho com o qual se podem regar cem covas num dia! O hortelão endireitou-se e disse: "Como é o aparelho?" Tse Cung respondeu: "Faz-se uma alavanca de madeira que seja pesada atrás e leve na frente: desta maneira pode tirar-se água como se esguinchasse. Chama-se cegonha".
>
> Então o velho, a cujo rosto tinha subido a ira, disse com uma risada: "Ouvi dizer do meu mestre: quando alguém usa uma máquina, faz todo seu trabalho maquinalmente; quem faz maquinalmente

1 KIRKPATRICK, S. *Inimigos do futuro*, 1999: 16.

2 *Ibidem*: 209.

todo o seu trabalho, acaba por ter um coração de máquina; e quem tem no peito uma máquina por coração, perde a pureza de sua simplicidade; quem perde a pureza de sua simplicidade, torna-se incerto nos movimentos do seu espírito; a incerteza nos movimentos do espírito é incompatível com o verdadeiro senso. Não é que eu não conheça tal coisa, envergonho-me de a usar.[1]

O autor, que poderia ser facilmente reconhecido como neõludita, vive e revive essa tensão transhistórica entre homem e máquina, guiado sem saber pelos três princípios que envolvem esse movimento: oposição à tecnologia baseada no racionalismo, aquisição de bens materiais e desenvolvimento tecnológico; o reconhecimento de que todas as tecnologias são políticas; e a elaboração de uma crítica à tecnologia, tentando avaliar seu impacto sobre o planeta:

> Não sou eu que não gosto do computador, é ele que não gosta de mim! Poucos dias atrás, uma amiga minha escreveu meu nome nele (no computador), ele recusou e sugeriu para que a mesma efetuasse a troca do meu sobrenome Vilar por vilão e de Suassuna por assassino. Dessa forma, meu nome ficaria Ariano Vilão Assassino! Estão vendo só?!... É ele que não gosta de mim, me xingar desse jeito!

Na atitude contraditória do cavaleiro-do-sertão com a parafernália, desenha-se a incerteza diante dum futuro cujo desfecho permanece em aberto, mesmo que um certo otimismo possa ser creditado a seu pensamento: "Sem deletar do jogo o acaso, estará também e com toda a certeza preparando o ressurgimento de um Desejado, talvez já um Encoberto: o Virtual"[2].

1 SUASSUNA, M. *O bíon, a quinta força e eu*. 1992: 223.

2 MADEIRA JUNIOR, W. *A pedra do reino contra o software da maldade*, 1998: 6.

CAPÍTULO IV
Um Reino Imaginoso

Que guarda o rei desterrado
em sua vida encantada? Fernando Pessoa

UM REINO IMAGINOSO

Ariano Suassuna.
Imortal. Membro da Academia Brasileira de Letras.
Sonhador. Rei. Pensador da Tradição.
Oncista. Tapirista.
Guerreiro de Honra e Rei do Maracatu Piaba de Ouro.
Madeira que o Cupim não Rói.

A construção do reino do sertão, presente em Ariano Suassuna, contém um conjunto de mitologias fincado na cultura humana universal.

O real é transfigurado em um mundo menos cruel, visão de alguém que inventa um futuro pensando em tornar-se a voz de seu povo e da humanidade. O sonho, que pode ser denominado a demanda do rei, ressoa como tonalidade solene no romance, poesia, teatro, pintura, gravura e tapeçaria.

A infância obscureceu a alma do poeta que, confuso, passou a assumir na realidade seu ideal de rei:

> Olhe, com três anos de idade, vi minha casa cercada por uma multidão enfurecida, que queria matar minha mãe e seus nove filhos, porque nós éramos "uns renegados, filhos de um renegado da oposição". Depois, perdemos a briga e mataram meu pai, "o renegado-mor dos Suassuna". Depois daí, aprendi de uma vez para sempre que o mundo da política é amaldiçoado; aprendi a ter orgulho de ser filho de um renegado, a simpatizar com os derrotados e a antipatizar com os vitoriosos. Eu sou incapaz de odiar sistematicamente, por espírito de partido, de modo que nada teria a fazer no mundo diabólico da política. Assim, a monarquia, em mim, talvez seja a minha maneira de dizer, como o personagem de Melville, que "eu preferiria que o mundo fosse de outro modo". [...] Falo do rei independentemente das qualidades pessoais do monarca, do rei

como ideal ético e estético proposto ao homem, assim como nós pressentimos que as rainhas e as princesas são como a coroação do ideal feminino.[1]

1 SUASSUNA, A. Revista *Manchete*, 1973: 151.

O rei simbólico, presente desde a infância, parece ser seu pai: "Aqui morava um Rei, quando eu era menino". No poema *Infância*, o filho chora as saudades de um tempo para sempre perdido. Mas o rei-pai não morreu, apenas está encoberto, tal qual D. Sebastião, o Desejado, que um dia se desencantará por meio do castelo literário erguido pelo filho, com os alicerces do coração e da alma.

O tumulto causado pelas dores íntimas silenciadas a muito custo, assim como a esperança de resgatar o rei-pai, tem perseguido como uma sombra a vida e as idéias. Pode-se falar também de um riso, presente sobretudo no *Auto da Compadecida* e em *A Pedra do Reino*, para escapar da tragédia pelas vertentes do sonho, do delírio e da demência. O reconhecimento do Sebastianismo, como um viés histórico em que pulsa o Brasil-Real, é retroalimentado pelos movimentos de Canudos e da Pedra do Reino.

Nesse instante, Ariano rompe o círculo pessoal e mergulha no sonho coletivo do povo português e brasileiro. O arquétipo do herói assume proporções desmedidas e redescobre maravilhado a figura de um rei que nunca morre, cuja saga é revivida por **Quaderna**, em *A Pedra do Reino*:

> Parece um palhaço coroando um rei. Um palhaço da melhor tradição, parente de Plauto, Gil Vicente, Cervantes, Molière, Rabelais, Fielding, Mark Twain, Charles Chaplin, procurando colocar uma coroa não na cabeça de um rei individual, mas de uma população inteira. Coroar à sua maneira, com risos, peripécias, piruetas, assovios, passes de mágica, sonhos sem fronteiras de realidade, choro engolido, tudo que termina por ser também a maneira do povo brasileiro coroar as pessoas. Dinis Quaderna é um herói coletivo. É a

síntese, o sumo psicológico de uma região. Taperoá se transforma na capital espiritual do grande mundo sertanejo. Um mundo que, agora, através de Ariano Suassuna, começará a participar do mapa geográfico da ficção universal.[1]

D. Sebastião é o pai que ressurge no rei Conselheiro e no rei Zumbi, dois protagonistas dos episódios básicos para a compreensão do Brasil, segundo **Quaderna**. O reino imaginoso tem um sentido, ao mesmo tempo real e mítico, que se revela na luta empreendida por esses heróis para enfrentar a batalha final e tentar decifrar o enigma do mundo. A loucura, a insensatez e a solidão são o preço a pagar nessa batalha, de antemão perdida.

Do mesmo modo que **Quaderna**, Ariano sabe que seus antepassados chegaram aqui, cortando os mares:

> Meus antepassados tinham vindo pelo Mar, em caravelas, para a América Latina. Eram ibéricos – portugueses, castelhanos, beirões, minhotos, mouros, judeus, todos com o sonho do Além instilado no sangue, sendo que, de todas as terras de onde tinham vindo, a Beira Alta, em Portugal, era, já do outro lado do Mar, uma região de gados e pedras, de serras e chapadas como o Sertão. Eu me orgulhava de descender daquele povo que dera a canção da "Barca-Bela" e o romance da "Nau Catarineta". Povo de marujos que viera pelo Mar e se fixara no Litoral e na Mata, cruzando-se com Negros africanos e Índios vermelhos. Mais ainda: o contingente mais audaz e ousado dessa gente, deixara o Mar e a Mata e subira o Planalto sertanejo para, vestido de couro, criar o mito de uma rude Cavalaria sertaneja, herdeira da Cavalaria terrestre de Dom Sebastião e da Cavalaria marítima de Dom Henrique. Foi então que imaginei minha viagem do Caos ao Mundo ligada à viagem que eles tinham realizado pelo Mar. Era ainda o tema do Nascimento: não mais, porém, ligado ao Exílio e sim a esse outro sagrado aspecto seu, a Viagem. E escrevi o seguinte soneto:

1 CAMPOS, R. O sertão coroado. In: ____. *Sempre aos domingos*, 1984: 33.

Nascimento – A Viagem
Com tema de Fernando Pessoa

Meu sangue, do pragal das Altas Beiras,
boiou no Mar vermelhas Caravelas:
à Nau Catarineta e à Barca Bela
Late o Potro castanho de asas Negras.

E aportou. Rosas de ouro, azul Chaveira,
Onça malhada a violar Cadelas,
depôs sextantes, Astrolábios, velas,
no planalto da Pedra sertaneja.

Hoje, jogral Cigano e tresmalhado,
Vaqueiro de seu couro cravejado,
com Medalhas de prata, a faiscar,

bebendo o Sol de fogo e o Mundo oco,
meu coração é um Almirante louco
que abandonou a profissão do mar.[1]

1 SUASSUNA, A. *Poemas*, 1999: 166- 167.

O que existe além do mar? Que mistérios envolvem o desconhecido? A idéia do divino ressurge e, novamente, o autor delira ao transpor a linha divisória entre passado e presente, na qual reina a torrente de imagens da tradição que permeiam seu universo, uma pulsão incontida de aventurar-se, rasgando céus e mares, em busca de paragens formosas e homens desconformes.

A aventura é vivida a duras penas, e seu significado se oculta nas imagens de desbravadores e navegadores. A força imaginante é a continuidade de seus antepassados no reino do sertão que recorrem às mesmas 'fontes de resistência ao desenvolvimento' das culturas primitivas, objetivadas por Claude Lévi-Strauss na vontade da unidade, no respeito à natureza e na recusa da história.

Apesar do progresso e do desenvolvimento, o sertão continua ancorado em imagens que teimam em manter a sutura natureza-cultura, em que a natureza continua sendo o lugar de encontro com deuses ancestrais, fonte perpétua de representações da terra-mãe e das mitologizações do início e do fim do mundo.

Esse conjunto expressa um modo de vida no qual real e imaginário, razão e desrazão, perene e oculto, científico e mágico tornam-se distinções irrelevantes. Apesar do devir histórico, o sertão vai-se esboçando lentamente, ajustando de modo vagaroso as coisas e os tempos. Talvez, por isso, ocorra a persistência das tradições entendidas aqui no sentido da interpretação de Eric Hobsbawn, ou seja, como "reações a situações novas que ou assumem a forma de referência a situações anteriores, ou estabelecem seu próprio passado pela repetição quase obrigatória"[1].

Nesse sentido, o universo suassuniano pode ser relacionado à invariabilidade de um passado real ou irreal que busca a todo custo repetir. Não foi à toa que Ariano se baseou na *Comédia da Marmita*, de Plauto, para escrever *O Santo e a Porca*, que *Tristão e Isolda* inspirou *Fernando e Isaura*, que o *Auto da Compadecida* remete a folhetos populares cujos núcleos narrativos são originários da Idade Média.

As tradições são calcadas no plano das paixões e dos interesses e expressam uma identidade, caracterizada pela desconfiança para com a vida moderna e toda a parafernália que a envolve. Mas não deve ser confundida com o costume que, para Hobsbawn, tem como função "dar a qualquer mudança desejada (ou resistência à inovação) a sanção do precedente, continuidade histórica e direitos naturais conforme o expresso na história. [...] Não pode se dar ao luxo de ser invariável, porque a vida não é assim nem mesmo nas sociedades tradicionais"[2], permitindo a mudança e a flexibilidade necessárias à pragmática da história.

1 HOBSBAWM, E., RANGER, T. (Orgs.) *A invenção das tradições*, 1997: 10.

2 *Ibidem*.

Assim, mesmo perseguindo a invariabilidade, o autor também se insere no devir histórico, conseguindo contextualizar o conjunto de sua obra, quando recria as *iluminuras* medievais com suas *iluminogravuras* e quando transpõe os personagens de suas peças e romances para a contemporaneidade, como ocorre em a *Farsa da Boa Preguiça,* em que **Joaquim Simão** vive os conflitos próprios do capitalismo.

No sertão, tradições e costumes convivem à luz crua dos dias ardentes, e o rei encarna beatos, santos e profetas, na tentativa de enfrentar o irremediável.

As imagens do passado sofrem interferências da descontinuidade, à medida que são reconstruções sentimentais que se elevam para além da realidade, devido à forte carga de emoção e à mistura confusa de recordações e desesperanças.

Ao tentar erguer o castelo literário, a alma liga as sensações anteriormente soltas, na busca de uma resposta íntima que amenize as angústias num refluxo que parte do presente em direção ao passado, a fim de imprimir uma continuidade à criação e inventar o futuro. O castelo ultrapassa fronteiras e vai situar-se além do tempo. O intento de Ariano é valorizar as tradições como formas capazes de exorcizar toda sua dor e, para isso, tenta suavizar a figura severa do rei conferindo-lhe alma de palhaço. Em *A Pedra do Reino,* transmudado em rei e palhaço, **Quaderna** quer mesmo é divertir-se ridicularizando, de modo burlesco, a defesa que empreende diante do **Corregedor**:

> – Bem, aí é que chegamos realmente ao seu desejo. E pergunto: seu primo e sobrinho Sinésio Garcia-Barreto (o tal do Dom Sinésio, o Alumioso, como o senhor prefere chamar) esteve metido nisso tudo?
>
> – Esteve, sim senhor! Tanto ele como seu Pai e seus dois irmãos Silvestre, o Bastardo, aliado seu, e o outro, seu inimigo irreconciliável, Arésio, o Cáprico!
>
> – Cáprico?

– Excelência, "cáprico" quer dizer "bódico". Aprendi isso com Carlos Dias Fernandes, genial escritor e fidalgo paraibano que sendo da Direita, tinha o costume de falar difícil! Carlos Dias Fernandes, um dos mestres queridos de Samuel, escrevia sempre "o Capro", em vez de "o Bode", motivo pelo qual entendi que um Capro é um bode fidalgo, um bode da Direita, e um bode é um Capro popular, um capro da Esquerda! De fato, porém, para mim tanto faz uma coisa como outra: porque, sendo monarquista, sou a favor dos Bodes fidalgos e ibéricos que vieram nas caravelas; mas sendo também da Esquerda, sou também dos Capros negros e vermelhos dos Povos mouros do Brasil, tão fidalgos como quem jamais o seja!

– Anote aí, portanto, Dona Margarida, que o depoente confessa ser comunista, se bem que de um tipo especial, porque é também monarquista! Está certo?

– Mais ou menos, Excelência! Eu preferia que o senhor anotasse exatamente como eu disse, Monarquista da esquerda! Meu sonho é fazer do Brasil um Império do Belo Monte de Canudos, um Reino de república popular, com a justiça e a verdade da Esquerda e com a beleza fidalga, os cavalos, os desfiles, a grandeza, o sonho e as bandeiras da Monarquia Sertaneja![1]

1 SUASSUNA, A. *A pedra do reino*, 1971: 284-285.

O personagem expressa a preocupação em contrapor à figura do rei a do palhaço, conferindo ao monarca uma aura de humanidade cômica, sublime, lírica, trágica e piedosa. O rei deve ter a humildade de um Gandhi, que reinaria num grande império latino-americano sem fronteiras. "Sou monarquista, mas não sou conservador"; a monarquia de Ariano não é a da Casa de Bragança, é singular, um delírio quixotesco de justiça, fraternidade e beleza, está ligada a uma aristocracia do mérito, é pobre e despojada.

O rei imaginário desponta em meio a uma natureza abundante, vestígio de uma sociedade ideal reatualizada miticamente, capaz de efetivar a liberdade e a justiça social. A sociedade desejada é um sonho utópico, modelo exemplar a ser perseguido, feito de abandono e de referência ao futuro. Libertado da história datada, constitui um mito no sentido de quebra da linearidade, capaz de manter a pulsão para recriar as relações sociais em metapatamares mais complexos. Um tempo a ser redescoberto como no país sonhado por **Quaderna**, onde o povo reinaria, ou nas peças *Auto da Compadecida*, *A Pena e a Lei* e a *Farsa da Boa Preguiça*, em que discute uma justiça para todos, a piedade e o perdão.

A luta interminável e solitária mobiliza o poeta para a vida e enche seu coração de esperanças. Seus depoimentos parecem revelar um imaginário que, ao resgatar o passado, tenta manter uma sociabilidade característica da unidade original, mantenedora do bem em detrimento do mal. O estilo tradicional e popular visa a acolher o "maior número possível de histórias, mitos, personagens e acontecimentos, para atingir, assim, pelo que eu consigo entrever em minha região, o espírito tradicional e universal"[1]. Ao tentar recriar a alma do povo, reconstrói, com vigor, o reino em uma dimensão capaz de expressar a tragédia e comédia presentes na condição humana.

A saga do rei é retroalimentada pelo acúmulo das tradições baseadas na oralidade, um saber conservado e transmitido pelos mais velhos, em gerações e gerações de santos, profetas, beatos, heróis, curandeiros, cangaceiros, cantadores e vaqueiros que, juntos, contam o drama do mundo. Drama em que a realidade é apenas imagem dissimulada, recalcada, que acumula forças oníricas que conspiram para o retorno às origens narradas pelos mitos fundadores.

Esses processos cognitivos possuem uma eficácia simbólica que cria, e mantém, um complexo sistema de comunicação e estocagem de informações. Mas toda essa força ideativa parece ser incapaz de transformar a trama real do mundo e de reverter o quadro social. Mesmo assim, a tradição é vitalizada e a utopia permanece.

1 SUASSUNA, A. Teatro, região e tradição. In: *Gilberto Freire*, 1962: 477.

Como decorrência dessa dificuldade de transformar o real com base na tradição, o autor passa a vivenciar uma crise que o acompanha até hoje, com sérias ressonâncias na sua vida e nas suas idéias. Um dos momentos mais marcantes ocorre com a estréia do *Auto da Compadecida*, quando é acusado simultaneamente de comunista, herege e anti-religioso por setores mais conservadores da Igreja, e de reacionário por alguns intelectuais de esquerda.

O tom religioso da peça foi o motivo da confusão. O **Padre**, o **Bispo** e o **Sacristão** são desonestos, gananciosos, ligados ao poder e expressam a crítica que o autor faz à Igreja institucional. Mas o **Frade**, **Manuel** e a **Compadecida** revelam uma religiosidade ingênua e agradável, defendida e exercida por alguém que acredita na simplicidade da relação entre os homens, na compreensão e fé na misericórdia e na proximidade entre o humano e o divino. Talvez tenha sido o seu "programa de humanidade" o motivo pelo qual a peça foi adotada como leitura obrigatória entre os jesuítas do Rio Grande do Sul, que viram nela uma possibilidade de rever conceitos e até mesmo sementes de uma teologia mais avançada.

O "reacionarismo" parece uma avaliação superficial e apressada que desconsidera ou desconhece toda a discussão sobre respeito aos direitos humanos, igualdade e justiça para todos presentes, na peça, temas tratados de maneira original como, por exemplo, no fato de o personagem **Manuel**, Jesus, ser negro.

Até hoje Ariano é sistematicamente acusado de reacionário e de comunista, o que demonstra a ansiedade em categorizá-lo e a dificuldade de aprisionar sua alma contraditória de poeta. Ao mesmo tempo que encerrou, no primeiro semestre de 1999, um programa nacional do PC do B, continua se dizendo um não-marxista. Ao afirmar que a divisão entre esquerda e direita continua existindo, busca exemplo na religião, reiterando que Jesus e São João Batista eram de esquerda e Herodes e Pilatos, de direita: "Toda pessoa que diz que não existe mais esquerda e direita é de direita".

Talvez a dificuldade em compreendê-lo remonte aos anos de ditadura militar, suscitados pelo golpe de 64. Ao discutir as desavenças entre o autor e os intelectuais de esquerda da época, a historiadora pernambucana Maria Thereza Didier de Moraes afirma que, "segundo Suassuna, a arte preocupada em elucidar as condições políticas e sociais da realidade perderia o poder encantatório, perderia a beleza, para o escritor, necessária"[1]. Essa radicalidade o impede de perceber a beleza presente nas criações de artistas brasileiros e estrangeiros: no teatro, Oduvaldo Viana Filho, com *Rasga Coração*, e Gianfrancesco Guarnieri, com *Eles não Usam Blacktie*; nas canções de protesto, Geraldo Vandré (*Disparada* e *Prá não Dizer que não Falei de Flores*) e Chico Buarque de Holanda (*Apesar de Você* e *Roda Viva*); nas artes plásticas, Picasso com *Guernica* e, na poesia, Maiakówski com *Nossa Marcha*.

1 MORAES, M. *Emblemas da sagração armorial*, 1994: 73.

Mas a mesma radicalidade é encontrada em "alguns intelectuais [que], em favor das transformações sociais, condenavam a arte que não fosse comprometida com um projeto político"[2]. Desconhecem que, em *A Pedra do Reino*, é denunciado o assassinato do jovem sacerdote Padre Henrique Pereira Neto, o Padre Henrique[3], por perseguições políticas. Em *Uma Mulher Vestida de Sol* aflora a questão da luta pela posse da terra, e, no poema *Guararapes*, a lembrança dos heróis mortos na batalha, reafirma o compromisso com a historicidade. Nos anos mais duros da ditadura, o autor escondeu militantes de esquerda em sua casa, arriscando a segurança da própria família.

2 *Ibidem*.

3 Padre Henrique, braço direito de D. Hélder Câmara, foi trucidado em 27/5/1969, assassinato atribuído às forças de repressão.

O fato é que um vasto painel de realidades extraviadas e fantásticas, conjugadas a uma visão sacramental, contribuem para que o autor submerja ao mundo mítico, transbordante de simbologia e legendas: "Estou tentando – e aos poucos vou conseguindo – que EU MESMO, que MINHA PRÓPRIA VIDA se torne SIMBÓLICA e ALEGÓRICA. A ROUPA, a de saco e a de mescla"[4] (grifos de Ariano Suassuna).

4 Anotação manuscrita encontrada nos arquivos pessoais de Ariano Suassuna.

A roupa como explicitação do sonho foi utilizada por Gandhi, segundo informa Bernard S. Cohn no artigo *A Representação da Autoridade na Índia Vitoriana*[1]. A argumentação é que a luta de Gandhi consistia na não-cooperação e na resistência passiva contra os britânicos. Os indianos, além de devolver os emblemas e honrarias concedidos por eles, deviam adotar novos códigos de conduta que, na prática, funcionariam como rejeição ao colonizador. Gandhi conclamou os indianos a não mais usarem roupas ocidentais, e vestirem túnicas simples, tecidas em casa:

> Dizia ele que um indiano verdadeiro e sincero, mas pertencente a uma das duas classes mais poderosas de seu País, não deveria nunca vestir uma roupa feita pelos ingleses. Primeiro, porque estaria se acumpliciando com os invasores. Depois porque estaria, com isso, tirando das mulheres pobres da Índia um dos poucos mercados de trabalho que ainda lhes restavam.
>
> A partir daí, passei a usar somente roupas feitas por uma costureira popular e que correspondessem a uma espécie de média do uniforme de trabalho do brasileiro comum. Não digo que fiz um voto, que é coisa mais séria e alta colocada na dimensão de um Profeta, como Gandhi, ou de um Monge, como Dom Marcos Barbosa. Não pretendo passar pelo que não sou. Egresso do Patriarcado rural derrotado pela Burguesia urbana em 1889, 1930 e 1964, ingressei no Patriarcado das cidades como o escritor e professor que sempre fui. Continuo, portanto, a integrar uma daquelas classes poderosas às quais fazia Gandhi a sua recomendação. Sei perfeitamente que não é o fato de me vestir de certa maneira, e não de outra, que vai fazer de mim um camponês pobre. Mas acredito na importância das roupagens para a liturgia, como creio no sentido dos rituais. Eu queria que minha maneira de vestir indicasse que, como escritor pertencente a um país pobre e uma sociedade injusta, estou convocado *a serviço*. Pode até ser que o País objete que não me convocou. Não importa: a roupa e as alpercatas que uso em

1 Cf. COHN, B. A representação da autoridade na Índia vitoriana. In: HOBSBASWN, E., RANGER, T. (Orgs.) *A invenção das tradições*, 1997.

meu dia-a-dia são apenas uma indicação do meu desejo de identificar meu trabalho de escritor com aquilo que Machado de Assis chamava o Brasil real e que, para mim, é aquele que habita as favelas urbanas e os arraiais do campo.

[...] Para mim a roupa cotidiana seria, então, a farda comum do escritor brasileiro em missão, a serviço. O uniforme da Academia passava a ser a farda-de-gala deste escritor distinguido pela honraria, assim como acontece com um figurante do espetáculo popular, que usa calça e camisa nos dias comuns e se veste de Rei quando toma parte num *Auto de Guerreiros*. Isto é: eu sempre soube que, se entrasse para a Academia Brasileira, cumpriria os rituais. Mas queria que, no meu caso, a posse se identificasse o mais possível com os rituais do Brasil real.[1]

1 SUASSUNA, A. *Discurso de posse na Academia Brasileira de Letras*, 1990: 28, 29.

É claro que a roupa usada por Ariano por si mesma não expressa, como deseja, um sinal de adesão aos possíveis anseios de transformação social oriundos dos setores despossuídos que constituem a maioria da população brasileira. Suas vestimentas talvez explicitem a preocupação em seguir a lição de Gandhi. Ao desenhá-la, idealizou um traje tipicamente brasileiro, um conjunto semelhante aos uniformes usados pelos operários ou a roupa diária do camponês, mesmo com tecidos nobres como o linho e a mescla importada. Mas o intento não se concretiza, pois o traje o torna, mais ainda, distinto e solene.

Toda sua educação foi conduzida para pertencer à elite, com acesso garantido à biblioteca paterna e aos melhores colégios, onde estudou línguas, artes plásticas e música. Sua formação universitária foi realizada na Universidade Católica de Pernambuco, onde graduou-se em Filosofia, e na Universidade Federal de Pernambuco, onde graduou-se em Direito e titulou-se professor livre-docente em História da Cultura Brasileira.

Ao contrário de negar, assume com orgulho suas origens, embora as expressões simbólicas contidas em seu teatro e romance e em suas gravuras, pinturas e tapeçarias transcendam muito suas origens sociais, para se projetarem no estranho e belo mundo do romanceiro popular nordestino.

Ariano possui ainda uma vestimenta para ocasiões especiais: um conjunto preto com a camisa vermelha por dentro, concebida em homenagem ao time de futebol pelo qual torce, o Sport Club do Recife. Com esse traje, recebeu, em 5 de novembro de 1998, das mãos do Presidente Fernando Henrique Cardoso, a Medalha da Ordem do Mérito Cultural.

Ao ser avisado, por telefone, pelo Ministro da Cultura Francisco Weffort, ponderou: "Não posso aceitar, pois faço oposição clara ao Presidente. Nesta eleição, inclusive, fiz campanha para Lula. Como se isso não bastasse, acabei de conceder uma entrevista para a revista *Em Dia*, aí de Brasília, na qual bati forte no governo. Eu não acho ético." O Ministro retrucou: "Mas Ariano, o prêmio não é para o Ariano político, e sim para o Ariano escritor. E o decreto já foi assinado." "Sendo assim, eu aceito", concluiu, encerrando o diálogo.

Chegando ao Palácio, o recepcionista, conferindo os documentos, confirmou ser ele um dos convidados constantes na lista. Contudo, sentenciou: "O senhor não pode subir, pois não está de gravata." Barrado, ali mesmo ficou. Depois de alguns momentos, Weffort, alarmado: "Você está louco, rapaz?!... Este é Ariano Suassuna, um dos homenageados!"

Além da roupa, outras condutas podem ser interpretadas como sinais de insatisfação com regras e signos da modernidade, como a decisão de não possuir automóvel. Quando ainda lecionava na Universidade Federal de Pernambuco, atravessava de bote o rio Capibaribe e fazia o restante do trajeto de ônibus e a pé. Atualmente, é comum encontrá-lo em transporte coletivo alternativo, sendo por vezes reconhecido por usuários que o identificam como autor de séries televisivas ou como Secretário da Cultura.

Quando os filhos eram pequenos recusava-se a comprar televisão. Ao ser questionado sobre uma possível frustração, respondia ironicamente: "Os seus filhos têm pé de jaboticaba e siriema, em casa?... Vão ficar frustrados por isso?" Quando percebeu que as crianças não se contentavam com os animais e as árvores do quintal e que assistiam televisão na vizinhança, resolveu comprar uma, convencido de que não poderia reproduzir a infância vivida em Taperoá.

A quebra do protocolo pode indicar um sinal de desprezo pelo formalismo e legitimidade da autoridade constituída:

> Eu ia entrando outro dia lá, um guarda me barrou: "O senhor não pode entrar". Respondi brincando: "Olhe, eu até já andei nu nesse palácio", aludindo ao fato de haver nascido no Palácio do Governo do Estado da Paraíba.
>
> Sempre fui a poucas sessões na Academia Brasileira de Letras. Nesse dia, era uma homenagem a Barbosa Lima Sobrinho, por isso fiz questão de comparecer. O recepcionista me interpelou: "Onde o senhor vai?" Respondi: "Vou para a sessão". Insistiu o rapaz: "O senhor é convidado?" "Não". "Então, o senhor não pode entrar". Minha sorte é que Rachel de Queiroz ia chegando: "Esse é Ariano Suassuna, é um acadêmico".
>
> Um dia desse, eu ia subindo as escadas do Palácio do Campo das Princesas, sede do Governo do Estado de Pernambuco, para falar com dr. Arraes, então a policial me perguntou: "O senhor está indo prá onde?" "Vou falar com dr. Arraes". "Tem hora marcada?" "Não". "Então não pode". "Está bem". Um funcionário do governo me reconheceu: "Pelo amor de Deus, esse é o Secretário da Cultura, Ariano Suassuna!" E, olhando para mim: "Desculpe, secretário, pode subir".

A irreverência pode representar uma "resistência passiva", própria desse poeta inconformado que teima em acreditar em valores como o espírito de luta, o amor à terra, mãe e madrasta, o sentido humano do divino e o sentido divino do humano, o despojamento e a alegria de viver, a sensação do espaço livre e libertador que, longe de estarem ultrapassados, afloram na consciência dos homens nesse final de século. Na vida cotidiana, Suassuna é freqüentador assíduo da igreja do bairro, não nega ajuda aos *suplicantes*, e para demonstrar que discorda do Deus da Bíblia, que é muito masculino, acredita que Ele é pai e mãe também. As homenagens à Nossa Senhora são patentes nos nomes de batismo dados aos filhos: Joaquim, é nome do pai de Nossa Senhora; Maria, nome Dela; Manuel, nome português castiço de Emanuel, o Cristo; Isabel, prima Dela; Mariana, soma de Maria e Ana; Ana, nome da mãe.

Todos esses sinais de tentativa de preservação da tradição significam um esforço enorme de manter-se fiel à memória do pai, expressa em pequenos fatos como o de não mais comparecer com o uniforme rubro-negro a qualquer solenidade na capital da Paraíba, pois as cores eram as mesmas da corrente política contrária à paterna, transformadas nas cores da bandeira do estado junto com a frase "Nego", proferida por João Pessoa.

A última carta que o pai, João Suassuna, escreveu à mãe, d. Ritinha, na véspera do episódio brutal e traiçoeiro que lhe tirou a vida, em 9/10/1930, serve como um guia para o filho atormentado. Um tiro à queima-roupa pelas costas, na rua do Riachuelo, centro do Rio de Janeiro:

> Ritinha:
>
> Saudades infindas!
>
> [...] Ah! Minha querida mulher, só Deus sabe como tenho sofrido moralmente nestes dias de incertezas e apreensões terríveis, a par da injustiça de que sou vítima, e de que lhe quero dar, mais uma vez, testemunho sereno perante o Senhor de todas as causas, pois, se eu desaparecer também e não nos virmos mais neste mundo de tristezas e dores pungentes, pode você assegurar aos nossos adorados filhos que eu sou inocente na morte do Presidente João

Pessoa, dela não tive nem conhecimento, nem podia mesmo desconfiar de que João Dantas pudesse praticá-la naquele dia, uma vez que já me apareceu muito tarde, como eu lhe tenho dito e eu supunha pelos termos da "União", que o Presidente, a vítima, àquela hora já estivesse regressado à Paraíba. A notícia do crime, portanto, foi para mim transtornante surpresa, como poderá atestar Júlio Lira, primeira pessoa que m'a comunicou, e sofre igualmente dolorosa e injusta acusação. Ele nem esteve com João Dantas, no momento em que este veio trazer-me o artigo para eu ler, como só esteve comigo, naquela tarde aziaga, depois da tragédia.

Não sei que destino nos esteja afinal reservado, nesta fase extrema e gravíssima da vida nacional; posso também desaparecer na voragem, sem vê-la mais, aos filhos, minha mãe, irmãos, cunhados e sobrinhos e amigos; disto tenho verdadeiro pressentimento. Como você não ignora, eu nunca me despedi de você, de Ariano, Betinha e Saulo, a bordo, como de Neves e dos outros filhos em Paulista, com tanta saudade... Ah! Que esforço fiz para não chorar e demonstrar a você como ficava o coração naquele abraço, talvez o último neste mundo, eu que os deixo ou deixarei pobres e expostos a verdadeiros martírios, numa época em que é incerto e negro o próprio futuro da pátria brasileira. Confio muito em Deus em vêlos ainda, beijá-los e abraçá-los; mas como também posso não ser digno de tamanha graça, resolvi escrever estas declarações e deixálas, com outros documentos de minha defesa, em mão de um amigo, para seu conhecimento e aos mesmos, – filhos, irmãos, sobrinhos e cunhados.

Se me tirarem a vida os parentes do Presidente João Pessoa, saibam todos os nossos que foi clamorosa a injustiça – eu não sou responsável, de qualquer forma, pela sua morte, nem de pessoa alguma neste mundo, e não alimentem, apesar disto, idéia ou sentimento de vingança contra ninguém. Reservem para Deus, para Deus somente, e não se façam criminosos por minha causa! Pode também escrever a todas as pessoas que nos são caras, que são sem fundamento as acusações à minha honestidade feitas por inimigos políticos e particulares – são destituídas de qualquer fundamento. O pouco, a migalha que lhes deixo, é fruto do nosso trabalho, economia e renúncia ao luxo e ao próprio conforto de ordinário mantido por famílias das nossas posses. Você é testemunha disto, tanto ajudou-me na vida e pode dizer aos nossos filhos que eles tiveram por pai um homem de bem, digno do modelo de virtudes que é a sua consorte.

Deus há de velar por eles, como recompensa ao respeito que eu e você sempre tivemos às Suas leis e em que educamos os frutos do nosso feliz consórcio, para servirem a Ele e à Pátria. Continue a educá-los no trabalho, na modéstia da vida e na religião cristã, que é o refúgio seguro de todos os desgraçados e náufragos desta vida cada dia mais atormentada.

A todos os nossos, parentes e amigos leais e verdadeiros, deve você dar conhecimento destas minhas declarações, caso venha a perecer de momento, como é possível, para que nenhum tenha a mais ligeira sombra de dúvida sobre a minha inocência no fato doloroso do Recife, da minha honestidade como homem público e particular, e da pureza das minhas idéias, como concidadão, pai de família, parente, e amigo, isto em todas as relações da vida terrestre.

Deixo todos os meus interesses em ordem, de sorte que você terá, por este lado, poucos aperreios, completando as notas aqui as notas que aí lhe deixei em mão.

Meu pensamento é hoje fixar-me no Sul, mas não sei se, sem minha pessoa, você poderá fazer tão grave mudança de vida, com tamanha família e com filhos ainda tão pequenos. Se a paz voltar à nossa grande Pátria ora sacrificada e ameaçada farei tudo para deixá-los onde não fiquem tão expostos ao ódio e à perseguição política. Parece que a gente que nos vota má vontade, não conhece e não sabe o que é perdoar.

Você sabe também como fui infesso a essa política de lutas e ofensas, sofrendo calado toda espécie de agravo, para não revidar, porque estava prevendo a que extremos perigosos ia chegar a exaltação reinante. Refiro-me à luta política, porque fiz tudo para evitar a luta armada, tendo afinal opinado pela separação política do partido a que servi por quinze anos, porque já estávamos humilhados demais. Conhece, porém, você como hesitei diante da impaciência e pareceres pelo rompimento, realizados de tantos amigos. Só quero que me façam justiça e me carreguem a culpa que, de fato, me cabe. Posso ter errado mas não pequei ou delinqüi conscientemente. Seja Deus testemunha desta declaração.

A compreensão do universo suassuniano passa pelo significado que atribui a essa carta-despedida. Ariano celebra o texto, conferindo-lhe a aura de oração. Celebração de um filho crédulo, que expõe ao mundo e aos ventos a retidão, firmeza e o amor do pai. Jamais se separa da carta, como se a mesma fosse um pedaço vivo de João Suassuna.

O assassinato reitera o destino trágico de todo sertanejo, o sentido do abismo das coisas essenciais e eternas revelado pela entrega à dor e à morte, a salvação pela perdição. Assim é o infortúnio que transforma o pai em herói, o episódio é arremessado para tempos imemoriais e passa a imprimir um sentido à vida do autor.

Agarrado a essas imagens, vive de acordo com os preceitos do pai. A família, como aquele havia vaticinado, enfrenta dificuldades financeiras. Por várias vezes, d. Ritinha vê-se obrigada a vender alguns pertences a fim de garantir a sobrevivência. Certa vez, desfez-se de um dedal de ouro que havia pertencido à avó. Mas com determinação mantém todos os filhos na escola, garantindo-lhes uma profissão.

A infância austera e disciplinada foi reflexo da conversão da mãe ao protestantismo. Como todos os filhos, Suassuna sempre obedecia às ordens maternas:

> Eu não sei falar sobre a minha mãe. [...] Minha mãe é de uma coragem que eu só queria que você visse. O que ela já passou na vida! Minha mãe enviuvou com 34 anos, com nove filhos, no sertão. Educou e formou todos eles e todos eles sobreviveram, o que já era uma façanha. Outra coisa: retirou de todos nós qualquer idéia de vingança, com um equilíbrio fora do comum. E nos tirou do sertão, um ambiente onde talvez a gente ficasse deformado por essas idéias de violência. Primeiro, ela viu morrer sua mãe, de quem gostava muito, de uma maneira brutal. Minha mãe era a mais velha de seis irmãos, ela praticamente os criou; depois viu morrer o marido do jeito que você sabe, viu morrer o filho a quem ela era mais apegada, Saulo, que era considerado pela unanimidade da família o melhor de nós todos. Tudo isso. Pois bem, se você quiser dar um desgosto a minha mãe, chegue lá se queixando da vida. Ela é uma pessoa muito animosa e que infunde uma coragem incrível a todos nós. Na minha opinião, é a pessoa mais corajosa da família. No dia em que ela completou 90 anos, meu irmão João telefonou pra ela perguntando como estava se sentido aos 90 anos. Ela respondeu: "Mais nova e mais bonita". Nisso puxei a ela. Por isso lhe repito que não vou ficar velho e não vou morrer.[1]

A obstinação e coragem da mãe também foram assumidas pelo autor, que mantém uma rígida disciplina de trabalho. A rotina é iniciada em torno das 5 horas da manhã. Após o café, tranca-se no gabinete o dia inteiro, de segunda a sexta, com uma rápida interrupção para o almoço:

> O ato de escrever é um ato muito trabalhoso pra mim, mas que me dá uma grande alegria também. Eu faço uma primeira versão manuscrita em papel pautado. Depois eu bato à máquina e faço uma segunda versão datilografada nessa máquina que está aqui [uma *Hemmington* antiga]. Depois eu faço uma terceira versão manuscrita mais elaborada como essa aqui [mostrando os originais do romance que está escrevendo] e já com desenhos que eu mesmo

1 SUASSUNA, A. *Diário de Pernambuco*, Recife, 17 jun. 1987, pág. 5.

faço. E, finalmente, uma quarta versão manuscrita com tinta nanquim e ilustrações.[1]

A carta do pai seguia guiando seus passos em direção à retidão, fidelidade às idéias, às causas, aos familiares e amigos. As três imagens paternas permaneciam firmes: a admiração por Euclides da Cunha, a idealização do Exército e da Monarquia.

Vida e obra renderam-se às sombras de uma tragédia irremediável que tentava a todo o custo sufocar. Euclides é novamente o pai sem defeitos, vítima dos inimigos; o Exército protege a família das garras da polícia e dos adversários políticos e particulares, e a Monarquia é a de Conselheiro e a de Zumbi.

Levado pelo rigor impiedoso de uma autocrítica, repetindo o gesto do pai, decide afastar-se da vida pública. Sua retirada é, simultaneamente, "reflexão e revisão política, poética e mística"[2], uma fuga angustiada de alguém perturbado pelos próprios sonhos:

Despedida

Hoje, estou me despedindo. Preciso me recolher, para tentar reunir os estilhaços em que fui me despedaçando, e ver se ainda é possível recompor com eles alguma unidade. Aquilo que estou sentindo necessidade de tentar, só é possível na solidão: peço que ninguém me dê mais nem sequer livros. Nem os melhores. Sobretudo os melhores. Talvez pareça contraditório, mas sinto que somente me isolando é que poderei fazer ainda alguma coisa por meu Povo. Aliás, não é nem uma decisão que estou tomando: como as serpentes que trocam a pele antiga por uma nova, de repente acordei mudado, sem saber como nem por quê. A pele nova talvez seja até pior, mas está acima de minhas forças continuar carregando a antiga. Já me dediquei à Literatura: escrevi romances, poemas, ensaios e peças de teatro. Procurei colaborar no campo das outras Artes e fazer o que me era possível pela Cultura brasileira, viajando, dando entrevistas, escrevendo, fazendo conferências, ajudando os mais moços, organizando concertos, exposições e espetáculos de vária

1 *O Canto de Ariano*, programa exibido pela TV Globo do Recife, em 3/12/1999.

2 SANTOS, I. dos. *Em demanda da poética popular*, 1999: 299.

natureza. Achava que a Cultura brasileira só podia se realizar como eu a sonhava dentro de uma Política que realmente se fundamentasse no Povo. Os líderes políticos, da classe dirigente brasileira, diziam concordar comigo. Depois, amargurado e perplexo, descobri aos poucos que, na verdade, eles não tinham nenhum apreço nem pela Cultura nem pelo Povo brasileiro. Mas não desesperei: reagi, procurando reorientar a pouca ação de que sou capaz por um caminho que levasse em conta aquilo que descobrira, e meus artigos, aqui, foram um dos meios através dos quais tentei efetivar essa outra forma de participação. Acertei em algumas coisas, errei em muitas outras. Mas Deus sabe que, quando errei, foi por ignorância ou incompetência e não por má-fé. Assim não é que considere que não deva mais participar: é que do ponto de vista da ação, acho que já participei suficientemente. Também não é que eu esteja agora estendendo a todos os políticos aquele amargo julgamento ao qual acabo de me referir. Transferi minhas esperanças: talvez agora alguns políticos que verdadeiramente amam a Cultura e o Povo brasileiro comecem a atuar, e eu possa simplesmente apoiá-los, sem me dilacerar numa atividade equivocada, com nenhum proveito para a comunidade à qual pretendia servir. Sou um homem perturbado por sonhos, quimeras e visões às vezes até utópicas da vida real. Depois que escrevi certas partes do romance que deixo inconcluso, comecei a me libertar dos fantasmas que me perseguem; assim, talvez possa começar a sair, também, do caos trevoso e palavroso da maldita Literatura – a minha e a dos outros. Não me cobrem mais livros que não estou mais escrevendo e pelos quais já perdi qualquer interesse – pois uma das coisas de que preciso me livrar é exatamente a monstruosa vaidade literária. Não me peçam mais entrevistas, nem conferências, nem nada nessa linha. Na Universidade, vejo-me obrigado a continuar; faço, lá, no mínimo uma conferência por dia, de modo que quem quiser me ver e ouvir, é só ir aos Centros onde ensino. No mais, preciso ficar só. Não me julgo necessário nem interessante, meu isolamento não prejudica ninguém. Estou até tentando conseguir um local que nem minha família saiba onde é, um lugar onde eu possa me defender, assim, contra cartas, livros, telefones, jornais, revistas e televisões. A decisão está me custando muito, de modo que tenho o direito de pedir que ela seja respeitada. Com exceção da Universidade, o que eu tinha a dizer, escrever ou fazer em público, já fiz. Basta de grandeza. O resto é segredo, um segredo entre mim e Deus. Ainda uma vez lanço mão do gasto e confortável arsenal literário e despeço-me com uma citação: "O incidente está encerrado. Estou quite com a vida. É inútil passar em revista as dores, os infortúnios e os erros recíprocos. Sejam felizes".[1]

1 SUASSUNA, A. Despedida. *Diário de Pernambuco*, Recife, 9 ago. 1981.

O silêncio do sertanejo era um desafio consigo mesmo, mas não existe grande poesia sem silêncio. "Este recolhimento de vários anos, esta fuga do palco, onde esteve profissional e artisticamente durante quase toda a vida, não se traduziu por um abandono da criação. Ariano Suassuna leva a literatura tão a sério que a considera como a verdadeira 'missão' do escritor: admitindo 'que [ele] tinha falhado em muitas coisas'."[2] Tal qual o pai, despedia-se, invocava Deus, reconhecia os erros como equívocos, desejava ser o eco de um sofrimento intraduzível e deslocar-se para longe do seu mundo. Do outro lado do país, uma voz inconformada lamentou:

2 SANTOS, I. dos. *Em demanda da poética popular*, 1999: 302-303.

Abro o jornal de manhã
Com aquela notícia: Ariano Suassuna
    calou-se pro mundo
O silêncio enche os corações
lota os teatros
embrenha-se entre as anotações
invade as estantes
    felino
enovela-se a um canto da sala
gotejando sangue pelos ouvidos.[3]

3 SUASSUNA, A. *Finato*, 1983: 21.

A notícia causou surpresa e espanto em todos. O silêncio prosseguiu por quase 10 anos, período em que se olhava mais severamente. O passado foi revisitado e ressignificado e, a partir desse exercício doloroso e triste, reconhece os erros cometidos:

> Não idealizo mais o Exército, mas também não estendo a todos os oficiais e soldados as manchas com que uma minoria desprezível, sob todos os aspectos, sujou suas fardas.[1]

1 SUASSUNA, A. *Diário de Pernambuco*, sessão B, 17 jun. 1987, pág. 1.

Ante os episódios desencadeados pelo golpe militar de 64, Suassuna distingue duas alas nas Forças Armadas, a nacionalista liderada pelos general Euler Bentes e Antônio de Andrade Serpa, e a entreguista, cuja liderança mais expressiva era a do general Golbery do Couto e Silva.

Outra imagem paterna revista foi a admiração por Euclides da Cunha. Decepcionado, reconhece que a categoria *pardo*, construída pelo autor de *Os Sertões*, era uma forma de racismo, portanto condenável como qualquer outra:

> O primeiro exemplar que eu li de *Os Sertões* pertencia à biblioteca de meu pai. Passei então a agir com relação a Euclides da Cunha do mesmo jeito que agia com relação a meu pai. Por exemplo, quando eu via um erro em Euclides, como a interpretação da mestiçagem, eu ignorava. E valorizava ao máximo os geniais acertos dele. Aí comecei a refletir. E descobri que isso me ocorria não só por causa da genialidade de Euclides. [...] Depois descobri: eu identificava Euclides com meu pai. Meu pai era da mesma estatura, tinha aquele bigode a princípio mais longo, depois aparado, tinha aqueles olhos escuros e, depois, Euclides foi assassinado como meu pai e mais ou menos com a mesma idade.[2]

2 *Ibidem.*

A travessia foi penosa, reconhecer os erros de Euclides significou reconhecer os erros paternos. Nos acontecimentos que envolveram a Guerra de Princesa, o pai representava a aristocracia rural, que lutava contra a urbana. Mas para o filho combalido, malgrado os equívocos, a figura paterna permanece em sua plenitude mitológica, pois a exemplo do pai, continua considerando *Os Sertões* o maior livro já escrito no Brasil, retratando como nenhum outro o Brasil-Real.[1]

A Monarquia, terceira imagem paterna, é também ressignificada. "A realidade provou que essa era apenas mais uma quimera."[2] Na tentativa de posicionar-se publicamente, filia-se ao Partido Socialista Brasileiro, apoiando seus candidatos à prefeitura do Recife e ao governo de Pernambuco. No plebiscito de 1993, optou pelo presidencialismo:

> Canudos era um movimento socialista e monárquico. É daí que vem o monarquismo de esquerda de Quaderna. [...] A Monarquia para mim era a monarquia de Canudos, porque fui levado mais uma vez pela imagem do meu pai, novamente passei a idealizar a figura paterna do imperador. [...] Um descendente de Philippe Egalité[2] não só não tinha tomado o lado do povo de Canudos, como tinha somado ao lado da TFP! Posso até lhe mostrar os dois recortes de jornais, que estão juntos: a notícia dando conta de que ele era da TFP e a minha carta uma semana ou duas depois. Foi então esse fato que me levou a abandonar esse sonho vão e a imagem paterna do imperador. Do lado do povo eu sempre procurei ficar. Mas, veja: em geral as pessoas identificam monarquia com algo antidemocrático, quando é completamente diferente. Como identificam República com democracia. E não é verdade. As maiores tiranias deste século foram exercidas em Repúblicas. Hitler e Stalin são exemplos disso. Exerceram a maior tirania do século em Repúblicas.[3]

A Monarquia é entendida aqui como 'mito político', modo como é enfocada, magistralmente, pelo historiador francês Raoul Girardet. Ancorado na arquetipologia, no sentido durandiano[4], injeta força política em quatro arquétipos, ou 'grandes conjuntos mitológicos': A Conspiração, a Idade do Ouro, o Salvador e a Unidade.

1 O Brasil, seu povo e seu destino, segundo Suassuna. *Diario de Pernambuco*, 23 abr. 1989, pág. 24.

2 Duque de Orleans, antepassado da Casa de Bragança, que na Revolução Francesa tomou o lado dos revolucionários jacobinos.

3 SUASSUNA, A. *Diário de Pernambuco*, sessão B, 17 jun. 1987, pág. 1.

4 Cf. DURAND, G. *As estruturas antropológicas do imaginário*, 1989.

O mito político é fabulação, deformação ou interpretação objetivamente recusável do real. Mas, narrativa legendária, é verdade que ele exerce também uma função explicativa, fornecendo certo número de chaves para a compreensão do presente, constituindo uma criptografia pela qual pode parecer ordenar-se o caos desconcertante dos fatos e acontecimentos. É verdade ainda que esse papel de explicação se desdobra em um papel de mobilização: por tudo o que veicula de dinamismo profético, o mito ocupa um lugar muito importante nas origens das cruzadas e também das revoluções. De fato, é em cada um desses planos que se desenvolve toda mitologia política, é em função dessas três dimensões que ela se estrutura e se afirma.[1]

São essas três dimensões – fabulação, narrativa legendária e mobilização – os fios condutores utilizados para apreender o significado da Monarquia de Ariano. Seus posicionamentos atuais podem ser compreendidos por essa 'fabulação' mítica que se exprime na aproximação com Miguel Arraes, tido como um equivalente contemporâneo de Conselheiro, responsável por um "governo democrático [que] permitiu que as forças populares se organizassem e que a vontade coletiva se expressasse"[2]:

Uma jovem estudante perguntou-me há poucos dias por qual motivo eu apoiava Miguel Arraes para Governador de Pernambuco. Os motivos são muitos. Mas, na hora, expus a ela somente o principal. Disse-lhe que, por mais estranho que parecesse, o fato se ligava a meu universo de escritor. É que procurei sempre fundamentar esse universo na vertente *nacional* e *popular*. Ora, a meu ver, Miguel Arraes representa, na vida política, a maior e mais verda-deira expressão de caminho semelhante, sendo o movimento esboçado em torno dele e de suas idéias o único apto a buscar e encontrar para o Brasil – estendendo-o ao País como um todo – aquele mesmo caminho nacional e popular que eu procurava no campo cultural.[3]

1 GIRARDET, R. *Mitos e mitologias políticas*, 1987: 13.

2 Pronunciamento do economista Celso Furtado, referindo-se ao governo de Arraes de 1962-1964. Apud CAMPO, M. O direito de votar. In: ROCHA, A. da. *Porque Arraes*, 1986: 5.

3 SUASSUNA, A. Arraes: o nacional e o popular. In: ROCHA, A. da. *Porque Arraes*, 1986: 9.

Esse campo contraditório, mas repleto de criatividades explosivas, inclui os marginalizados e despossuídos e os analfabetos, e recoloca a idéia de nação como algo mais poliforme, um mosaico de tradições oriundas de todos os setores sociais:

> Que se entenda então, de uma vez por todas, que, quando afirmamos a necessidade, indispensável para os países do Terceiro Mundo, de reformular e recolocar a questão nacional, não estamos no mesmo caminho do fascismo, do simples e estreito nacionalismo cultural, do populismo nacionalista ou dos populismos e nacionalismos autoritários americanos. [...] Foi nessa luta que todos nós nos alistamos. Sei que é uma luta penosa, difícil, áspera. Mas sei, também, que, se tivermos acuidade suficiente para ouvir a pulsação do nosso grande Povo, encontraremos o caminho de vencê-la. Foi por esse caminho que reencontrei a esperança.[1]

1 *Ibidem*: 16, 17.

Se a defesa ardente de Arraes pode, por um lado, redundar em acusação de um de arcaísmo ultrapassado, por outro, prega a integridade e autonomia nacionais, distante de quaisquer formas de entreguismos: "Já disse que não sou político. Em mim, a política é, antes de tudo, estética – e minha estética se liga profundamente ao Brasil"[2].

2 *Diário da Noite*, Recife, 30 abr. 1970, pág. 8.

Essa fabulação se torna indispensável para que se proceda a uma aproximação maior ao universo suassuniano: "Tenho tanta antipatia à palavra conservador quanto a fórmulas do tipo de vanguarda. Se me perguntarem se tenho algo de tradicionalista, aí sim, responderei afirmativamente, mesmo que liguem esse conceito ao de reacionário. Mas um tradicionalista é algo bastante diferente de um conservador."[3] Na prática, são comuns os comentários sobre seu reacionarismo e arcaísmo, mas, paradoxalmente, esses mesmos setores o cobrem de elogios. O que prevalece é um profundo respeito em relação à importância da obra, como se fosse possível desvinculá-la da singularidade do autor.

3 *Ibidem*.

O mosaico de imagens que brota da sua escritura é de tal monta, que é fundamental conhecê-la em sua totalidade para que seja possível apreender o sentido complexo de justiça, de beleza e de sonho que emerge de seus textos: "É proibido sonhar? Já disse que não sou político e que, portanto, nesse campo, só tenho direito mesmo aos sonhos. [...] Para o Brasil, o que sonho é nada mais, nada menos do que isto: o caso de uma Nação que uma justiça social com a grandeza e a beleza, tornando-se capaz de salvar e exalçar as outras nações pela singularidade e força de seu exemplo"[1]. É esse sonho que permite entender os contornos simbólicos da Monarquia de Esquerda de **Quaderna**, da misericórdia da **Compadecida** e da justiça que aparece nitidamente nas peças *A Pena e a Lei*, *O Casamento Suspeitoso* e *O Rico Avarento.*

A criatividade de Ariano é impregnada de uma insensatez que transfigura o sertão em um reino composto pelas "rosetas dos vaqueiros ou as estrelas de metal dos chapéus de couro dos Cangaceiros"[2], onde vaqueiros e cangaceiros são transformados em reis do império pedregoso, compondo uma fidalguia sertaneja bastarda e corrompida, representada pela bárbara aristocracia do couro:

> Os Cangaceiros Sertanejos são Cavaleiros medievais, como os Doze Pares de França! E tanto isso é verdade que, na França, na Idade Média, havia Cangaceiros!
>
> – Oxente! Cangaceiros na França? Que conversa é essa, Seu Pedro Dinis Quaderna?
>
> [...] – Eu lhe provo isso já, *Seu* Corregedor! O senhor conhece o "romance" chamado *História de Roberto do Diabo*?
>
> – Romance?
>
> – Sim, o "folheto" do genial poeta e Cantador paraibano João Martins de Athayde?
>
> [...]

1 *Ibidem.*

2 SUASSUNA, A. *Romance d'A pedra do reino e o príncipe do sangue do vai-e-volta*, 1971: XIX.

Na terra da Normandia,
na remota Antiguidade,
vivia um tal de Duque Auberto,
cheio de fraternidade
era ele o Soberano
de toda aquela Cidade.

[...] – Pois bem, o Duque de Auberto, pai de Roberto do Diabo, tentando distrair o filho da vida de maldades em que ele se mete, resolve organizar umas Cavalhadas – ou *justas*, como dizem o Doutor Samuel e João Martins de Athayde, ambos entendidos em fidalguias. E lá diz o *romance*:

Juntaram-se os Príncipes todos,
nacionais e estrangeiros.
Mandaram chamar Roberto,
o bandido cangaceiro:
deram a ele um Cavalo,
gordo, possante e ligeiro.

E começaram as Justas:
Roberto saiu primeiro.
Meteu a Lança no peito
de um Príncipe estrangeiro:
este morreu de repente,
sendo o melhor Cavaleiro!

Num certo dia encontrou,
num esquisito Roteiro,
trinta homens bem armados,
sendo o chefe um Cangaceiro:
antes de falar com eles,
ameaçou-os primeiro.

– Está vendo, Sr. Corregedor? É por isso que eu digo que os fidalgos normandos eram cangaceiros e que tanto vale um Cangaceiro quanto um Cavaleiro medieval. Aliás, os Cantadores e fazedores de romance sertanejos sabem disso muito bem, porque, como me fez notar o Professor Clemente, nos folhetos que Lino Pedra-Verde me traz para eu corrigir e imprimir na tipografia da *Gazeta de Taperoá*, as Fazendas sertanejas são Reinos, os fazendeiros são Reis, Condes ou Barões, e as histórias são cheias de Princesas, cavaleiros, filhas de fazendeiro e Cangaceiros, tudo misturado!

– Entendo! – disse o Corregedor, sorrindo levemente. – Sem o senhor ser monarquista, o fazendeiro Pedro Sebastião Garcia-Barreto não podia aparecer em sua epopéia como "El-Rei Dom Pedro Sebastião, o Degolado": não haveria queda de tronos, coroas e monarquias, nem guerras fidalgas, nem terríveis perfídias, nem combates sanguinolentos, nem façanhas de guerreiros e capitães em algum cerco ou retirada ilustre. Está bem, entendo a primeira parte, a da monarquia. Mas falta explicar a Segunda, a da esquerda. Monarquia da esquerda por quê?

– Bem, essa é a parte de influência que recebi do meu outro mestre, o Professor Clemente. Note que, segundo o *Almanaque*, além de Reis e fidalgos nobremente desgraçados, uma Epopéia exige ações guerreiras, como, por exemplo, cercos, retiradas épicas e combates sangrentos. Ora, as pessoas da História brasileira e sertaneja que fazem essas coisas, segundo Clemente, são sempre da Esquerda e do Povo! A Direita das cidades, a "Burguesia urbana" (para usar a expressão do genial Epaminondas Câmara), o que quer é viver tranqüilamente, roubando, na vida pacata e ordeira de quem já está bem instalado e só deseja mesmo é ordem pra poder furtar mais à vontade. Já a Esquerda, o Povo, principalmente no Sertão, tem sido desordeiro como o diabo![1]

1 SUASSUNA, A. *Romance d'A pedra do reino e o príncipe do sangue do vai-e-volta*, 1971: 280-282.

No texto, o sonho monárquico assume proporções desmedidas expressas na confusão estabelecida entre o sertão nordestino e a França, assim como no esforço de **Quaderna** para viabilizar uma Monarquia de esquerda, que deixa clara sua recusa de posicionamento partidário.

O rei sublime e soberano ainda representado na figura de Arraes, na campanha para o segundo mandato em 1986, adquire uma dimensão divina quando relacionado a uma esquerda messiânica, denominação utilizada pelos adversários políticos para comparar Arraes a Padre Cícero, Conselheiro e Lampião. Em vez de afastar Ariano de Arraes, a acusação permite que perceba no candidato a figura de um Salvador que libertará o estado e o país. Não perdeu tempo e foi pessoalmente declarar seu voto: "Se eu tinha alguma dúvida, agora depois que o compararam a Padre Cícero, Conselheiro e Lampião, eu tenho mais que nunca certeza que meu voto é seu". A proximidade do ideário dos dois convence o poeta a aceitar a Secretaria da Cultura, quando reitera as idéias sobre o nacional e o popular:

> Não existe progresso em Arte: existem mudanças, variações. A visão exclusivamente eurocentrista da Cultura é que tem causado certos preconceitos e graves erros de avaliação em tal campo. [...] De início toda obra de arte é nacional. Ninguém mais alemão do que Lucas Cranach, ninguém mais espanhol do que Cervantes, ninguém amis veneziano do que Goldoni, ninguém mais russo que Dostoiévski, ninguém mais francês do que Debussy. Agora, as obras de Cranach, Cervantes, Goldoni, Dostoiéviski e Debussy, criadas em locais determinados e com todas as características dos países em que foram realizadas, tornaram-se universais por sua alta qualidade e pela divulgação que alcançaram, o que permitiu a cada uma delas ser incluída no patrimônio comum da Arte mundial.
>
> Assim, é também um mero preconceito considerar estreita e arcaica toda a obra de arte que se preocupe com a identidade nacional. Não existem obras de arte universais; as que assim são consideradas são apenas universalizadas, pela qualidade e pela divulgação.

> [...] Logo após a invasão da Península Ibérica pelos romanos, a cultura latina, dominante, tornou-se lastro da cultura erudita, enquanto os povos ibéricos, dominados, faziam o mesmo com a sua em relação à cultura popular. Na verdade, é da reinterpretação da cultura romana pelos povos ibéricos (e por outros povos da Europa mediterrânea) que, a partir daquela recriação, surge a cultura *românica*, cuja arte, por isso mesmo, guarda tanta semelhança com a arte popular brasileira.
>
> É que, no Brasil como nos demais países da América Latina, a cultura ibérica romanizou o país, tornando-se base da cultura chamada erudita. E ao ser reinterpretada por negros, índios e mestiços, deu origem à cultura popular. A distinção entre as duas pode ser mantida, portanto. Mas não como se houvesse qualquer superioridade de uma sobre a outra.[1]

1 SUASSUNA, A. *Projeto cultural Pernambuco-Brasil*, 1995: 5.

O *Projeto Cultural Pernambuco-Brasil*, que contém as diretrizes básicas da Secretaria de Cultura, retoma o confronto entre o local e o universal, a questão da identidade nacional e a equivalência entre as artes erudita e popular, na tentativa de materializar o bárbaro ideário que acalenta desde a juventude: promover **prioritariamente** os artistas populares sob a alegação de que os demais já desfrutam de todas as regalias do mercado e da mídia.

Como um 'caminhante solitário', não consegue mais uma vez ser compreendido. Artistas e intelectuais criticam o projeto, alegando que deseja impor suas idéias à Secretaria. A ironia de quem está investido de autoridade dá o tom da resposta: "E deveria ter as idéias de quem, não sou eu o secretário?" A toda essa polêmica o autor responde com ações e, no final da gestão, foi considerado o destaque do governo, pois ajudou a promover a cena pernambucana e a recolocar na pauta de discussão a importância da brasilidade.

A respeito do projeto, Antônio Callado escreveu *Cultura Nordestina Cresce com Suassuna*, artigo que tece elogios à reflexão estética de Ariano ao considerar a equivalência entre as artes erudita e popular:

> Neste momento, no Estado de João, Ariano, como secretário está criando com sua energia o espaço mágico e feérico, sem o imediato e o famélico.
>
> Esse espaço, aliás, está sendo também criado por Arraes, que há de ser o herói de mil romances de cordel, com suas prisões, seu exílio, sua mania de voltar ao poder por dá cá aquela pala.
>
> Recebi de Ariano Suassuna, com capa de Samico e várias ilustrações preciosas, o "Projeto Cultural Pernambuco-Brasil".
>
> Desde a primeira página, o belo livro nos provoca a idéia da falta de qualquer genuíno progresso nas artes e imprime, na mesma página, uma "Vegetação sobre Rochas", de Paul Klee, e uma pintura rupestre nordestina: o autor das duas pinturas parece ser o mesmo.
>
> Nem sequer tentarei, aqui, resumir esse programa cultural que envolve o Quinteto Armorial, o Grupo Romançal, as escolas, os espetáculos.
>
> O livro do "Projeto Cultural" merece estar em todas as redações como modelo altamente original e culto.[1]

Ariano "considera-se o mais doido dos secretários da Cultura de Pernambuco", lembra Callado. Os elementos constitutivos de sua loucura apresentam uma coerência lógica forjada pela imagem do Salvador, que aparece sempre associada à do herói obstinado pela liberdade. Associando Arraes a Cervantes e Lorca, durante a campanha da reeleição, em 1998, explicita as características guerreiras que estão presentes na plataforma política que acabou não sendo vencedora nas urnas:

> Certa vez, um mesquinho e invejoso inimigo de Cervantes disse que o grande escritor espanhol não deveria mais empreender obra

1 SUASSUNA, A. Cultura nordestina cresce com Ariano Suassuna. *Folha de São Paulo*, 23 set. 1995, pág. 5.

nenhuma, porque estava "velho demais para isso". Mas Cervantes era um Guerreiro, um Cavaleiro-andante que, desde muito moço, colocara sua vida e suas forças a serviço de seu País e de seu Povo. Por isso, não se abateu nem desanimou... Respondeu à maldade afirmando que o fato de estar velho, ao invés de prejudicá-lo, contava a seu favor, "porque não se age e pensa com os cabelos brancos e sim com o entendimento, que costuma melhorar, e não piorar, com os anos". E então, animoso como sempre, deu ao mesquinho invejoso a maior e melhor das respostas: concluiu o *Dom Quixote*, obra que, sendo *nacional* e *popular*, é o romance mais universal que já apareceu na história da Arte humana.

Esta é uma das lembranças que me vêm ao espírito no momento em que, com uma coragem digna do velho *Guerreiro* que sempre foi, Miguel Arraes se dispõe a entrar na dura e bela luta que está começando em Pernambuco, no Nordeste, no Brasil.

[...] Arraes é um político que nunca se negou a consultar *as entranhas dos sacrificados*. E mais, pouco tempo depois de voltar do exílio, afirmou que iria empreender sua ação no Brasil baseado no *nacional* e no *popular*, isto é, num projeto que, no campo da Política, é o mesmo que, na Cultura, está por trás da imaginação criadora de artistas como Garcia Lorca, na Espanha, Gilvan Samico e Villa-Lobos, no Brasil.

[...] Agora, com a mesma coragem do velho Guerreiro criado por Cervantes, Arraes novamente se dispõe a enfrentar a injustiça pelas estradas e descaminhos do Mundo. E eu sou mais um entre os inúmeros *folgazões e brincantes* que, integrando o Espetáculo brasileiro, estão prontos a acompanhá-lo na dura e bela luta que começa e que é tão importante para Pernambuco, para o Nordeste, para o Brasil. Aqui estamos, todos nós, para dizer-lhe: "Vá em frente, porque, com a graça de Deus, nós nos colocamos a seu lado para a luta em favor do nosso País, que está sendo entregue, e do nosso Povo, que está sendo traído".[1]

1 SUASSUNA, A. *Jornal do Commercio*, 26 jul. 1998, pág. 3.

Aqui fica claro que Ariano rejunta fragmentos, desconhece contextos e centra-se apenas na idéia de *guerreiro* para relacionar Arraes, Cervantes e Lorca. A derrota de Arraes foi interpretada pelo poeta como o infortúnio que faltava para sagrar o político como mito, nos moldes de Conselheiro.

Parece haver um elo entre D. Sebastião, o profeta de Canudos, o pai e Arraes. Essas irrealidades tornam possível entender as sucessivas reiterações acerca de uma ascendência múltipla, que combine relações de parentesco real e fictício:

> Não tenho nada de aristocrata. Sou, pelos quatro costados, descendente de família de fazendeiros sertanejos, rudes criadores de bois e situadores de gados, currais e pastagens, em datas e sesmarias concedidas na Paraíba. Pelo lado de minha avó paterna, Joana Pessoa de Vasconcelos, descendo de um daqueles padres da "civilização do couro", dos séculos XVIII e XIX. Sou, portanto, por esse lado, bastardo e filho-de-padre – e tanto me honro de ser um Pessoa de Vasconcelos como um Dantas, um Villar e um Suassuna. Eu me sentiria honrado, da mesma forma, se fosse descendente de um Cantador, de um Vaqueiro ou de um Cangaceiro como Jesuíno Brilhante – com cuja família sou, aliás, ligado por casamentos e alianças. É por isso, talvez, que eu, sem nenhuma concessão ou afetação de populismo, amo e compreendo meu Povo e sou aceito por ele em meu trabalho de escritor.[1]

1 SUASSUNA, A. *Diário da Noite*, Recife, 30/3/1970, pág. 8.

O poeta investe-se de orgulho ao ostentar a linhagem sertaneja. No reino obscuro do sertão, cumpre-se, apenas, um destino cruel à espera da morte. Além do tempo, o rigor e a ira divinas impõem a transformação do choro em luta e riso. Por isso, o sertanejo é puro desassombro, que desafia e transgride normas e sanções, idéia central da peça *A Pena e a Lei*. E o combate vivido por **Vicentão** é um misto de valentia e comicidade:

Uma vez eu peguei um cabra forte,
um valente assassino e dei-lhe um talho,
dei-lhe um soco na amarra do chocalho
que o sul do sujeito virou norte;
com a minha peixeira dei-lhe um corte,
transformei em mulher esse rapaz:
pus a banda da frente para trás
pus a banda de trás bem para a frente.
Desde então falou fino o valente:
se tiver quem duvide, eu faço mais![1]

1 SUASSUNA, A. *A pena e a lei.* 1994: 91-92.

A nobreza nordestina duela com facas, peixeiras e até com pinicos, como ocorreu entre **Samuel** e **Clemente** em *A Pedra do Reino.* É, igualmente, motivo de chacota e desordem somente ordenada por Deus, como professa **Joaquim** em *A Pena e a Lei.*

Mesmo Deus é questionado, pois inventou o caos primordial responsável pela criação do mundo. Esse caos, essa desordem, constituem a condição fundamental para a criação do universo, segundo Prigogine & Stengers. "Já não há singularidade inicial, não há big-bang, e sim uma instabilidade criadora da matéria. [...] *Todo mecanismo dissipativo de instabilidade* que crie matéria suprime o big-bang. O big-bang é estruturalmente *instável*."[2] É dessa instabilidade que se queixa **Benedito**:

2 PRIGOGINE, I., STENGERS, I. *Entre o tempo e a eternidade,* 1992: 165.

Benedito: Então, Vossa Excelência vai me desculpar, mas, antes disso, quem deve ser julgado é Vossa Excelência, Vossa Eminência, Vossa Mamuleguência! Antes de nós fazermos qualquer coisa, o senhor criou a gente e inventou o mundo! Foi o senhor quem inventou a confusão toda, de modo que deve ser julgado primeiro!

Cheiroso: Está certo, Benedito, em nome do Cristo vou aceitar o que você diz, se bem que veja que, mais uma vez, não estou sendo levado a sério. Serei então julgado por vocês, que farão um inventário de seus infortúnios e dirão se valeu a pena ter vivido ou não. Será assim julgado o ato que Deus praticou, criando o mundo. Vou eu mesmo servir de acusador, formulando as perguntas fundamentais do processo, tudo aquilo que se pode lançar no rosto de Deus, mais uma vez exposto à multidão.[1]

1 SUASSUNA, A. *A pena e a lei*, 1994: 196.

Somente Deus tem a capacidade de dar um sentido à vida e explicar tudo, e somente a fé nos permite compreender os mistérios. O sentido da existência está além do alcance da razão e a proximidade com Deus, a união mística representa a trajetória errática da humanidade. A tentativa de Ariano é atingir a união com o divino, seguindo a jornada empreendida por Santa Teresa d'Ávila ao longo da vida. A paixão e o desejo são as forças mobilizadoras de tal jornada, marcada pela insânia, drama e mistério.

O sagrado e abrutalhado reino do sertão é talhado a foice pela mão impiedosa de um Deus terrível:

> Canto também essa Legião facinorosa, barbuda e de cara de bronze, vestida de foscas armaduras de couro manchadas de suor, essa turba de gentalha mameluca, faminta, rebelada, cruel, áspera e ensangüentada, impura mas não sem grandeza, que é o meu Povo de vaqueiros, Cantadores, beatos e Cangaceiros.[2]

2 SUASSUNA, A. *História d'O rei degolado nas caatingas do sertão: Ao sol da onça caetana*, 1977: 67.

A lealdade ao reino e aos vaqueiros, beatos e cangaceiros encontra-se profundamente arraigada, revela o desespero de uma alma endurecida pela dor que insiste em galopar na busca de realizar seus sonhos.

As visagens e lamentos são constitutivos do estremecimento sentido diante da vida, jogo perdido. Cada ato de **Quaderna** é um rito sagratório que objetiva a atualização permanente do mito:

> Eu, ao montar no meu cavalo *Pedra-Lispe*, ao colocar na minha pobre cabeça a minha pobre coroa de flandre de Palhaço e de Rei – eu galopo também pelas estradas e descaminhos deste meu Reino e Castelo da Raça Brasileira, e oponho, assim, às misérias, feiúras e

tristezas da vida real, o galope livre do Sonho e da Desaventura, sentindo-me ir, como um Dom Sebastião, talvez grotesco mas indomável, ao encontro de Deus, de meu Povo e da sagrada Morte Caetana – "ao encontro da Morte que me imortalizará".[1]

O castelo de **Quaderna** resume a tentativa de reerguer um reino antigo, nascido e acalentado pela humanidade, o desejo de um paraíso construído pela luz, miséria, sofrimento e glória de todos os povos. O espírito trágico e corajoso dos homens que nele se visualiza faz rebrilhar infinitamente a vida, escancarada pelo riso e pelo desejo de ultrapassar a precisão das lembranças.

Só a loucura, entendida como um estado do ser, seria capaz de fornecer um novo sentido à vida, transformando o inexplicável da existência em sonhos e utopias, capazes de imprimir ordem a partir da desordem:

> Se tenho procurado rir e organizar minha vida como um espetáculo de Circo, foi porque sempre me considerei como "um cruzamento de Rei e de Palhaço", sendo que, talvez, a parte mais valente, a parte que talvez venha a me salvar, seja a da coroa de flandre, a da roupa estrelada e esburacada do Palhaço de circo-pobre que sou eu. Foi o jeito que achei para neutralizar e enganar o infortúnio![2]

Esse circo pobre se objetiva no reino castanho, fluido e rouco, que se ergue a partir do sertão real. Ariano, misto de profeta, palhaço e rei, é herdeiro de um trono marcado a ferro e fogo pelo sangue dos ancestrais. A desordem assumiu a cara da morte trágica do pai e conferiu-lhe um orgulho desmedido da ascendência. Na família Suassuna, o autor distingue dois grupos: os românticos e sentimentais e os irônicos e zombeteiros:

> Acontece que, em mim, a contradição entre o riso de um lado e choro ou paixão do outro procura se resolver através dessa forma especial de Risível que é o Humorístico. Por isso o alvo principal de

1 *Ibidem*: 1977: 68.

2 *Ibidem*: 72-73.

meu riso sou eu mesmo. Acho que a forma de riso que, nos SUASSUNAS, nos leva a zombar de nós mesmos, é muito mais simpática do que a outra, a que nos inclina a rir dos demais. Isto não significa que eu tenha chegado ao ideal de santidade de somente rir de mim mesmo. De qualquer modo, uma das coisas que, em mim, mais fazem desaparecer o riso é o afeto, e eu não zombaria de Raimundo, porque ele – como Adília e Natércia – faz parte do grupo de pessoas de que mais gosto no mundo. Sou irremediavelmente, terrivelmente, orgulhosamente ligado aos SUASSUNAS, sou um SUASSUNA, e jamais desejaria ter outro sangue ou outro nome que não este. Na minha arbitrária e personalíssima escala de valores não existe nenhum título de nobreza que chegue nem sequer perto deste que me foi conferido pelo simples fato de ser filho do meu Pai. E tem mais: SUASSUNAS, para mim, são os descendentes de RAYMUNDO FRANCISCO DE SALLES e MARIANA FELÍCIA SUASSUNA – são estes e mais ninguém. Os outros – aqueles que, como o Visconde de Suassuna, às vezes são citados a par conosco, são meros impostores: como não tiveram a coragem e a inteligência de adotar o nome, tão forte e belo, de SUASSUNA – dois deles fizeram isso apenas nos títulos que tiveram a indignidade de mendigar às autoridades do Império – perderam a oportunidade única que RAYMUNDO e MARIANA souberam aproveitar tão bem, legando a nós, seus descendentes, este nome cuja encarnação mais acabada e perfeita se configurou para mim – e que outros me perdoem – na pessoa de meu Pai. Este, porém, só foi quem foi e o que foi por ser filho de ALEXANDRINO e neto de RAYMUNDO, isto é, por ter passado a vida inteira tentando conciliar e harmonizar dentro de si o sangue religioso e pacífico de seu Pai com o sangue-de-onça de seu Avô: este mesmo sangue-suassuna que me corre nas veias; que é fonte de todos os meus orgulhos e de todas as minhas dilacerações; enfim, este "fantástico espaço suassuna que ensina que o deserto funda", como escreveu o grande poeta João Cabral de Melo Neto.[1]

1 SUASSUNA, A. Apresentação. In: SUASSUNA, R. *Uma estirpe sertaneja: genealogia da família Suassuna*, 1993: 10.

A aristocracia sertaneja encontra-se sempre referida à 'aristocracia do couro', presente em Euclides da Cunha, e à própria trajetória da família Suassuna. O passado não seria uma simples recordação, mas sim uma marca que levará para sempre consigo e que deverá ser transmitida de geração a geração.

O imaginário da aristocracia é explicitado sobretudo no romance, em que **Quaderna** reitera a todo momento a importância da descendência, tanto em *A Pedra do Reino* como em *O Rei Degolado*. Como todo autor, tem uma percepção aguda do que o cerca, por isso percebe uma profunda identificação entre ele e **Quaderna**, resultando num mal-estar cujo desdobramento é a interrupção da escrita dos romances. Nessas ocasiões, não havia o necessário distanciamento que possibilitasse uma compreensão melhor dos acontecimentos que envolveram sua família.

Após muitos anos, quando sistematizou todo o material coletado sobre o pai, é que se sentiu em condições de finalizar *A Pedra do Reino*. Mas os familiares continuam presentes com força no romance: os **Garcia-Barreto** são os Dantas-Villar e os **Quadernas** são os Suassunas, dissolvidos na fusão do cômico com o trágico. Em *O Rei Degolado* não conseguiu operar esta fusão, e, por isso mesmo, considera o texto um fracasso.

A lembrança dos entes queridos é seu alimento constante, e suas recordações de visitas feitas a parentes são sempre relembradas. Como o caso do aniversário de sua tia Adálida, mantêm atualizadas sua *psique*:

> Ao beijá-la e pedir-lhe a bênção, ela me perguntou se eu fora lá "somente por causa do aniversário".
>
> – Somente? – indaguei. – E a senhora acha pouco? Uma idade tão bonita, 77 anos!
>
> – Que é isso, meu filho? Que bonita que nada! Isto não é mais idade não, já é uma seca! – disse ela às gargalhadas, aludindo à grande seca que assolou o sertão em 1877.[1]

1 *Ibidem*: 15.

Mas a figura do pai é a mais marcante de todas. Ariano considera que vive a mesma dilaceração paterna, pois não aceita nenhuma forma de violência. Mesmo que envolva parentes seus, leva sempre a sério o preceito do pai: "antes morrer que manchar-se".

No seu mundo doido e arbitrário, os heróis que habitam a casa são o pai, os tios, o avô, presentes "como brasas ardentes colocadas desde muito antes de meu nascimento; as asas de fogo e de navalha a me chamarem para o alto"[1], que transfiguram o sertão em um reino divino.

1 SUASSUNA, A. *História d'O rei degolado nas caatingas do sertão: Ao sol da onça caetana*, 1977: 86.

Embora a irreversibilidade do tempo tenha conduzido sua vida e suas idéias por territórios múltiplos, aquele menino atônito diante do pai assassinado permanece vivo e atuante, assombrado por um passado que só o esplendor do presente pode restituir em suas verdadeiras cores. A reverência a todos os antepassados, cuja genealogia é encontrada em *Uma Estirpe Sertaneja: Genealogia da Família Suassuna*, do primo Raimundo, é uma constante que sempre reatualiza, na tentativa delirante de manter vivo seu passado. Em tom de brincadeira, afirma que este tipo de livro não é considerado grande, pois só interessa à família:

> Numa dessas histórias que correm entre as pessoas do Povo nordestino, conta-se que um dia encontraram um doido completamente absorto na leitura de um grande livro:
>
> – O que é que você está lendo? – perguntaram.
>
> – É um romance! – respondeu o doido.
>
> – E é bom?
>
> – É, mas tem personagens demais, ainda não consegui decorar os nomes nem da metade!
>
> Foram olhar o livro e verificaram, então, que o "romance" era o Catálogo telefônico de Campina Grande.[2]

2 SUASSUNA, A. Apresentação. In: SUASSUNA, R. *Uma estirpe sertaneja: genealogia da família Suassuna*, 1993: 23.

O profundo compromisso assumido com a família chega a ser comovente, pois significa também o reconhecimento dos equívocos. Tal qual **Quaderna**, que, a princípio, vivenciou o estigma da violência, seu bisavô Raymundo esmagou a cabeça de um homem com uma pedra para evitar que lhe roubasse a mulher. O personagem, seguindo os ensinamentos do **Professor Clemente**, não mais se sente desonrado e sim orgulhoso por ser bisneto de El-Rei Dom João II, o Execrável, pois "todas as famílias reais do mundo são compostas de criminosos, ladrões de cavalo e assassinos"[1].

À brutalidade e violência do bisavô, contrapõe a sobriedade e bravura do avô Alexandrino, filho dele, que, ao sentir a aproximação da morte, mandou chamar um padre, confessou-se para, em seguida, fechar os olhos, recusando-se a ver o mundo por 18 dias que ainda viveu.

O poeta acentua uma imprecisão aos contornos históricos, transversaliza tempos e lugares, oscilando entre real e imaginário. Tal oscilação é expressa no tratamento dispensado entre ele e o amigo Guimarães Rosa: El-Rosa e El-Suassuna:

A Ariano Suassuna

Em tempo duro ou tranqüilo,
Riobaldo abraça João Grilo.
E já que a arte é vera e una,
o Rosa abraça o Suassuna!

Aqui, d'El-Suassuna!
Oh grande Ariano
meu e de todos!
Irmão, sansão, gedeão,
campeão dos vivíssimos textos recitáveis,
mistérios claros, apogeus vivenciados
(e do Gato que descome dinheiro),
Suassuna dito,
bendito,
colhedor de aplausos,

1 SUASSUNA, A. *Romance d'A pedra do reino e o príncipe do sangue do vai-e-volta*, 1971: 32.

jardim do mato regado a orvalho,
Rei do quinto naipe do baralho
e Chefe de roteiros,
capaz de guardar coisas bem raras
na lembrança e no coração da gente
– principalmente deste seu
em afeto e abraço

Guimarães Rosa[1]

1 SUASSUNA, A. Japiassu, Musa Sertaneja. In: JAPIASSU, J. *Canto amargo*, 1970: 10, 11.

No anseio de compartilhar os mistérios de El-Suassuna, Rosa evoca sua importância como pessoa, numa entrega afetuosa ao amigo. No abraço de **Riobaldo** e **João Grilo**, o encontro dos sertões revela mais do que uma identificação, chamando atenção para a universalidade do sertão que se explicita na concepção de um mundo dramático e rico em significações.

O personagem **João Grilo** de o *Auto da Compadecida* caminha com os próprios pés, passa pelo poema de Rosa e segue em direção à Europa e às Américas, e é saudado por Luis Sandoval Godoy quando aporta no México:

Carta a João Grilo

Personagem Central do "Testamento do Cachorro"

Querido João:

Te vi no domingo passado ante um público numeroso, no ex-Convento del Carmen, e não resisti ao desejo de dirigir-te estas linhas para dizer-te que me pareces uma encarnação extraordinária de nosso povo em suas trapalhadas, em sua luta pela vida, em sua sede de justiça e em sua habilidade por harmonizar situações humanas e divinas, saindo adiante com a ufania e humor com que te despachas nesta risonha farsa que tem muito de nossa farsa diária. [...] Nos faz perceber como teu mundo brasileiro e o nosso e o de todas as partes, lutam contra essas duas forças que nos levam para o mal: o dinheiro e a carne.

[...] Eu penso que este é o teatro que gosta e sente o público, e não os tenteios e experimentações de outros refinados mestres dos tablados. Quero, por isso, felicitar tanto a ti como a teus companheiros de farsa, para quem vai aqui a admiração e a saudação de um ninguém que quer que vivas dos sentimentos, aspirações e alegrias da gente do nosso povo[1].

1 Guadalajara, set. (?), 1973. (Referência encontrada no arquivo do autor.)

A visão deslumbrada de Godoy dá uma idéia da universalidade que goza o conjunto da obra. A sensibilidade e peripécias de **João Grilo** são características recriadas de acordo com cada público específico.

Na Venezuela, José Ignácio Cabrujas tentou apropriar-se do *Auto da Compadecida*, sob a alegação de que havia partido apenas de uma piada de Ariano para reescrever a peça:

"O Testamento do Cachorro é um encontro quente, terrivelmente comovedor, com o país, com aquilo que é nosso, com uma realidade que o teatro nacional esqueceu com demasiada freqüência. Respira-se a plenos pulmões o ar alegre e mágico da província de nossa infância. E recordamos de novo – maravilhados – todos esses personagens que certamente vivem ainda em cada pequeno e remoto povoado do país. A maestria de Cabrujas lhe permitiu fugir por completo a um regionalismo barato. E o resultado é uma obra que vai às próprias raízes de nossas vivências mais distantes, mais autênticas. É, enfim, teatro... O Testamento do Cachorro é algo que desejaríamos ver todos os dias. Propõe-nos rir; reencontrarmos com nós mesmos e com o país; esquecer esquemas petrificados e vãs incomunicações; ligar-nos outra vez ao preciso lugar de nossas primeiras alegrias e nossas primeiras travessuras. Eis aqui um momento importante para o teatro venezuelano"[2].

2 Esse texto é da crítica teatral venezuelana Alice Mayo.

Cabrujas diz que, para fazer o "Auto da Compadecida", eu reelaborei um "espetáculo folclórico". Quer, com isso, justificar o que fez, como quem usa o velho ditado popular "ladrão que rouba ladrão, tem cem anos de perdão". Uma vez, em 1963 mais ou menos, um brasileiro de São Paulo, Francisco de Assis, escreveu uma peça chamada "O Testamento do Cangaceiro". Os personagens dessa peça chamavam-se João Grilo, Chicó, o Encourado etc. O primeiro e o segundo atos tinham sua ação na terra, o terceiro no céu com Nossa Senhora e tudo. Francisco de Assis declarou, no programa de seu espetáculo que se baseava "no folclore nordestino e em beletristas do Nordeste". E seu admirador, quando se reclamava o fato, diziam que era preciso lembrar que o "romanceiro e o folclore do Nordeste não eram propriedades exclusivas de Ariano Suassuna". Estou perfeitamente de acordo com isso. Quero somente esclarecer que o personagem João Grilo, de minha peça, tem o nome de um personagem popular, mas é de criação minha. Chicó não é personagem do folclore, é criação minha, a partir de um tipo da vida real que existiu na Paraíba, minha terra. O Encourado também é criação minha. E, finalmente, se o "Auto da Compadecida" se baseia em histórias populares – como aliás honestamente está declarado na primeira página do livro –, o conjunto é meu, o arcabouço geral foi de concepção minha e a peça foi urdida na minha cabeça, e não em nenhum "espetáculo folclórico" como disse o nosso extraordinário Cabrujas, defendendo-se, de antemão, de uma acusação de plágio que, aliás, eu não lhe tinha feito, mas que ele já sentia doer na consciência, ou na parte da consciência que porventura ainda lhe resta. E, para concluir, dou uma informação a Cabrujas. A certa altura de sua entrevista, ele faz uma afirmação com a qual concordo. Diz que uma peça que parte de elementos locais e nacionais, para ser boa, deve ser entendida em qualquer país. E, para acentuar suas palavras, escolheu como extremo de país diferente do Brasil ou da Venezuela, a Finlândia. Diz ele: "Eu creio que é idiota esforçar-se para ser entendido na Finlândia. Se o que fizermos é válido, a Finlândia inteira vai entendê-lo".

Pois bem. Já que Cabrujas considera a Finlândia como uma espécie de "fim de mundo", eu quero dizer que o "Auto da Compadecida", do mesmo jeito que foi compreendido no Brasil e no México, foi aceito na Finlândia, em Israel, na Holanda, na Tchecoslováquia, na Polônia, nos Estados Unidos, na Alemanha, na Grécia, na Espanha, etc. E, para isso, não se teve que usar a versão brilhante de José Ignácio Cabrujas não; usou-se mesmo, a "versão retórica e tediosa do brasileiro Suassuna".[1]

1 SUASSUNA, A. *Diário de Pernambuco*, 23 ago. 1974.

As sutilezas contidas nesse longo depoimento reforçam a universalidade do *Auto da Compadecida*, ao mesmo tempo que trazem à tona, mais uma vez, sua fina ironia e humor. El-Suassuna, com justiça, reinvindica a autoria da peça, pois sua vaidade não permitiria que qualquer outro desfrutasse da fama que conquistou com méritos próprios. Mas nunca desejou ser um homem rico, preferindo uma vida mais modesta que, por vezes, parece escapar-lhe das mãos: "Não escondo que, por mim, eu preferiria uma vida mais poupada, modesta, sóbria, uma espécie de pobreza honrada, repartida e honesta numa comunhão maior com as cabras e as pastagens da vida rural"[2].

2 SUASSUNA, A. A farsa e a preguiça brasileira. In: _____. *Farsa da boa preguiça*, 1974: XXV.

Como sertanejo desconfiado, supõe que a 'boa preguiça' jamais chegará a este pedaço do mundo, pois "trabalho duro desde os dezessete anos de idade, acho a Boa Preguiça uma coisa tão maravilhosa que não acredito que ela venha a ser possível, de jei-to nenhum, neste chamado 'vale de lágrimas'"[3]. É essa a temática central, desenvolvida com humor, em a *Farsa da Boa Preguiça.*

3 *Ibidem*: XXVI.

A pretensão de uma vida mais modesta e sóbria é expressada também em *O Santo e a Porca*, em que **Euricão**, o rico avarento, é duramente castigado: "olhem esta peça – assim como o conjunto do meu trabalho de escritor dentro do qual, como todas as outras, deve ser entendida – antes de tudo como uma história, contada por uma pessoa, mas que mantém um contato profundo e amoroso com a vida"[4].

4 SUASSUNA, A. *O santo e a porca*, 1974: 6.

Com o mesmo espírito de justeza é que os personagens de *O Casamento Suspeitoso* refletem no final:

Geraldo: Espectadores, o autor é um moralista incorrigível e gostaria de acentuar a moralidade de sua peça.

Cancão: Eu e Gaspar éramos amigos fiéis dele, e isso não impediu que cobiçássemos seu dinheiro. E, ao primeiro apelo da carne, eu o traí com sua noiva. Isto é errado, foi o que aprendi.

Lúcia (*Entrando com* Roberto e Suzana.): Eu aprendi que a luxúria é um caminho da perdição.

Roberto: Eu, que a cobiça é outro.

Suzana: Eu, através do ridículo e do castigo, aprendi a respeitar a pureza da família.

Frei Roque (*Entrando com* Dona Guida.): Para elas o dinheiro tinha um caráter de prêmio, servindo como uma espécie de absolvição sacrílega para os atos mais baixos.

Nunes (*Entrando.*): Eu fiz um juiz desonesto, e juntei-me aos outros, nesse concerto de imoralidade. Tudo isso forma um conjunto com o autor.

Dona Guida: Com os atores.

Gaspar: E até com o respeitável público.

Geraldo: Por isso lanço um olhar melancólico a nosso conjunto e convido todos a um apelo. É uma invocação humilde e confiante, a única que pode brotar sem hipocrisia desse pobre rebanho que é o nosso. E, assim, juntando-me aos outros atores e ao autor, peço que digam comigo:

Todos: Que o cordeiro de Deus, que tira o pecado do mundo, tenha misericórdia de todos nós.[1]

1 SUASSUNA, A. *O casamento suspeitoso*, 1974: 144, 145.

A peça tem clara intenção moralista. O despojamento de cada um dos personagens desembocou na esperança de encontrar um sentido mais digno para a existência. O riso inocente e ruidoso de **Canção** e **Gaspar** revela um sopro de pureza repleta de desejos incontidos, girando continuamente com graça e astúcia, pela humildade e pela confiança, pela ausência de hipocrisia e pelos anseios de justiça.

Esse moralismo consentido encontra-se mais sistematizado em *Advertência*, texto em que apresenta o romance *Fernando e Isaura*:

> Sou um escritor de poucos livros e de poucos leitores. Vivo extraviado em meu tempo por acreditar em valores que a maioria julga ultrapassados. Entre esses, o amor, a honra e a beleza que ilumina os difíceis caminhos da retidão, da superioridade moral, da elevação, e não da vulgaridade dos sentimentos.
>
> Por outro lado, tenho, ainda, o infortúnio de escrever movido pela paixão e pela compaixão, atitude também deslocada nesse tempo de autores frios, lúcidos e impiedosos.[1]

1 SUASSUNA, A. *Fernando e Isaura*, 1994: 11, 12.

Os personagens vivem um profundo conflito por burlarem uma norma cultural que reprime o adultério com a prescrição dos amantes. **Fernando**, apaixonado, foge com **Isaura**, esposa do tio. Os escrúpulos de ambos devem ser encarados com indulgência, ser perdoados, pois pertencem a *Tristão e Isolda,* uma história muito antiga, cravada em tempos pretéritos e que parece iluminar os amantes de todos os tempos e lugares. No último capítulo, *Viagem Final*, é narrado o *Romance da Peregrina*, para justificar a inseparabilidade eterna dos amantes:

> De um, nascia uma Pomba,
> de outro, um Pombo torquaz.
> – Mal haja tanto querer,
> e mal haja tanto amar.
> Nem na vida, nem na morte,
> nunca os posso separar!
> Galhos, raízes e folhas
> tornavam a rebentar,
> uns se enlaçando nos outros,
> no Castelo à beira-mar.
> E, à noite, a Castelhana
> os ouvia suspirar.[2]

2 *Ibidem*: 154.

Ariano segue o preceito de que em toda e qualquer história humana, o bem e o mal encontram-se imbricados. Por isso, em *Uma Mulher Vestida de Sol*, **Francisco** e **Rosa** também morrem:

> **Manuel**: Moças de capela e véu... Está vendo? Não adianta, qualquer coisa que se cante hoje lembra a morte dos dois coitados. É melhor ficar calado. E está pronto: a terra cobriu quem está morto. Terão eles se encontrado, afinal? Que é que você acha? Será que o pedido dela a Nossa Senhora foi atendido, e seus pecados foram perdoados?[1]

1 SUASSUNA, A. *Uma mulher vestida de sol*, 1964: 140.

A força simbólica subjacente ao reino imaginário implica uma errância reiterada, mediante a qual inquietações e incertezas podem ensejar reorganizações, saciamentos e cicatrizações criativas. Por isso, o reino castanho não passa de um tabuleiro de pedra queimado ao sol, um sonho rude e trágico marcado pela mão divina:

O Reino

O Reino estranho, pois, é este:
não sei onde se escondem seus Arcos e Fronteiras,
não sei se em mim, se em Ti ou errantes no Sol.
Mas sinto no Chicote de meu Sangrento açoite
que é de Lá que me chama a voz que não me deixa,
que me fere e ameaça e tenta, dia e noite,
e a fera Escura e doida da beleza que passa,
e as Esfinges do Tudo, que bebem no meu sangue
a sede de meu Sol e a trompa da Ameaça,
que me canta o Perigo e que a ele me incita
pois no Reino entrarei, bebendo dessas Águas,
penetrando na gruta onde o Pavão me grita,
e os campos assolados no Incêndio da pastagem,
e a voz Antiga e forte, suave e feminina,

retesada no Grito estranho da Selvagem,
e esse Fruto mortal, aberto e descerrado,
sob a Fera do peito e os montes abrasados,
e a Sede de beber afinal saciada,
cicatrizada enfim a Brasa da ferida
que desde a Antiga infância me queima e me maltrata
sob o arco e a Muralha e a Negra encruzilhada.

Por isso, digo, ao Selo de prata do Inimigo:
Este reino e teu Corpo são sacros e Castanhos
mas servos do meu sangue e donos do Perigo.
E, se Duro e Amarelo é o muro da Cidade,
nesse Sonho faustoso e intrépido da vida
que faremos, Amor, de nossa mocidade?[1]

O reino não é um paraíso, porque está sempre cheio de armadilhas, sombras e perigos. Mas o poeta prefere refugiar-se nele, sentindo-se seguro e aconchegado, acreditando que, com isso, pode domar os perigos e cicatrizar as feridas da infância.

Essa auto-avaliação é coisa para ser exercitada entre intelectuais, que, por excesso de narcisismo, nunca conseguem reconhecer seus erros, por isso, não percebem que as "reorganizações genéticas" que experimentam no transcorrer de sua existência, reorganizam a dialógica vida e idéias, mesmo que inconscientemente.

O reino imaginado é o que aposta na convivência, capaz de imprimir um significado mais rico à mundialização unidimensional. Apesar de saber que estamos longe de uma fraternização ampla, lembra que é necessário ter sonhos inovadores e tentar concretizá-los, pois eles são as forças motrizes capazes de atenuar as tendências mortíferas da civilização atual. Mas é preciso lutar sempre, e isso porque o vento sertanejo nunca pára de insuflar nos guerreiros o seu sopro quente, pois "nos Esmaltes do reino, agita-se, sangrenta, / a memória Brilhante das ásperas batalhas"[2].

1 SUASSUNA, A. 1945-1952 – O reino. In: *Poemas*, 1999: 27.

2 *Ibidem*: 23.

Em sua política civilizatória, rebrilham "as Lanças do Ocidente,/ os signos do Zodíaco e Bichos estrelados – o Touro, a Cabra, a Cruz de Estrelas, o Carneiro,/ enquanto Santo Iago, à noite, claro, espalha/ o polvilho de Prata e de Ouro iluminado, salpicado de estrelas de seu belo Carreiro"[1]. A força simbólica que irrompe dessa mítica noite constitui a base cognitiva que o impulsiona a reavaliar e renovar o conjunto da obra, pois "a literatura é minha festa: é lá que eu canto e danço". A pulsão é retomar intensamente a vocação de escritor para arrancar de volta o tempo que lhe foi roubado. Em uma carta de janeiro de 1999, publicada em diversos jornais brasileiros, expressa de maneira contundente essa determinação:

1 *Ibidem.*

> Aos jornalistas, médicos, cineastas, videastas, professores, juízes, advogados, estudantes, militares, engenheiros, radialistas, padres e intelectuais de todos os tipos. A meus parentes, amigos e admiradores, principalmente (mas não exclusivamente) os mais próximos.
>
> Durante os últimos anos, atendi praticamente a todas as solicitações que recebi sobre aulas, feiras-de-ciência, artigos, mesas-redondas, programas de televisão e de rádio, homenagens, semanas culturais, entrevistas, orelhas de livros, depoimentos para vídeo, filmes ou revistas, cartas de recomendação para instituições culturais diversas, apresentações em catálogos de exposições etc. Além disso, também foi grande a quantidade de teses e manuscritos que recebi com pedido para ler, sugerir e opinar, se possível por escrito. Detalhe curioso: alguns desses manuscritos continham duras acusações contra mim, de modo que, afinal, o que seus autores queriam era que eu os ajudasse a insultar-me com mais eficácia.
>
> A tarefa de enfrentar tudo isso sempre foi mais ou menos pesada. Mas, durante os 4 anos em que fui secretário de Cultura de Pernambuco, meti na cabeça que não tinha o direito de recusar nenhum convite: passei a atender a tudo, de graça como sempre

fiz, não aceitando sequer as importâncias com as quais algumas instituições queriam me remunerar pelas aulas-espetáculo. Eu respondia sempre que elas faziam parte do programa de trabalho da Secretaria, que eu as dava no cumprimento da missão de defender a cultura brasileira; e que, por isso, não podia, não devia e nem queria receber nenhuma importância por elas, cujo pagamento estava incluído no salário que o Estado de Pernambuco me pagava como Secretário.

O resultado de tudo foi que passei os últimos anos sem fazer o que realmente quero e sonho, impedido de seguir minha verdadeira vocação – a de escritor. Faz muito tempo que não escrevo, não falo e não leio o que quero; só tenho escrito, falado ou lido o que interessa a outros – principalmente a todos aqueles a quem estou me dirigindo nesta carta.

Por isso, preciso, agora, da compreensão e do apoio de todos. Estou com quase 72 anos e não consegui nem sequer começar o livro que sonhei fazer durante toda minha vida. É um romance, um longo romance, de modo que não tenho mais o direito de dispersar esforços com outras atividades. Recomecei-o no dia 8 de dezembro de 1998; entretanto, não acabara a primeira parte quando cheguei à evidência de que, antes dele, tenho que escrever e publicar outro livro, que serve de introdução ensaística e teórica do romance. Como escritor, sou muito exigente comigo mesmo: meu processo de criação é duro e demorado, pois escrevo a mão, corrijo, datilografo, corrijo, escrevo a mão de novo, corrijo, datilografo, corrijo... e vai por aí.

Chega-se, portanto, a uma conclusão: ou eu corto tudo agora (sem fazer qualquer exceção, para que ninguém tenha motivo de queixa), ou vou morrer frustrado, sem realizar o sonho do escritor que venho tentando e pretendendo ser desde meus 12 anos.

A princípio, pensei em cobrar uma importância alta, que afastasse os eventuais postulantes sem que eu ficasse na situação incômoda de recusar. Por exemplo: uma aula-espetáculo custaria tanto, no Recife, e o dobro fora (porque detesto viajar, seja por qual veículo for).

Mas aula-espetáculo pelo menos ainda é uma maneira de exercer outra vocação minha, a de professor. O pior são as entrevistas; nelas, às vezes, o jornalista é um adversário ou até um inimigo, que insiste em colocar entre aspas e como se fossem minhas as palavras e opiniões que ele (ou o órgão para o qual trabalha) gostaria que eu pensasse ou dissesse.

Por isso, pensei também em exigir dois tipos de pagamento para entrevistas, um para os assuntos ligados à Cultura, e o dobro para as que se referissem a outros (pois recentemente recebi um pedido para dar uma entrevista a respeito de empregadas domésticas, assunto que não é propriamente da minha especialidade).

Para que vocês tenham uma idéia da gravidade do problema que estou vivendo, vai aí um pequeno episódio. Um jornalista, que, por telefone, tinha me solicitado uma entrevista, chegou à minha casa, sentou-se, ligou o gravador e perguntou:

– O que é que o senhor acha da **Aids**?

– Gosto mais de Dostoiévski! – vi-me obrigado a responder.

Foi por causa desta e de outras que pensei em cobrar; mas depois, pensando melhor, vi que a exigência de pagamento não era um bom caminho para obter o sossego absolutamente indispensável a meu trabalho de criação. Por exemplo: como é que eu iria agir de tal modo com um diretor ou professor de escola pública que não pudesse pagar – eu, o velho professor que sempre dei aulas em instituições de ensino público?

Assim, o melhor mesmo, é parar. Faço um apelo a todos vocês, pedindo que compreendam minha situação e me deixem sossegado para escrever, porque estou ficando realmente angustiado: na idade em que estou, não sei nem se vou ter tempo de vida suficiente para terminar o livro do qual falei e que, para ser feito como penso e quero, vai ter mais de 20 volumes.

Por isso peço que não vejam na minha atitude nenhum ato de hostilidade de minha parte. Eu tinha que tomar essa resolução e, e mais do que isto, tinha que escrevê-la; porque, há poucos dias, um amigo me pediu uma aula-espetáculo e como eu falasse no livro e na possibilidade de não poder concluí-lo, ele me disse, como se tivesse recebido alguma garantia de Nosso Senhor a tal respeito:

– Não, com isso não se preocupe, porque você não vai morrer tão cedo!

Pode até ser. Mas como também não recebi nenhuma garantia explícita, o melhor mesmo é que eu ajude Nosso Senhor a ajudar-me, tomando as providências que me são possíveis e entre as quais o adiamento da minha morte infelizmente não está incluído.

Com um grande e afetuoso abraço do amigo.

Ariano Suassuna

Os mesmos temas se repetem, o desejo de afastar-se, a superexposição pública, as críticas, as incompreensões, sua missão como escritor, professor, os receios, a pulsão de seguir erguendo o castelo literário para desencantar o pai. A vida oscila entre o silêncio e a fala; por isso, o autor não calou de todo e tem cumprido os compromissos assumidos antes da decisão de recolher-se.

Nessa espécie de réquiem, não esconde o lado desagradável, e, de modo irônico e extravagante, expõe seu desejo de recolhimento. Mas a carta constrange-o, por isso recorre a **João Grilo** para amenizar seu conteúdo. Incorpora, também, o velho e sábio contador de histórias na tentativa de reiterar a principal paixão que preenche sua alma, a literatura.

No deserto infinito movido por um sertão universal, a esperança da ressurreição reside na festa da terra, do fogo, da pedra e do ferro, magistralmente percebida por João Cabral de Melo Neto:

A Pedra do Reino

A Ariano Suassuna

1.

Foi bem saber-se que o Sertão
não só fala a língua do *não*.

Para o Brasil, ele é o Nordeste
que quando cada seca desce,

que quando não chove em seu reino
segue o que algum remoto texto:

descer para a beira do mar
(que não se bebe e pouco dá).

2.

Os escritores que do Brejo,
ou que da Mata, têm o sestro

de só dar a vê-lo no pouco,
no quando em que o vê, sertão-osso.

Para o litoral, o esqueleto
é o ser, o estilo sertanejo

que pode dar uma estrutura
ao discurso que se discursa.

3.

Tu conviveste o Sertão
quando no sim esquece o não,

e sabes seu viver ambíguo,
vestido de sola e de mitos,

a quem só o vê retirante,
vazio do que nele é cante,
nos deste a ver que nele o homem
não é só capaz de sede e fome.

4.

Sertanejo, nos explicaste
como gente à beira do quase,

que habita caatingas sem mel
cria os romances de cordel:

o espaço mágico e feérico,
sem o imediato e o famélico,

fantástico espaço suassuna
que ensina que o deserto funda.[1]

O sertão de Ariano diz um sim à vida, apesar da secura presente na terra e na alma rachada dos homens, da morte trágica e do destino implacável. A seiva da criação é arrancada da dor, da morte do pai e da infância em Taperoá, perdas irreparáveis que apenas o sonho pode reverter. O assertanejamento do mundo é o aroma que embebe a vida e as idéias, a herança espiritual que estabelece sua filiação com desvalidos e dilacerados.

O sertão de Ariano diz um sim à vida, apesar da lentidão das horas. Talvez esteja definitivamente condenado a ser percebido como alguém fora do seu tempo, que não deu certo, o estrangeiro. Mas com seu sotaque arrastado vai continuar na defesa obstinada de um Brasil fincado nas próprias raízes, que, mesmo não denegando as influências externas, é capaz de retroalimentar suas tradições.

O sertão de Ariano diz um sim à vida, apesar de sua vocação para o choro. O riso de palhaço consola, inverte e disfarça o sofrimento, tornando-o um personagem incansável e empedernido, sempre pronto para enfrentar a incompreensão, a má vontade e as discordâncias que aprendeu a aceitar com o passar dos anos.

Sua sólida formação intelectual, e as experiências vivenciadas ao longo de sua trajetória, conduziram-no ao território complexo do mundo imaginal como meta a ser perseguida, tentando,

1 MELO NETO, J. *A educação pela pedra e depois*, 1997: 98-100.

sempre que possível, estabelecer a equivalência entre arte e vida, entre sensível e inteligível.

Seu castelo literário é o sonho que o mobiliza e que, certamente, vai mobilizá-lo para sempre. Por isso, não cessa de escrever, pretendendo lançar um novo romance e, posteriormente, reescrever toda a obra.

O universo que construiu, na totalidade de seus escritos, expressa-se na dialógica entre ser e vir-a-ser, dando margem a múltiplos significados que, por vezes, induzem os pesquisadores a conclusões opostas a respeito da obra. Talvez seja prudente não tentar rotulá-lo, para que possa transitar livremente, vincular estreitamente vida e idéias na análise e lidar com toda a potencialidade das incertezas e dos sonhos que emergem de sua obra. Talvez, assim, seja possível identificar aqui mais uma tentativa de construir uma Antropologia Geral, desvinculada de particularismos excessivos, preocupada em resgatar o verdadeiro sentido do *Anthropos*, da unidualidade do homem com todas suas contradições, mazelas, resistências e utopias.

Ao assumir a *persona* **Ariano Suassuna**, às vezes, faz declarações polêmicas em entrevistas, conferências e aulas-espetáculo para manter a aura que foi criada em torno de sua figura.

O ato de escrever foi a maneira que encontrou para "enfrentar a cruel, dura e árdua, mas também fascinante e bela tarefa de viver".

O Imperador da Pedra do Reino

Ilumiara Pedra do Reino, em São José do Belmonte (PE)

A Pedra do Reino

Fachada da casa de Ariano Suassuna

Ilumiara Suassuna, jardins da casa

Interior da casa de Ariano Suassuna

Tapete

Mosaicos Armoriais

Cristo Sertanejo

Detalhe da Ilumiara Zumbi na Cidade Tabajara, Olinda (PE)

REFERÊNCIAS BIBLIOGRÁFICAS

I. DE ARIANO SUASSUNA

Romance

SUASSUNA, A. *O sedutor do sertão.* Recife, 1966. (Original datilografado.)

_____. *Romance d'A pedra do reino e o príncipe do sangue do vai-e-volta.* Rio de Janeiro: José Olympio, 1971.

_____. As infâncias de Quaderna. *Diário de Pernambuco.* Recife, 2 maio 1976 a 19 jun. 1977. Folhetim semanal.

_____. *História d'O rei degolado nas caatingas do sertão: ao sol da onça caetana.* Rio de Janeiro: José Olympio, 1977.

_____. *A história do amor de Fernando e Isaura.* Recife: Bagaço, 1994.

Teatro

_____. Uma mulher vestida de sol (1° Ato). *Estudantes* (Revista da Faculdade de Direito do Recife) Recife: ano III, n° 4, págs. 74-91, out. 1948.

_____. *Os homens de barro.* Recife: 1949. (Original datilografado.)

_____. *Auto de João da Cruz.* Recife: 1950. (Original datilografado.)

_____. *O arco desolado.* Recife: 1952. (Original datilografado.)

_____. *O desertor de princesa.* Recife, 1958. (Original datilografado.)

_____. *Uma mulher vestida de sol.* Recife: Imprensa Universitária, 1964.

_____. *O santo e a porca* e *O casamento suspeitoso.* Rio de Janeiro: José Olympio, 1974.

_____. *Farsa da boa preguiça.* Rio de Janeiro: José Olympio, 1974.

_____. *As conchambranças de Quaderna.* Recife, 1987. (Original datilografado.)

_____. *Auto da compadecida.* 24ª ed. Rio de Janeiro: Agir, 1990.

_____. *A pena e a lei.* 3ª ed. Rio de Janeiro: Agir, 1994.

_____. A história do amor de Romeu e Julieta. *Folha de São Paulo.* São Paulo, 19 jan. 1997. Caderno Mais!

Poesia

_____. O barco. *Estudantes* (Revista da Faculdade de Direito do Recife). Recife: ano II, n° 3, pág. 13, nov. 1947.

_____. Cantiga de mote e voltas. *Estudantes* (Revista da Faculdade de Direito do Recife). Recife: 1950-1951, n° 7, pág. 52.

_____. Canto armorial ao Recife, capital do reino do nordeste. In: COUTINHO, E. (Org.) *Presença poética do Recife.* 3ª ed. Rio de Janeiro/Recife: José Olympio/Fundação do Patrimônio Histórico e Artístico de Pernambuco (FUNDARPE), 1983, págs. 199-205.

_____. Encontro. *Estudantes* (Revista de Faculdade de Direito do Recife). Recife: ano II, n° 2, jul. 1947, pág. 23.

_____. Labirinto de Babilônia e Sião. *Estudantes* (Revista da Faculdade de Direito do Recife). Recife: ano IV, n° 6, dez. 1949, págs. 50-51.

_____. Mural dos Guararapes. In: CORREYA, Juareiz (Org.) *Poesia viva do Recife*. Recife: Companhia Editora de Pernambuco (CEPE), 1996, pág. 30.
_____. Noturno. *Estudantes* (Revista da Faculdade de Direito do Recife). Recife: ano I, nº 1, ago. 1946, pág. 37.
_____. *Ode*. Recife: O Gráfico Amador, 1955.
_____. *Ode:* Cartas de indulgência (I). Recife: O Gráfico Amador, 1955.
_____. *O pasto incendiado*. Recife: 1955. (Original datilografado.)
_____. *O presépio e nós*. Recife: O Gráfico Amador, 1956. (Poema impresso em cartão de natal.)
_____. Segundo domingo de Advento (um canto de O convívio). *Doxa*. Recife: ano II, nº 4, 31 jul 1957, pág. 27.
_____. *Sonetos com mote alheio*. Recife: edição manuscrita e iluminogravada pelo autor, 1980.
_____. *Sonetos de Albano Cervonegro*. Recife: edição manuscrita e iluminogravada pelo autor, 1985.
_____. *Vida-nova sertaneja*. (Original datilografado.)
_____. *A poesia viva de Ariano Suassuna* – com música de Antônio Madureira. [Áudio CD]. Recife: Ancestral, 1998.
_____. O amor e a morte. *Folha de Pernambuco*. Recife: 13 abr. 1999.
_____. *Poemas*. Org. e edit. Carlos N. Lima Júnior. Recife: Editora Universitária, 1999.

Antologia

_____. *Seleta em prosa e verso*. Rio de Janeiro/Brasília: José Olympio/INL, 1974.

Ensaio

_____. *Ferros do Cariri* – Uma heráldica sertaneja. Recife: Guariba, 1974.
_____. *A onça castanha e a Ilha Brasil:* Uma reflexão sobre a cultura brasileira. Recife: 1976. Tese (Livre-docência em História da cultura brasileira). Centro de Filosofia e Ciências Humanas, Universidade Federal de Pernambuco.
_____. *O movimento armorial*. Revista Pernambucana de Desenvolvimento. Recife: Vol. 4, nº 1, jan./jul. 1972.
_____. *O movimento armorial*. Recife: Universidade Federal de Pernambuco/ Editora Universitária, 1974.
_____. *Olavo Bilac e Fernando Pessoa:* Uma presença brasileira em Mensagem? Lisboa: Arion, 1998.

Estudos, prefácios, etc.

_____. Indicações sobre poesia popular do nordeste. *Estudantes* (Revista da Faculdade de Direito do Recife). Recife: ano IV, nº 5, jul. 1949, págs. 14-16.
_____. Notas sobre a música de Capiba. *Danças pernambucanas I. É de Tororó, Maracatu*. Rio de Janeiro: Casa do Estado do Brasil, 1951.
_____. Teatro, região e tradição. In: *Gilberto Freire:* sua ciência, sua filosofia, sua arte. Rio de Janeiro: 1962, págs. 474-487.

_____. Coletânea da poesia popular nordestina: Romances do ciclo heróico. *Deca* (Revista do Departamento de Extensão Cultural e Artística da Secretaria do Estado dos Negócios de Educação e Cultura). Recife: ano IV, nº 7, 1964, págs. 11-117.

_____. O Brasil, a África e a preguiça brasileira. *Tempo Brasileiro*. Rio de Janeiro: Anos IV-V, nº 13/14, dez./jul. 1966-67.

_____. Encantação de Guimarães Rosa. *Estudos Universitários*. Recife: nº 4, out./dez. 1967, págs. 73-95.

_____. Apresentação. In: CAMPOS, Renato C. *Carlos Pena Filho: Poeta da cor*. Recife: Imprensa Universitária, 1967, págs. 7-8.

_____. Guararapes. In: VALADARES, Clarival do P. São os do Norte... . *Jornal do Brasil*, 11 nov. 1967.

_____. Novo romance sertanejo. In: CAMPOS, Maximiniano. *Sem lei nem rei*. Rio de Janeiro: Cruzeiro, 1968, págs. 129-134.

_____. A arte popular no Brasil. *Revista Brasileira de Cultura*. Vol. I, nº 2, out./dez. 1969, págs. 14-20.

_____. Pareceres. *Cultura*. (Conselho Federal de Cultura). Rio de Janeiro: nº 31, jan. 1970.

_____. Arte armorial. In: Programa do concerto *Três séculos de música nordestina:* Do barroco ao armorial. Recife: 18 out. 1970.

_____. A arte popular no Brasil. In: MELO, José M. et al., *FolkComunicação*. São Paulo: USP/Escola de Comunicação e Artes, 1971.

_____. Prefácio. In: CAMPOS, M. *As emboscadas da sorte*. Recife: Editora Universitária, 1971, págs. IX-XXII.

_____. Japiassu: musa sertaneja. In: JAPIASSU, Janice. *Canto amargo*: poesia armorial nordestina. Recife: Universidade Federal de Pernambuco/Editora Universitária, 1970, págs. 9-18.

_____. A onça, os guinés e os cachorros. Músicas de Clóvis Pereira e Cussy de Almeida. *Correio do Povo*. Brasília: 17 nov. 1972.

_____. Da motivação do concerto. In: Programa do *IV Concerto Oficial da Orquestra Sinfônica do Recife*. Recife: 18 out. 1975.

_____. Desenho. In: SOUTO MAIOR, M. *Território da danação*: o diabo na cultura popular do nordeste. Rio de Janeiro: Livraria São José, 1975.

_____. O balé armorial e o Brasil. In: Programa do espetáculo. Recife: 18 a 26 jun. 1976.

_____. Introdução. In: BARROS, Leandro G. de. *Antologia*. João Pessoa: Fundação Casa de Rui Barbosa/Universidade Federal da Paraíba, 1977, págs. 1-7.

_____. O movimento armorial. *Revista Pernambucana de Desenvolvimento*. Recife: v. 4, nº 1, jan./jun. 1977, págs. 39-64.

_____. Arraes: O nacional e o popular. In: ROCHA, Abelardo B. da et al. *Porque Arraes*. Recife: Pirata, 1986, págs. 9-17.

_____. Cinema e sertão. In: CARVALHO, Vladimir. *O país de São Saruê*. Brasília: Editora Universidade de Brasília, 1986, págs. 157-162.

_____. A compadecida e o romanceiro nordestino. In: DIÉGUES JÚNIOR, Manuel et al. *Literatura popular em verso*. Belo Horizonte/São Paulo/Rio de Janeiro: Editora da Universidade de São Paulo/Itatiaia/Fundação Casa de Rui Barbosa, 1986, págs. 179-190.

_____. Arnaldo Barbosa, escultor armorial. In: ARNALDO BARBOSA. (Catálogo de exposição.) Recife: 1988.
_____. A pintura armorial. *Edição de arte*. Recife: mar. 1989.
_____. Rachel e Eu. In: BLOCH, Adolpho et al. *Rachel de Queiroz*: os oitenta; homenagem à autora de *O Quinze*. Rio de Janeiro: José Olympio, 1990, págs. 77-79.
_____. Cantadores do Recife. In: BEZERRA, Jaci, RAFAEL, Ésio (Org.). *Livro dos repentes*: Congresso de cantadores do Recife. Recife: Fundação do Patrimônio Histórico e Artístico de Pernambuco (CEPE), 1991, págs. 13-14.
_____. Discurso de posse na Academia Brasileira de Letras. In: _____. *Ariano Suassuna na Academia Brasileira de Letras*. Apresentação de Ariano Suassuna pelo acadêmico Marcos Vilaça e discurso de posse do acadêmico Ariano Suassuna. Recife: Companhia Editora de Pernambuco (CEPE), 1991.
_____. Uma teoria da arte rupestre. In: SIMPÓSIO DE PRÉ-HISTÓRIA DO NORDESTE BRASILEIRO. *Anais*. Recife: Universidade federal de Pernambuco, 1991, págs. 127-131.
_____. Apresentação. In: SUASSUNA, Marcos. *O bíon, a quinta força e eu*. Recife: Universidade Federal de Pernambuco/Editora Universitária, 1992, págs. 11-13.
_____. Apresentação. In: SUASSUNA, Raimundo. *Uma estirpe sertaneja*: genealogia da família Suassuna. Paraíba: Ed. do Autor, 1993, págs. 9-32.
_____. Porque a obra de J. Borges não pode ser sufocada. In: BORGES, J.; COIMBRA, Sílvia R. *Poesia e gravura de J. Borges*. Recife: Ed. do autor, 1993, págs. 151-153.
_____. Yaari: Diálogo sobre a Ilumiara Brennand. In: STAATLICHE KUNSTHALLE BERLIN. *Francisco Brennand*. Berilo, 1993. (Catálogo de exposição.)
_____. *Aula magna*. João Pessoa: Universidade Federal da Paraíba/Editora Universitária, 1994.
_____. César Leal, poeta do verão. In: JOAQUIM, Sébastian (Org.). *César Leal*: *poeta e crítico de poesia*. Recife: Fundação de Cultura da Cidade do Recife/Universidade Federal de Pernambuco (Editora Universitária), 1994, págs. 36-40.
_____. O memorial e seu poeta. In: DUARTE, Luiz C. *O minotauro e outros poemas e Memorial da luz e do mormaço*. Recife: Fundação do Patrimônio Histórico e Artístico de Pernambuco (FUNDARPE), 1994.
_____. Carrero e a novela armorial. In: CARRERO, Raimundo. *A história de Bernarda Soledade, a tigre do sertão*. 2ª ed. Recife: Bagaço, 1995.
_____. *Projeto cultural Pernambuco-Brasil*. Recife: Governo de Pernambuco/Companhia Editora de Pernambuco (CEPE), 1995.
_____. O povo de Canudos. *O Pão*. Fortaleza: ano V, nº 32, 13 jul. 1996, pág. 1.
_____. Cláudia Leitão e eu. In: LEITÃO, Cláudia S. *Por uma ética da estética:* Uma reflexão acerca da ética armorial nordestina. Fortaleza: Universidade Estadual do Ceará, 1997, págs. 13-17.
_____. A gravura de Samico. *O Pão*. Fortaleza: ano VI, nº 43, 31 ago. 1997, págs. 13-15; 18-20.
_____. Um brasileiro. In: CARVALHO, Arthur (Org.). *Barbosa Lima Sobrinho*: monumento vivo. Recife: Comunicarte, 1997, págs. 39, 40.
_____. Prefácio. In: CAVALCANTI FILHO, José P. *O mel e o fel*. Rio de Janeiro: Record, 1998, págs. 15-19.

_____. A voz do autor. In: Programa da peça *O casamento suspeitoso*. Montagem da Cooperarteatro, direção de Lúcio Lombardi, s./d.

_____. Notas. In: REGO, José L. do. *Cangaceiros*. 7ª ed., Rio de Janeiro: José Olympio, 1980.

_____. Prefácio. In: RIBEIRO, P., MONTES, Maria L. *Maracatu de baque solto*. São Paulo: Quatro Imagens, 1998.

_____. A demanda do graal dançado. In: Programa do espetáculo. Recife: abr. 1998.

_____. O Grupo Arraial Vias da Dança apresenta Pernambuco do barroco ao armorial. In: programa do espetáculo. Recife: 22 maio 1998.

_____. Os mosaicos de Guilherme da Fonte. In: Catálogo da exposição *Mosaicos Armoriais* de Guilherme da Fonte. 15/12/98 a 15/01/99.

_____. Apresentação. In: Catálogo da exposição *A pintura armorial de Côca*, jun. 1999.

_____. *Bravo!* Artigos mensais, Ano 2, nº 17 a 25, fev. a out. 1999.

_____. Igarassu e eu. In: *Igarassu* - origens, cenários e cores. Rio de Janeiro: Agir/Fundação Ricardo do Espírito Santo, 1999.

_____. Poesia improvisada. In: Encarte do *CD Música popular do nordeste – 2*. São Paulo: Discus Marcus Pereira, s./d.

_____. O Quinteto Armorial e o movimento armorial. In: Encarte do CD do Quinteto Armorial e *Do romance ao galope nordestino*. São Paulo: Discus Marcus Pereira, s./d.

Artigos em jornais

_____. O que é cultura popular. *Última Hora*. Rio de Janeiro, 1 jan. 1963.

_____. Resposta a Celso Marconi. *Diario de Pernambuco*. Recife, 15 jun. 1968.

_____. Xilogravura popular do nordeste. *Jornal Universitário*. Recife, ago. 1969.

_____. Sobre a *Pedra do reino*. *Diario de Pernambuco*. Recife, 28 set. 1971.

_____. Aluísio Braga. *Jornal do Commercio*. Recife, 3 out. 1971.

_____. A pintura de Miguel dos Santos. *Jornal do Commercio*. Recife, 19 dez. 1971.

_____. O movimento armorial. *Correio Brasiliense*. Brasília, 8 jul. 1972.

_____. Primeira história de trem. *Informativo RN - RFFSA*. Ano III, nº 30, maio 1973, pág. 7.

_____. Terceira história de trem. *Informativo RN - RFFSA*. Ano III, nº 37, jun. 1973, pág. 5.

_____. Almanaque armorial do nordeste. *Jornal da Semana*. Recife, 17 dez. 1972 a 8 jun. 1974.

_____. Uma homenagem a Gil Maranhão. *Diario de Pernambuco*. Recife, 21 out. 1975.

_____. O palhaço e o circo. *Diario de Pernambuco*. Recife, 19 nov. 1975.

_____. Ariano Suassuna e o Quinteto Armorial. *Correio Brasiliense*. Brasília, 28 mar. 1976.

_____. Cussy de Almeida e o armorial. *Folha de São Paulo*: São Paulo, 16 out. 1977.

_____. O teatro, o circo e eu. *Folha de São Paulo*, São Paulo, 23 out. 1977.

_____. A monarquia e o Brasil. *Folha de São Paulo*, São Paulo, 6 nov. 1977.

_____. Espanha, Portugal e Brasil. *Folha de São Paulo*, São Paulo, 24 nov. 1977.
_____. Euler, Severo e Cirne. *Folha de São Paulo*, São Paulo, 6 dez. 1977.
_____. Despedida. *Diario de Pernambuco*. Recife, 9 ago. 1981.
_____. Um balanço do movimento armorial. 20 anos depois. *Diário Oficial de Pernambuco*. Recife, ago. 1990. Suplemento Cultural (em homenagem ao autor).
_____. Lula, vergonha e honra. *Folha de São Paulo*, São Paulo, 3 out. 1994.
_____. A arte popular no Brasil. *Jornal do Commercio*. Recife, 16 jul. 1995.
_____. Volta ao Diário. *Diário de Pernambuco*. Recife, 16 jul. 1995.
_____. Lucilo e Amílcar. *Diário de Pernambuco*. Recife, 23 jul.1995.
_____. Reflexão sobre Garanhuns. *Diário de Pernambuco*. Recife, 30 jul. 1995.
_____. Arraes e eu. *Diário de Pernambuco*. Recife, 6 ago. 1995.
_____. A universidade acolhe a cultura brasileira. *Comunicampus*. Recife, UFPE, abr. 1996.
_____. Beleza e magia no santuário de Ariano. *Jornal do Commercio*. Recife, 27 abr. 1996.
_____. Brennand e eu. *Diário de Pernambuco*. Recife, 20 jul. 1997.
_____. Uma visão pessoal sobre a Guerra do Beato Conselheiro. *Jornal do Commercio*. Recife, 3 out. 1997.
_____. Todos nós possuímos nossos arraiais de Canudos. *Folha de São Paulo*. São Paulo, 3 out. 1997.
_____. Arraes, Cervantes e Lorca. *Jornal do Commercio*. Recife, 26 jul. 1998.
_____. Um barroco no mocambo. *Bravo!* ano 2, nº 17, fev. 1999.
_____. A carta. *Diario de Pernambuco*. Recife, 10 mar. 1999.
_____. O Grupo Grial de Dança. *Tribuna do Norte*. Natal, 22 ago. 1999.
_____. *Folha de São Paulo*. Reprodução na *Folha de Pernambuco*. Todas as 3as. feiras, de 02 fev. a 28 dez. 1999.

Entrevistas

_____. Identidade entre os temas bíblicos e as histórias do cancioneiro popular nordestino. *Folha da Manhã*. Recife, 21 jan. 1948.
_____. Ariano: Brasil deve ser monarquista. *Diário da Noite*. Recife, 30 mar. 1970.
_____. Movimento armorial, a cultura do nordeste. *Jornal do Brasil*. Rio de Janeiro, 1 jun. 1971.
_____. Sucesso armorial no sul. *Jornal do Commercio*. Recife, 4 jul. 1971.
_____. Crise? Mas que crise? *Veja*. São Paulo, 29 set. 1971.
_____. O mundo mágico e poético de Ariano Suassuna. *Cultura*. Brasília, nº 3, 1971.
_____. Ariano Suassuna: o sertanejo, mesmo quando ri, pensa em sangue. *Manchete*. Rio de Janeiro, nº 52, out 1973, págs. 151-154, .
_____. (Entrevista sem título.) *Ele Ela*. Rio de Janeiro, nº 64, ago. 1974, págs. 60-62.
_____. Depoimento de Suassuna In: Venezuelano se apropria de peça de Suassuna. *Diario de Pernambuco*. Recife, 23 ago. 1974.
_____. Ariano Suassuna: um monarquista muito pra frente. *Fatos e Fotos*. Rio de Janeiro, maio 1975, págs. 28-29.

_____. Ariano, o novo cidadão do Recife. *Jornal da Cidade*. Recife, 22 a 28 de maio de 1976.
_____. Movimento armorial em nova fase criadora. *Jornal do Commercio*. Recife, 25 jul. 1976.
_____. O rei degolado. *Folha de São Paulo*. São Paulo, 19 jan. 1977.
_____. Uma arte erudita a partir de raízes populares. *Movimento*. 9 maio 1977.
_____. Ariano, o regionalismo e o espírito mágico. *Diário da Borborema*. Campina Grande, 27 ago. 1978.
_____. No povo eu levo fé. E, sem demagogia, no sonho dos poetas. *Minas Gerais*. Belo Horizonte, 7 nov. 1987. Suplemento Literário, nº 1088.
_____. Ariano Suassuna, 60 Anos: Dentro de mim vive um palhaço frustrado. *Diario de Pernambuco*. Recife, 16 jun. 1987.
_____. Ariano Suassuna, 60 Anos: Sou contra a morte e nunca hei de morrer. *Diario de Pernambuco*. Recife, 17 jun. 1987.
_____. Sou um poeta inédito, ignorado e solitário. *Jornal do Commercio*. Recife, 7 jan. 1990.
_____. Vinte anos depois – O movimento armorial está vivo: é a garantia de seus criadores. *Diario de Pernambuco*. Recife, 10 jun. 1990.
_____. Conversando com Ariano. *Diário Oficial de Pernambuco*. Recife, ago. 1990, ano IV, nº 11. Suplemento Cultural (em homenagem ao autor).
_____. Após 10 anos afastado da literatura, o autor de *Auto da compadecida* está escrevendo novo livro. *Folha de São Paulo*. São Paulo, 26 out. 1991.
_____. Ariano destrói os originais e recomeça o novo romance. *Jornal do Commercio*. Recife, 6 mar. 1992.
_____. O socialismo continua sendo a utopia neste final de século. *Correio da Paraíba*. João Pessoa, 22 mar. 1992.
_____. Ariano mantém a fé no socialismo. *Jornal do Commercio*. Recife, 12 set. 1993.
_____. Um imortal esperançoso. *Diario de Pernambuco*. Recife, 25 nov. 1993.
_____. Entrevista sem título. In: BACCARELLI, Mílton. *O teatro em Pernambuco:* Trocando a máscara. Recife: Fundação do Patrimônio Histórico e Artístico de Pernambuco (FUNDARPE), 1994, págs. 35-36; 142-146.
_____. Ariano Suassuna prepara estréia na TV. *Folha de São Paulo*. São Paulo, 9 mar. 1994.
_____. Uma mulher vestida de sol na Terça Nobre. *Diario de Pernambuco*. Recife, 3 jul. 1994.
_____. Ariano Suassuna volta à literatura em 1995. *O Estado de São Paulo*. São Paulo, 13 jul. 1994.
_____. Ariano aprova versão de sua peça para a TV. *Jornal do Commercio*. Recife, 14 jul. 1994.
_____. Rachel e Ariano. *Jornal do Commercio*. Recife, 1 out. 1994.
_____. Suassuna lança *Tristão e Isolda* nordestino. *Folha de São Paulo*. São Paulo, 7 out. 1994.
_____. O missionário da cultura popular: escritor Ariano Suassuna diz que conceitos do movimento armorial continuam atuais 25 anos depois. *Jornal do Commercio*. Recife, 18 dez. 1994.
_____. Na essência do armorial: escritor Ariano Suassuna assume a Secretaria de Cultura do Estado e divulga propostas de trabalho. *Diario de Pernambuco*. Recife, 19 dez. 1994.

_____. A caravana de Ariano. *Jornal do Commercio*. Recife, 30 jan. 1995.
_____. Ariano Suassuna, um cavaleiro em defesa da arte popular brasileira. *O Estado de São Paulo*. São Paulo, 29 maio 1995.
_____. Quixote da cultura brasileira. *Diario de Pernambuco*. Recife, 9 jul. 1995.
_____. Ariano Suassuna não alimenta polêmica sobre seu projeto. *Jornal do Commercio*. Recife, 16 jul. 1995.
_____. Movimento armorial faz 25 anos. *Jornal do Commercio*. Recife, 2 out. 1995.
_____. Suassuna vai dar aula de Brasil em SP. *Folha de São Paulo*. São Paulo, 2 nov. 1995.
_____. Suassuna relança o movimento armorial. *Folha de São Paulo*. São Paulo, 13 maio 1996.
_____. De quinta categoria. *Veja*. São Paulo, 3 jul. 1996.
_____. Ariano Suassuna: a marca do nordeste. *Cultura* (Suplemento Literário do Diário do Nordeste). Fortaleza, 21 jul. 1996.
_____. O reino da cantoria. *Diario de Pernambuco*. Recife, 22 set. 1996.
_____. *Romeu e Julieta* sertanejo devolve Suassuna ao teatro. *Folha de São Paulo*. São Paulo, 18 nov. 1996.
_____. Um homem a serviço da cultura. *Jornal do Commercio*. Recife, 12 jan. 1997.
_____. As utopias de Quaderna-Suassuna. *Folha de São Paulo*. São Paulo, 19 jan. 1997.
_____. O imperador da pedra do reino. *Casa Cláudia*. São Paulo, Ano 21, nº 4, abr. 1997.
_____. Entrevista sem título. *Jornal do Commercio*. Recife, 29 maio 1997.
_____. Cavalgadas de Ariano ao sol da literatura. *Jornal do Commercio*. Recife, 15 jun. 1997.
_____. 70 anos do guerreiro armorial. *Jornal do Commercio*. Recife, 15 jun. 1997. (Caderno Especial.)
_____. Ariano: memórias dos 70 anos. *Diario de Pernambuco*. Recife, 16 jun. 1997.
_____. Entrevista com Ariano Suassuna. *Jornal de Poesia*. [online]. 16 jun. 1997.
_____. Entrevista. *Jornal Desafio*. (*Edição Especial. V cavalgada à Pedra do reino.*) Serra Talhada - PE, jun. 1997, ano IX.
_____. O paladino da cultura popular. *Jornal do Brasil*. Rio de Janeiro, 7 dez. 1997.
_____. Ariano Suassuna fala sobre leitura, escrita e ensino. *Leitura: Teoria & Prática*. Recife, ano 16, nº 30, dez. 1997.
_____. Hora do banquete. *Jornal de Poesia*. [online]. 1997.
_____. Entrevista com Ariano Suassuna. *Minerva* – informe filosófico. Recife, UFPE, Ano I, nº 4, 1997.
_____. A pedra do reino agora fica na França. *Diario de Pernambuco*. Recife, 21 maio 1998.
_____. O que se foi da morte libertando. *Bravo!* Ano 1, nº 8, maio 1998.
_____. As armas do barão assinalado. *Bravo!* Ano 1, nº 8, maio 1998.
_____. Uma dramaturgia da impureza, da misturada. *Vintém* – ensaios para um teatro dialético. *Especial dramaturgia*. São Paulo: Hucitec. Companhia do Latão, nº 2, maio/jun./jul., 1998. págs. 3-8.

_____. O imortal e a bola. *Diario de Pernambuco.* Recife, 2 jul. 1998.
_____. Ariano Suassuna – O radical da cultura. *Em Dia.* Brasília, Dom Quixote, ano 2, nº 102, 04 a 10 de out. 1998.
_____. Dança aproxima Rússia e Brasil. *Jornal do Commercio.* Recife, 4 dez. 1998.
_____. O armorial faz as contas do que realizou em 4 anos. *Jornal do Commercio.* Recife, 20 dez. 1998.
_____. Ariano deixa legado. *Diario de Pernambuco.* Recife, 20 dez. 1998.
_____. Entrevista. *A linguagem cinematográfica e vídeo.* [online]. 1998.
_____. O imperador e a pedra. *O Globo.* Rio de Janeiro, 19 jun. 1999.
_____. O canto de Ariano – Escritor paraibano fala da nova experiência de expressar seu pensamento sobre cultura na TV. *Jornal do Commercio.* Recife, 15 ago. 1999.

Vídeo, cinema, televisão e internet

_____. *Auto da compadecida.* Versão para o cinema: George Jonas, 1968
_____. *Os trapalhões no Auto da compadecida.* Versão para o cinema, 1987.
_____. *Ariano Suassuna em aula-espetáculo.* Direção de Wladimir de Carvalho. Brasília, Ministério da Cultura, 1997.
_____. *Depoimento de Ariano Suassuna.* Direção de Carlos André Cavalcanti. Recife/João Pessoa, NUDO-UFPB/Ylê Setí, 1997.
_____. *O auto da compadecida.* Microssérie da TV Globo. Direção de Guel Arraes e João Falcão, 2 a 5 jan. 1999.
_____. *O Canto de Ariano.* Direção de Adriana Vítor. Programa semanal (sextas-feiras) no NET TV, TV Globo, 1999.
_____. Ariano Suassuna, a fala de Ariano: Bem x Mal. *Jornal de Poesia – Ariano Suassuna.* [online].
_____. *Ariano Suassuna.* Alta vista. [online].
SUASSUNA, A., CAPIBA. Cantiga de Jesuíno. Canção incluída no CD *Sina de cigarra* de Terezinha do Acordeon. Recife, FUNDARPE, s./d.

II. SOBRE ARIANO SUASSUNA

Um álbum de Ariano marca início das edições da Guariba. *Diario de Pernambuco.* Recife, 4 ago. 1974.
AGUIAR, Claúdio. O realismo mágico d'*A pedra do reino. Jornal do Commercio.* Recife, 23 jan. 1972.
ALÇADA, João Nuno. Il topos medievale del "processo di paradiso" nell'*Auto da compadecida* di Ariano Suassuna: Proposta colta di un teatro populare. In: ALÇADA, João N. et al. *Letteratura popolare brasiliana e tradizione europea.* Roma, Bulzoni editore, 1978, págs. 39-52.
ALVES, C. Maracatu tem endereço certo em Olinda. *Jornal do Commercio.* Recife, 26 jan. 1997.
Ariano dá aula na Cultura. *Jornal do Commercio.* Recife, 12 jun. 1999.
Ariano faz e acontece durante o ano. *Jornal do Commercio.* Recife, 31 dez. 1996.
Ariano faz gestão centrada em suas idéias e projetos. *Jornal do Commercio.* Recife, 18 out. 1998.

Ariano em Campinas contesta críticos. *Diario de Pernambuco.* Recife, 17 mar. 1972.

Ariano mescla o popular com o erudito como poucos. *Jornal do Commercio.* Recife, 4 maio 1998.

Ariano presta contas no Arraial. *Jornal do Commercio.* Recife, 18 dez. 1998. (Jornal Universitário. Recife: out./nov./dez. 1975.)

Ariano Suassuna. *Folha de São Paulo.* São Paulo, 21 dez. 1997.

Ariano Suassuna defende preservação da arquitetura brasileira. *Diario de Pernambuco.* Recife, 20 out. 1970.

Ariano Suassuna lança na próxima semana as bases da Orquestra Armorial. *Jornal do Commercio.* Recife, 24 abr. 1975.

Ariano Suassuna traz a Natal a poesia armorial. *Tribuna do Norte.* Natal, 7 out. 1999.

ARAGÃO, J. Guilherme. *A pedra do reino*: gesta luso-brasileira. *Diário de Notícias.* Lisboa, 23 jun. 1973.

Armorial II. *Jornal do Commercio.* Recife, 27 abr. 1975.

Armorial e o sucesso na Argentina. *Diario de Pernambuco.* Recife, 20 fev. 1976.

AZEVEDO, R. O grande Ariano e o pequeno eu. *Bravo!* [On Line].

Balé Armorial foi sucesso e público aplaudiu de pé. *Diario de Pernambuco.* Recife, 24 jun. 1976.

Balé de Ariano Suassuna em cartaz no Teatro Arraial. *Jornal do Commercio.* Recife, 18 dez. 1998.

BARBOSA, Diana M. Romançal faz transição do Armorial. *Jornal do Commercio.* Recife, 24 maio 1998.

BARBOSA, Dom M. Dois jograis da compadecida. *Jornal do Brasil.* Rio de Janeiro, 7 dez. 1973.

BARROS, L., MOURA, I. Os armoriais e as raízes populares. *Diario de Pernambuco.* Recife, 10 ago. 1997.

BATISTA, M. de F. B. de M. *A predicação em* história d'O rei degolado nas caatingas do sertão *de Ariano Suassuna: uma visão semântico-sintática.* João Pessoa: 1986. Dissertação (Mestrado em Literatura) – Universidade Federal da Paraíba.

BECCARI, A. Desprendido, Suassuna apresenta o armorial. *Folha de São Paulo.* São Paulo, 24 mar. 1972.

BERRETINI, Célia. De Plauto a Suassuna: O qüiprocó. In:_______. *O teatro ontem e hoje.* São Paulo: Perspectiva, 1980, págs. 61-65.

BEZERRA, Jaci. Ariano Suassuna, *A pedra do reino*: Encantações. *Jornal do Commercio.* Recife, 7 nov. 1971.

BORBA FILHO, Hermilo. O dramaturgo do nordeste. In: SUASSUNA, Ariano. *Uma mulher vestida de sol.* Recife: Imprensa Universitária, 1964, págs. 18-20.

_____. Ariano Suassuna visto por Hermilo Borba Filho. *Deca.* Recife, ano V, nº 6, págs. 5-7, 1963.

_____. Caminhos de um teatro popular. *Diario de Pernambuco.* Recife, 28 nov. 1974, págs. 11. (Especial de Sesquicentenário.)

BORGES, Paulo Alexandre E. Na hora de lançar *A pedra do reino. Anto.* Revista mensal de cultura. Lisboa, nº 3, Primavera, 1998.

A bússola da estação. *Jornal do Commercio.* Recife, 7 set. 1997.

BOURDON, A. A. Messianisme, sébastianiste et messianisme révolutionnaire au Brésil: le Mouvement de la Pedra Bonita dans l'histoire et la littérature du nordeste. *Bulletin des études portugaises et brésiliennes.* Lisboa/Paris, Institut Français de Lisbonne, 1976-1977, 37, 38; 155-196.

BRITO, Jomard M. de. *Jornal Opinião.* 20 fev. 1976.

CALLADO, A. Cultura nordestina cresce com Suassuna. *Folha de São Paulo.* São Paulo, 23 set. 1995.

Camerata Armorial SESI-PE realiza concerto logo mais. *Jornal do Commercio.* Recife, 30 jul. 1998.

CAMPOS, Maximiniano. A pedra do reino. In: SUASSUNA, Ariano. *Romance d'A pedra do reino e o príncipe do sangue do vai-e-volta.* Rio de Janeiro: José Olympio, 1971, págs. 628-635.

_____. Suassuna, um poeta nordestino. *Diario de Pernambuco.* Recife, 19 de maio 1968.

CAMPOS, Renato C. Ariano Suassuna: Poesia e sertão. *Jornal do Commercio.* Recife, 5 dez. 1965.

_____. O sertão coroado. In: _______. *Sempre aos domingos.* Recife, Fundação Joaquim Nabuco/Editora Massangana, 1984, págs. 32-33.

CAMPOMIZZI FILHO. O santo e a porca. *Gazeta Comercial.* Juiz de Fora, 10 mar. 1974.

A carne fraca de Romeu. *Isto é.* [online]. 27 nov. 1996.

CARRERO, Raimundo. Michel Simon e a cultura brasileira na França. *Diario de Pernambuco.* Recife, 26 ago. 1971.

_____. O teatro de Suassuna. *Diario de Pernambuco.* Recife, 12 e 26 de ago.; 2 nov. 1974.

CARVALHO, D. Livro. *Diario de Pernambuco.* Recife, 5 jan. 1999.

CARVALHO, Nelly. Transcrição da linguagem regional nordestina na obra de Ariano Suassuna. In: CONGRESSO INTERNACIONAL DE LITERATURA NORDESTINA. *Anais.* Recife: Universidade Federal de Pernambuco/ Editora Universitária, 1988, págs. 47-51.

CARVALHO, Eleuda. Cordelim de novelas da Xerazade do sertão ou *Romance d'A pedra do reino*, narrativa de mediações entre o arcaico e o contemporâneo. Fortaleza: 1998. Dissertação (Mestrado em Letras) – Departamento de Literatura, Universidade Federal do Ceará.

CASTELLO BRANCO, C. Ariano Suassuna, o armorial popular de *A Pedra do Reino. Jornal do Brasil.* Rio de Janeiro, 25 set. 1971.

CASTRO, A. M. B. de. *Gil Vicente e Ariano Suassuna*: acima das profissões e dos vãos disfarces dos homens. Rio de Janeiro: Pontifícia Universidade Católica do Rio de Janeiro, 1976.

CAVALCANTI FILHO, José Paulo. O homem e a lenda. In: _______. *O mel e o fel.* Rio de Janeiro: Record, 1998, págs. 62-62.

Cidade Tabajara em festa com a ilumiara. *Jornal do Commercio.* Recife, 10 jul. 1997.

CHIODETTO, E. Suassuna estréia coluna na terça-feira. *Folha Imagem.* [online]. 4 fev. 1999.

COUTINHO, E. Cordel na literatura. *Cadernos Brasileiros*, mar./abr. 1970, págs. 45-52.

CRAVEIRO, L. Romero de Andrade Lima. *Edição de arte – Tendência em artes plásticas.* Recife, ano I, mar. 1989.

Cultura pernambucana. *Jornal do Commercio.* Recife, 4 maio 1998.

CUNHA, I. Sobre a vida e a morte. *Diario de Pernambuco.* Recife, 9 set. 1999.
DELGADO, Luiz. Idéias, livros e fatos. *Jornal do Commercio.* Recife, 8 abr. 1956.
DIAS, M. Quinteto da Paraíba brilha em São Paulo e mostra a rica musicalidade do nosso estado. *O Norte.* João Pessoa, 1 jul. 1999.
D'OLIVEIRA, F. Ariano recebe homenagem de editora. *Diario de Pernambuco.* Recife, 11 abr. 1998.
DRUMMOND DE ANDRADE, C. Solilóquio de gripe. *Jornal do Brasil.* Rio de Janeiro, 11 set. 1971.
DUARTE, R. *Obra de Ariano Suassuna é objeto de pesquisa.* Clipping. [online]. 26 jul. 1999.
EMORINE, J. *Lexique et analyse lexicale de l'Auto da compadecida, étude statistique.* Thèse de doctorat de 3ème cycle. Toulouse, Université de Toulouse, Pontifícia Universidade Católica do Rio Grande do Sul, 1968.
A famosa "Aula-espetáculo" do mestre Ariano Suassuna hoje, na TV Cultura. *Tribuna do Norte.* Natal, 12 jun. 1999.
Ferros do Cariri. *Diario de Pernambuco.* Recife, 25 ago. 1974.
FIGUEREDO, Maria do Carmo L. O santo e a porca – Aulularia: Um estudo comparativo. *Minas Gerais.* Belo Horizonte, Suplemento literário, nº 616, 22 jul. 1978.
FIGUEROA, A. Projeto explora sebastianismo. *Diario de Pernambuco.* Recife, 13 jun. 1999.
FINATTO, Jorge A. *Claridade.* Porto Alegre: Movimento/Prefeitura Municipal de Porto Alegre, 1983.
Garcia e Suassuna fazem transição sem conflitos. *Jornal do Commercio.* Recife, 16 dez. 1998.
FREIRE, Zélia M. Viva a brasilidade de Ariano Suassuna. *Tribuna do Norte.* Natal, 14 jul. 1996.
GIRODON, J. Le testament cynique de *L'Auto da compadecida. Colóquio. Revista de Letras e Artes.* Lisboa, págs. 9; 49-51, jun. 1960.
GODOY, Luis S. *Carta a Juan Grillo.* Guadalajara, set.1973.
GÓES, K. Lembranças de uma vida em sonetos. *Diario de Pernambuco.* Recife, 6 set. 1998.
GONZÁLEZ, Mário M. Os malandros do pós-milagre. In: ______ . *A saga do anti-herói: Estudo sobre o romance picaresco espanhol e algumas de suas correspondências na literatura brasileira.* São Paulo: Nova Alexandria, 1994, págs. 315-357.
GUERRA, Flávio. Um concerto da Orquestra Armorial de Câmara. *Diario de Pernambuco.* Recife, 28 out. 1970.
GUIDARINI, Mário. *Os pícaros e os trapaceiros de Ariano Suassuna.* São Paulo: Ateniense, 1992.
GUTIÉRREZ, A. Por que ler? *O Povo.* Fortaleza, 27 fev. 1999.
HÉLIO, Mário. Ariano Suassuna comemora 50 anos de vida literária. *Jornal do Commercio.* Recife, 9 out. 1995.
_____ . Professora francesa explica significado do termo 'armorial' em sua tese de doutorado. *Jornal do Commercio.* Recife, 9 out. 1995.
_____ . Poesia na dicção do amor e da morte. *Jornal do Commercio.* Recife, 6 set. 1998.
_____ . O pasto incendiado da poesia – Livro reúne os versos armoriais escritos pelo mestre de Taperoá. *Jornal do Commercio.* Recife, 1 set. 1999.

Heráldica do Cariri. *Jornal do Commercio*. Recife, 4 ago. 1974.
Homenagens mais que justas. *Diário de Natal*. Natal, 12 jul. 1998.
HOUAISS, A. *Crítica avulsa*. Salvador: Publicações da Universidade da Bahia, 1960.
IMPERIANO, P. Presença. *Folha de Pernambuco*. Recife, 31 maio. 1999.
_____. Dobradinha. *Folha de Pernambuco*. Recife, 4 maio 1999.
_____. Refletores. *Folha de Pernambuco*. Recife, 23 mar. 1999.
JERÔNIMO, C. Cacá Diegues declara seu amor ao Recife. *Folha de Pernambuco*. Recife, 4 maio 1999.
LACERDA, D. de. Lenda e encantamento a caminho do Reino. *Jornal do Commercio*. Recife, 14 maio 1997.
Lançado *O romance da pedra do reino*. Diario de Pernambuco. Recife, 9 set. 1971.
LEAL, César. As fontes clássicas e populares da poesia de Ariano Suassuna. In: _______. *Entre o leão e o tigre*: breves ensaios sobre teoria e crítica do poema. Recife: Fundação Joaquim Nabuco (FUNDAJ)/Editora Massangana, 1988, págs. 223-237.
LEAL-MacBRIDE, Maria-Odília. *Narrativas e narradores em* A pedra do reino: estruturas e perspectivas cambiantes. New York: Peter Lang Publishing, 1989.
LEE, A. Vida e morte no *Auto da compadecida*. *Jornal do Commercio*. Recife, 3 jan. 1999.
LEITÃO, Cláudia S. *Pour une ethique de L'esthetique*: ebauche d'une ethique armorial de l'homme du sertão bresilien a partir de la fete des caretas dans la Ville de Jardim (Ceará). Thése du Doctorat, U. F. R. de Sciences Sociales – Université René Descartes, Paris: V – Sorbonne.
LIDAY, L. F. The *Barcas* and the *Compadecida*: autos past and present. *Luso-Brazilian Review*. Madison: University of Wisconsin, II (1): 84-88, verão 1974.
LIMA, Janaína. *Auto da compadecida* chega no Natal. *Jornal do Commercio*. Recife, 18 out. 1998.
LIMA, João G. de. Rock, maracatu e animação. *Veja*. São Paulo, 28 maio 1997.
LIMA JÚNIOR, Carlos N. *A ilha baratária e a ilha Brasil*. Natal: Universidade Federal do Rio Grande do Norte/Editora Universitária, 1996.
_____. *A onça malhada e o espírito castanho*. Uma visão armorial da cultura brasileira. Natal: Cooperativa Cultural - UFRN, 1991. (Coleção sala de aula, 22.)
_____. *O pai, o exílio e o reino*: uma apresentação à poesia armorial de Ariano Suassuna. Natal: 1996, 2 vols. Dissertação (Mestrado em Literatura Comparada) – Departamento de Letras Universidade Federal de Pernambuco.
_____. *Os Quixotes do Brasil*: o real e o sonho no movimento armorial. Recife: 1990. Especialização em Teoria da Arte – Departamento de Letras, Universidade Federal de Pernambuco.
_____. Zélia Suassuna e o movimento armorial. *O Povo*. Fortaleza, 14 jun. 1999.
LIND, Georg R. Ariano Suassuna, romancista. *Colóquio*. Lisboa: nº 17, págs. 29-44, jan. 1974.
LINS, L. Suassuna, um secretário mais de cultura do que de educação. *Jornal do Brasil*. Rio de Janeiro, 2 maio 1975.
_____. Ariano Suassuna grava em CD seleção de 16 sonetos e histórias de sua vida. *Jornal do Brasil*. Rio de Janeiro, 7 set. 1998.

LOPES, João de O. A obra de Suassuna é uma catedral de símbolos. *Jornal do Commercio*. Recife, 23 nov. 1983.

LUNA, L. A última carta do dr. Suassuna. *Jornal do Commercio*. Recife, 7 abr. 1974.

MADEIRA JÚNIOR, W. *A pedra do reino contra o software da maldade*. Rio de Janeiro: 1998 (original digitado).

MADRUGA, W. A ignorância de cada um. *Tribuna do Norte*. Natal, 27 jun. 1999.

MAGALDI, Sábato. A pena e a lei: auto da esperança. In: ______. *Moderna dramaturgia brasileira*. São Paulo: Perspectiva, 1998. págs. 69-75.

_____. Em busca do populário religioso. In: ________. *Panorama do teatro brasileiro*. 3ª ed. São Paulo: Global, 1997, págs. 236-244.

MARINHEIRO, E. *A intextualidade das formas simples (aplicada ao* Romance d'A pedra do reino, *de Ariano Suassuna)*. Rio de Janeiro: 1977, s. ed. Tese (Livre-Docência de Teoria Literária) - Instituto de Letras e Artes da Pontifícia Universidade Católica do Rio Grande do Sul.

MARTINEZ-LOPEZ, E. Guia para lectores hispanos del *Auto da compadecida*. *Revista do Livro*. Rio de Janeiro, set. 1964: 85-103.

MARTINS, M. Arte poética dos cantadores nordestinos em Ariano Suassuna. *Colóquio* (Revista de Letras e Artes). Lisboa, nov. 1977, 40, págs. 5-19.

_____. Uma novela armorial. *Colóquio*. (Revista de Letras e Artes). Lisboa, jul. 1976, 32, págs. 57-61.

MATTOS, Adriana D. O bloco do pôr-do-sol. *Jornal do Commercio*. Recife, 29 jul. 1995.

_____. A visão de Post pelos olhos de jovens artistas. *Jornal do Commercio*. Recife, 12 dez. 1991.

_____. Em 93, arte ficou mais cosmopolita. *Jornal do Commercio*. Recife, 29 dez. 1993.

MELLO, Francisco B. Paris e Taperoá. *Diario de Pernambuco*. Recife, 28 jan. 1963.

MELO, José Laurênio de. Nota biobliográfica. In: SUASSUNA, Ariano. *O santo e a porca* e *O casamento suspeitoso*. 8ª ed. Rio de Janeiro: José Olympio, 1989, págs. VI-VIII.

Memorial da Pedra do Reino é inaugurado hoje. *Jornal do Commercio*. Recife: 31 maio, 1998.

MENDES, Guaraciaba. *Na confluência das formas*. Estudo de uma narrativa compósita: a pedra do reino de Ariano Suassuna. São Paulo, 1983. Dissertação (Mestrado em Lingüística) – Faculdade de Filosofia, Letras e Ciências Humanas, Universidade de São Paulo.

_____. *Na confluência das formas*: o discurso polifônico de Quaderna /Suassuna. São Paulo: Clíper Editora, 1997.

Menos pretensão e mais intenções no segundo LP da Armorial. *Jornal da Tarde*. São Paulo, 5 jan. 1976.

MESQUITA, O. A propósito de uma justificativa infeliz. *Jornal do Commercio*. Recife, 22 out. 1995.

MICHALSKI, Y. Compadecida revista pelo folclore. *Jornal do Brasil*. Rio de Janeiro, 16 mar. 1977.

Microssérie reúne atores migrados –núcleo Guel Arraes é exemplo de como talentos diisperdiçados podem ser finalmente reconhecidos. *Diario de Pernambuco.* Recife, 3 jan. 1999.

MILLÔR FERNANDES. Vou-vos contar. História baseada em fato real. Com leves sugestões cinematográficas. *República.* São Paulo, ano 3, nº 66, dez. 1998.

MIRA, Montserrat. La prosa armorial: Ariano Suassuna. *Brasil/ Cultura.* Buenos Aires, nº 14, págs. 5-7, nov. 1976.

Momento Literário. *Jornal do Commercio.* Recife, 28 nov. 1971.

MONTAIGNE, Véronique. Ariano Suassuna: la voix ardente du nordeste. *Le Monde.* Paris, 20 mar. 1998.

MONTEIRO, Ângelo. Ariano Suassuna e o estilo régio. *Jornal do Commercio.* Recife, 21 nov. 1971.

_____. Roteiro e chaves d'*A pedra do reino. Jornal do Commercio.* Recife, 13, 20, 27 set.; 4 e 11 out. 1972.

_____. O teatro de Ariano Suassuna. *Patrimônio Cultural de Pernambuco.* Recife, ano 22 II, nº 22, set. 1984.

MORAES, Frederico. A arte em Pernambuco: o armorial de Suassuna. *O Globo.* Rio de Janeiro, 11 jun. 1975.

MORAES, Ma. Tereza D. *Emblemas da sagração armorial*: momentos do movimento armorial em Pernambuco 1970-1976. São Paulo: 1994. Dissertação (Mestrado em História), Pontifícia Universidade Católica de São Paulo.

MORAIS, F. A arte em Pernambuco: o armorial de Suassuna. *O Globo*, 11 jun. 1975.

Mosaicos armoriais: exposição reúne peças de Guilherme da Fonte. *Diario de Pernambuco.* Recife, 7 jan. 1999.

MOTA, Mauro. Balanço literário de 1948. *Diario de Pernambuco.* Recife, 21 nov. 1948.

_____. Geração dos imberbes. *Diario de Pernambuco.* Recife, 30 jun. 1949.

MOURA, I. A cavalgada da pedra do reino. *Diario de Pernambuco.* Recife, 31 maio. 1998.

_____. Um dueto afinadamente armorial. Antônio Carlos Nóbrega encontrou em Romero de Andrade Lima o parceiro ideal, com quem divide a mesma memória. *Diario de Pernambuco.* Recife, 5 jan. 1992.

_____. Encontro de Ariano e Schuller no palco. *Diario de Pernambuco.* Recife, 25 nov. 1998.

_____. Pernambucano é destaque nacional – João Falcão escreve seriado com personagens do *Auto da compadecida. Diario de Pernambuco.* Recife, 28 mar. 1999.

_____. Guel Arraes filma mais famosa peça de Ariano Suassuna com elenco global – *Auto da compadecida* – minissérie de luxo. *Diario de Pernambuco.* Recife, 20 out. 1998.

_____. Nova revelação da arte dramática: Matheus Nachtergaele protagoniza *O auto da compadecida. Diario de Pernambuco.* Recife, 5 jan. 1999.

_____. Em cultura, é momento de semear. *Diario de Pernambuco.* Recife, 13 abr. 1999.

NANNE, K. O reino maldito. Uma história de fé, poder, fanatismo e sangue no sertão pernambucano. *Terra.* Rio de Janeiro, 42ª ed., ano 4, nº 10, out. 1995.

NIVALDO, José. Movimento armorial brasileiro e regionalismo. *Jornal do Commercio.* Recife, 12 fev. 1972.

NOGUEIRA, Ma. Aparecida L. Cultura e imaginário em Ariano Suassuna. *Thot*, nº 67, págs. 20-24, nov. 1997.

_____. As pelejas do cavaleiro-do-sertão ou os 70 anos de Ariano Suassuna. *O Pão*. Fortaleza: CEARTE, ano VI, nº 47, págs. 7-8, dez. 1997.

_____. Caleidoscópio de vidas e idéias. In: CASTRO, Gustavo de, ALMEIDA, Maria da Conceição de, CARVALHO, Edgard de Assis (Orgs.). *Ensaios de complexidade*. Porto Alegre: Sulinas, 1997, págs. 203-210.

_____. O paradoxo na obra de Ariano Suassuna. *Anthropológicas* (revista da Pós-Graduação em Antropologia da Universidade Federal de Pernambuco). BRANDÃO, Ma. do Carmo, MOTTA, Roberto, MOTTA, Antônio C. (Orgs.). Série Anais. Antropologia, Memória, Tradição e Perspectivas. V ENCONTRO DE ANTROPÓLOGOS DO NORTE NORDESTE. Ano III, Vol. 7. Recife: Editora Universitária, 1998, págs. 505-510.

Obra de Suassuna é fonte de pesquisa. *Jornal do Commercio*. Recife, 5 set. 1999.

OLIVEIRA, R. O frevo da síntese. *O Globo*. Rio de Janeiro, 9 jul. 1998.

ORICCHIO, Luiz Z. Arte não é mercado, mas vocação e festa. *O Estado de São Paulo*. São Paulo, 12 jul. 1997.

Os Trapalhões descobrem o reino mágico de Taperoá. *Diario de Pernambuco*. Recife, 22 jul. 1987.

OSCAR, Henrique. Apresentação. In: SUASSUNA, Ariano. *Auto da compadecida*. 24ª ed. Rio de Janeiro: Agir, 1989, págs. 9-14.

PAVAN, A. Erudito e popular. *Educação*. Ano 26, nº 218, jun. 1999.

A pedra do reino. *Correio Brasiliense*. Brasília, 17 set. 1971.

A pedra do reino abre o primeiro festival de teatro. *Jornal do Commercio*. Recife, 20 nov. 1997.

PERÊA, R. Ariano Suassuna e o sentido de renovação conciliar no teatro. *Estudos Universitários*. Recife, nº 10, págs. 117-128, abr./jun. 1970.

PINHEIRO, Kilma de B. *A pedra do reino e a tradição literária brasileira*. Brasília: 1983. Dissertação (Mestrado em Literatura brasileira) – Departamento de Letras e Lingüística, Universidade de Brasília.

PINHEIRO, Nevinha. Entidades fantásticas que povoam o reino mágico de Ariano Suassuna. *Tribuna da Imprensa*. Rio de Janeiro, 11-12 ago. 1973.

PINHEIRO, Beatriz C. *Imaginário oligárquico & identidade nacional*: um estudo sociológico sobre o tipo brasileiro no Romance da pedra do reino... Recife: 1994. Dissertação (Mestrado em Sociologia) – Universidade Federal de Pernambuco.

PINTO, José N. A marcha caminheira do Quinteto Armorial. *Jornal do Brasil*. Rio de Janeiro, 31 mar. 1976.

POLO, M. Talento nordestino sobe no palco do Arraial. *Jornal do Commercio*. Recife, 8 jun. 1998.

PÓLVORA, H. Raízes de Suassuna. *Jornal do Brasil*. Rio de Janeiro, 13 mar. 1974.

_____. Cuba vai ver o que pernambucano tem. *Jornal do Commercio*. Recife, 29 maio 1997.

PONTES., Joel. Aspectos medievais de um auto mariano. *Correio das Artes*. João Pessoa, 25 dez. 1977.

PONTES, Catarina S. *O riso-a-cavalo no galope do sonho*: auto da compadecida. Rio de Janeiro: 1981. Dissertação (Mestrado em Literatura brasileira) – Instituto de Letras da Universidade Federal Fluminense.

PORTELA, E. Folclore e poesia. *Dimensões I*. Rio de Janeiro: Agir, 1959.

PRIETO, Sônia. A simbologia sebástica no *Romance d'A pedra do reino* de Ariano Suassuna. *Diario de Pernambuco*. Recife, 7 out. 1995.

Projeto discute o teatro adolescente: o grupo revelou para o país Ariano Suassuna. *Diario de Pernambuco*. Recife, 25 ago. 1998.

Quaderna. *Jornal do Commercio*. Recife, 24 out. 1971.

QUADROS, Antônio. O sebastianismo brasileiro. In: _____. *Poesia e filosofia do mito sebastianista*. Lisboa: Guimarães Editores, 1982, 2 vols., v. I, págs. 249-270.

QUEIROZ, Rachel de. Um romance picaresco? In: SUASSUNA, Ariano. *Romance d'A pedra do reino e o príncipe do sangue do vai-e-volta*. Rio de Janeiro: José Olympio, 1971, págs. XI-XIII.

Quem é Ariano? *Revista Presença*. Sergipe, Ano IX, nº 62, set. 1973.

REBELLO, L. F. Ariano Suassuna *A pena e a lei*. *Colóquio* (Revista de Letras e Artes). Lisboa, 16, págs. 95-96, nov. 1973.

Recife de bons ventos. Na nova cena pernambucana, regional rima com universal. *O Globo*. Rio de Janeiro, 24 abr. 1999.

Recife verá Balé Armorial dia 18 no Santa Isabel. *Jornal do Commercio*. Recife, 13 jun. 1976.

RÊGO, George B. do, MACIEL, Jarbas. *Suassuna e o movimento armorial*. Recife: Universidade Federal de Pernambuco/Editora Universitária, 1987.

REGO, José Lins do. Estudantes. *Diário de Pernambuco*. Recife, 14 dez. 1948.

REZENDE JÚNIOR, J. A odisséia nordestina de Ariano Suassuna. *Correio Braziliense*. Brasília, 7 set. 1997.

RIBEIRO, I. Grupo Grial, criado pelo dramaturgo Ariano Suassuna, funde o popular e o erudito por meio da coreografia dos seus bailarinos. *Tribuna do Norte*. Natal, 22 ago. 1999.

ROCHA, G. Conversas. *Diário de Notícias*. Salvador, 13 mar. 1960.

ROCHE, Jean. A pedra do reino: um marco da literatura brasileira. *Jornal do Commercio*. Recife, 30 jan. 1972.

RODRIGUES, O. Falando de artes. *Jornal do Commercio*. Recife, 3 dez. 1998.

_____ . Poesia. *Jornal do Commercio*. Recife, 15 nov. 1998.

_____ . Medalha. *Jornal do Commercio*. Recife, 1 nov. 1998.

Romance de Ariano Suassuna lidera a venda de livros em João Pessoa. *Diario de Pernambuco*. Recife, 11 jan. 1972.

Romeu e Julieta segue em turnê pelo interior. *Diario de Pernambuco*. Recife, 26 out. 1999.

ROSA, Roldão M. Livros & revistas. *A Tribuna*. Santos, 15 set. 1971.

ROSAS, Clemente. A solidão de Ariano Suassuna. In: _______ . *Coco de roda*: treze ensaios iluministas. Recife: Fundação do Patrimônio Histórico e Artístico de Pernambuco (FUNDARPE), 1996, págs. 49-56.

SÁ, N. de. *Graal* une erudito e popular. *Folha de São Paulo*. São Paulo, 19 mar. 1998.

_____ . Suassuna traz arcaico à era da informação. *Folha de São Paulo*. São Paulo, 11 nov. 1995.

_____ . *Auto da paixão* reinventa o prazer do rito. *Folha de São Paulo*. São Paulo, 14 jul. 1993.

SAMPAIO, I. Questão de princípio. *Jornal do Commercio*. Recife, 7 nov. 1999.

SAMPAIO, R. Imperador sanguessuga. *Folha de Pernambuco*. Recife, 24 jun. 1999.

SANTIAGO, Silviano. Situação de Ariano Suassuna. In: SUASSUNA, Ariano. *Seleta em prosa e verso.* Rio de Janeiro/Brasília: José Olympio/INL, 1974, págs. XIV-XVII.

SANTOS, Idelette Muzart F. dos. *Em demanda da poética popular*: *Ariano* Suassuna e o movimento armorial. Campinas: Editora da UNICAMP, 1999.

_____. Roteiro para a leitura do *Romance d'A pedra do reino* de Ariano Suassuna. In: __________(Org.). *A literatura na Paraíba ontem e hoje.* João Pessoa: Fundação Casa de José Américo, 1989, págs. 89-103.

_____. O teatro de Ariano Suassuna e a literatura nordestina: uma Poética do Palimpsesto. *Investigações* (revista do Programa de Pós-Graduação em Letras e Lingüística da Universidade Federal de Pernambuco). Recife, vol. 2, págs. 155-165, dez. 1992.

_____. Uma epopéia do sertão. In: SUASSUNA, Ariano. *História d'O rei degolado nas caatingas do sertão. Ao sol da onça caetana.* Rio de Janeiro: José Olympio, 1977, págs. XIII-XVI.

_____. *Le roman de chevalerie et son interprétation par un écrivain brésilien contemporaine:* A pedra do reino *de Ariano Suassuna. Mémoire de maîtrise.* Paris: Université de Paris III, 1974.

_____. *Littérature populaire et littérature savante au Brésil: Ariano Suassuna et le mouvement armorial.* Thèse pour doctorat d'Etat ès-lettres et sciences humaines. Paris: Université de Paris III, 1981, 3 vols.

_____. Une typologie de la citation populaire dans *A pedra do reino* de Ariano Suassuna. Romanica Vulgaria. L'Aquila: Japadre Ed., 1982, 4/5, págs. 169-204.

_____. A demanda romanesca de Ariano Suassuna: uma leitura do *Romance d'A pedra do reino. Correio das Artes/A União.* João Pessoa, 1, 10 out. 1982; 2, 24 out. 1982.

_____. La quête romanesque de Ariano Suassuna: uma leitura du Romance d'A pedra do reino. *Bulletin des Études Portugaises et Brésiliennes.* Paris: 1983, págs. 42-43; 179-198.

_____. Da literatura popular ao teatro de Ariano Suassuna: recriação e transformação ideológica da personagem do malandro. In: OTÁVIO, José (Org.). *José Américo e a cultura nordestina.* João Pessoa: Fundação Casa de José Américo, 1983, págs. 141-151.

SANTOS, Lívia F. O castelo de Quaderna. *Diario de Pernambuco.* Recife, 3 out. 1980.

SILVA, G. No vídeo, uma obra de Ariano. *Jornal do Commercio.* Recife, 1 jun. 1994.

SILVA, João J. da. *Ariano Suassuna*: 60 anos de vida encantada. Recife, FUNDARPE, 1987.

SILVA, Micheline Ana P. da. *A figura do pícaro na obra de Ariano Suassuna.* Monografia (graduação em História) Universidade Federal de Pernambuco, 1998.

SILVA, R. M. O. *Recursos cômicos em* A pena e a lei, *de Ariano Suassuna*: personagem e linguagem. Dissertação (Mestrado em Literatura), João Pessoa, Universidade Federal da Paraíba, 1986.

O som erudito em cartaz no Arraial. *Jornal do Commercio.* Recife, 17 set. 1998.

Sucesso armorial de violas e violinos. *O Globo.* Rio de Janeiro, 2 fev. 1971.

SUASSUNA, Zélia. O engenho e a arte de Zélia Suassuna. In: MORGANTI, Vera Regina. *Confissões do amor e da arte.* Porto Alegre: Mercado Aberto, 1994, págs. 345-366. Entrevistas.

Suassuna é grande êxito em Hamburgo. *Folha de São Paulo.* São Paulo, 23 out. 1967.
Suassuna, um romance popular nordestino. *Folha da Tarde.* São Paulo, 11 set. 1971.
Suassuna recebeu influência. *Folha de São Paulo.* São Paulo, 26 abr. 1997.
TERCEIRO NETO, D. Viúva de João Suassuna reconstitui fatos de 1930 e sua longa caminhada. *O Norte.* João Pessoa, 30 dez. 1989.
TEIXEIRA, F. Teatro Universitário UFPB apresenta *Auto da compadecida. O Norte.* João Pessoa, 4 nov. 1976. Entrevista.
_____. *Auto da compadecida* e o teatro vivo. *O Norte.* João Pessoa, 26 nov. 1976.
Le testament du chien. L'atelier au Parc la Grange. *La Suisse.* 12 ago. 1969.
TIMOCHENKO, W. Teatro no nordeste. *O Estado de São Paulo.* São Paulo, 21 mar. 1971. Suplemento Literário.
Todos os caminhos levam à pedra do reino. *Folha de Pernambuco.* Recife, 28 maio 1999.
Na Ufes, um debate sobre nossa cultura popular. *A Tribuna.* Vitória, 19 mar. 1976.
VALADARES, Paulo. Suassuna: sob pele de ovelha. *O Pão.* Fortaleza, ano VI, nº 38, 28 fev. 1997.
VALADARES, Clarival do P. São os do Norte.... *Jornal do Brasil.* Rio de Janeiro, 11 nov. 1967.
VALE, Ana L. do. Globo estréia *Auto da compadecida*: a minissérie, baseada na história de Ariano Suassuna começa hoje. *Folha de Pernambuco.* Recife, 5 jan. 1999.
VAN WOENSEL, M. *Uma leitura semiótica de* A pedra do reino *de Ariano Suassuna.* Dissertação (Mestrado em Literatura), Universidade Federal da Paraíba, 1978.
Várias – Romance. *Jornal do Commercio.* Recife, 17 out. 1971.
VASSALO, Lígia. Identidade e alteridade em Ariano Suassuna: Tensão entre o regional e o universal. In: CONGRESSO ABRALIC. *Literatura e diferença.* São Paulo: ABRALIC, 1995, págs. 507-511.
_____. Identidade e diferença na sociedade dual. *Tempo Brasileiro.* Rio de Janeiro, nº 114/115, págs. 63-70, jul./dez. 1993.
_____. *O sertão medieval*: Origens européias do teatro de Ariano Suassuna. Rio de Janeiro: Francisco Alves, 1993.
_____. *Permanência do Medieval no teatro de Ariano Suassuna.* Tese (Doutorado em Teoria Literária), Universidade Federal do Rio de Janeiro, 1988.
VELOSO, C. Dostoiévski, Ariano e a pernambucália. *Folha de São Paulo.* São Paulo, 2 nov. 1999.
VILA NOVA, S. Por que deixei o Conselho Editorial da Fundarpe. *Jornal do Commercio.* Recife, 8 out. 1995.
VILAÇA, Marcos V. Em louvor do cangaceiro de Taperoá. In: _______. *No território do sentimento.* Recife, Fundação de Cultura da Cidade do Recife, 1992, págs. 153-168.
VICTOR, A. Paisagens armoriais. *Jornal do Commercio.* Recife, 6 maio 1999.
VIEIRA, João L. Novembro será o mês de celebrar o teatro. *Jornal do Commercio.* Recife, 22 set. 1997.
WANDERLEY, Vernaide M. *A pedra do reino*: sertão vivido de Ariano Suassuna. Rio Claro (SP), 1997. Tese (Doutorado em Geografia) – Instituto de Geociências e Ciências Exatas, Universidade Estadual Paulista.
WANDERLEY, Vernaide, MENEZES, Eugênia. *Viagem ao sertão brasileiro:* leitura geo-sócio-antropológica de Ariano Suassuna, Euclides da Cunha e

Guimarães Rosa. Recife: Fundação do Patrimônio Histórico e artístico de Pernambuco (FUNDARPE), 1997.
WINGERTER, G. El Auto da compadecida y los autos de Calderón: alguns paralelos. *Luso-Brazilian Review*. Madison: University of Wisconsin Press. 20(1): 150-163.
YAARI, Josef D. Explicando. In: ______. *Psicologia da metamorfose*. São Paulo: Hermes, 1989, págs. 19-30.
ZAIDAN FILHO, M., PINA, Micheline A. A saga do herói picaresco. Ariano Suassuna confessa ter muito respeito e estima pelo povo. *Folha de Pernambuco*. Recife, 12 maio 1999.

III - GERAIS

ALMEIDA, Maria da Conceição X. de. Complexidade: do casulo à borboleta. In: CASTRO, G. de, CARVALHO, Edgard de A., ALMEIDA, Maria da Conceição de (Orgs.) *Ensaios de complexidade*. Porto Alegre: Sulinas, 1997, págs. 25-45.
ANDRADE, M. *Danças dramáticas do Brasil*. 1° Tomo. 2ª ed., Belo Horizonte/ Brasilia: Itatiaia, INL,1982.
ARARIPE JÚNIOR, T. A. *O reino encantado*: chronica sebastianista. Rio de Janeiro: Typografia da Gazeta de Noticias, 1878.
ATLAN, H. *Entre o cristal e a fumaça*: ensaio sobre a organização do ser vivo. Rio de Janeiro: Jorge Zahar, 1992.
_____. *Com razão ou sem ela*: intercrítica da ciência e do mito. Lisboa: Instituto Piaget, s/d.
AUGÉ, M. *Não-lugares*: introdução a uma antropologia da surpermodernidade. Campinas: São Paulo, 1994.
_____. *História de João da Cruz*. São Paulo, Luzeiro, 1986.
BACHELARD, G. *O direito de sonhar*. Trad. José Américo Motta Pessanha et. al. São Paulo: Difel, 1985.
_____. *O novo espírito científico*. Lisboa: Edições 70, 1986.
_____. *A filosofia do não*: filosofia do novo espírito científico. Lisboa: Editorial Presença, s/d.
_____. *A terra e os devaneios do repouso*: ensaio sobre as imagens da intimidade. Trad. Paulo Neves, 1990.
_____. *A terra e os devaneios da vontade*: ensaio sobre a imaginação das forças. Trad. Paulo Neves, 1991.
_____. *A psicanálise do fogo*. Trad. Paulo Neves. São Paulo: Martins Fontes, 1994.
BATESON, G. *Natureza e espírito*: uma unidade necessária. Lisboa: Publicações Dom Quixote, 1987.
BENJAMIN, W. O Narrador: considerações sobre a Obra de Nicolai Leskov. In: *Magia e técnica, arte e política*: *ensaios sobre literatura e história da cultura*. 7ª ed. Trad. Sérgio Paulo Rouanet. São Paulo: Brasiliense, 1994, págs. 197-221 (Obras Escolhidas; Vol. I).
_____. *O flâneur*. São Paulo: Ática, 1985, págs. 65-91. (Coleção grandes cientistas sociais, 50).
BOHM, D. *A totalidade e a ordem implicada*. São Paulo: Cultrix, 1992.
BOHM, D. & PEAT, F. David. *Ciência, ordem e criatividade*. Lisboa: Gradiva, 1989

BOHR, N. *Física atômica e conhecimento humano*: ensaios 1932-1957, Rio de Janeiro: Contraponto, 1995.
BORHHEIM, Gerd A. O conceito de tradição. In: *Tradição/Contradição*. Rio: Jorge Zahar/FUNARTE, 1998.
BROCKMAN, J. *Einstein, Gertrude Stein, Wittgenstein e Frankenstein*: reiventando o Universo. São Paulo: Companhia das Letras, 1988.
CALVINO, I. *As cidades invisíveis*. 4ª ed. Trad. Diogo Maianardi. São Paulo: Companhia das Letras, 1990.
CAPRA, F. *A teia da vida*: uma nova compreensão científica dos sistemas vivos. São Paulo: Cultrix, 1996.
CARDOSO, J. *Poesias completas*. Rio de Janeiro: Civilização Brasileira, 1971.
CARVALHO, E. de Assis. A Declaração de Veneza e o desafio transdiciplinar. Narradores e Intérpretes. *Margem*, São Paulo, nº 1, mar. 1992.
_____. O reencantamento do homem. Condição Planetária. *Margem*, São Paulo, nº 3, dez. 1994.
_____. Estrangeiras imagens. In: *Ensaios de complexidade*. CASTRO, G. de, CARVALHO, Edgard de A., ALMEIDA, Ma. da Conceição (Orgs.). Porto Alegre: Sulinas, 1997, págs. 139-152.
_____. Imagens da tradição. In: *Dentro do texto, dentro da vida*: ensaios sobre Antônio Cândido. São Paulo: Companhia das Letras, 1992.
CASCUDO, C. *Contos tradicionais do Brasil*. 12ª ed. Rio de Janeiro: Ediouro, 1999.
CERVANTES, M. de. *Dom Quixote de la Mancha*. Trad. Viscondes de Castilho e Azevedo. São Paulo: Abril Cultural, 1981.
COHN, Bernard S. A representação da autoridade na Índia vitoriana. In: *A invenção das tradições*. HOBSBAWM, E, RANGER, T (Orgs.), 2ª ed. Rio de Janeiro: Paz e Terra, 1997.
CUNHA, E. *Os sertões*: campanha de Canudos. São Paulo: Abril Cultural, 1979.
DOSTOIÉVSKI, Fiódor M. Os irmãos Karamázovi. In: *Obra completa*, Vol III. Rio de Janeiro: Nova Aguilar, 1995, págs. 495-1101.
DUARTE, J. Seca cria *miseravelmente mortos*. *Jornal do Commercio*. Recife, 21 abr. 1998.
DURAND, G. *Mito, símbolo e mitodologia*. Lisboa: Editorial Presença, 1982.
_____. Sobre a exploração do imaginário, seu vocabulário, métodos e aplicações transdisciplinares: mito, mitanálise e mitocrítica. *Revista da Faculdade de Educação*. São Paulo: jan./dez, 1985.
_____. *As estruturas antropológicas do imaginário*. Lisboa: Editorial Presença, 1989 (Coleção métodos, 31.).
_____. *L'imaginaire*: essai sur les sciences de la philosophie de l'image. Paris: Haltier, 1994.
ECO, U. *A definição da arte*. Trad. José Mendes Ferreira. Rio de Janeiro/Lisboa: Elfos Editora/Edições 70, 1995.
_____. *Obra aberta*. 8ª ed. São Paulo: Perspectiva, 1997.
_____. *Interpretação e superinterpretação*. São Paulo: Martins Fontes, 1997.
EINSTEIN, A. *Como vejo o mundo*. Rio de Janeiro: Nova Fronteira, 1981.
ESPANCA, F. *A mensagem das violetas*: antologia. Seleção e tradução de Sérgio Faraco. Porto Alegre: L&PM Pocket, 1997.
ESTÉS, C. Pinkola. *O dom da história*: uma fábula sobre o que é suficiente. Trad. Waldéa Barcellos. Rio de Janeiro: Rocco, 1998.

_____. *O jardineiro que tinha fé*: uma fábula sobre o que não pode morrer nunca. Trad. Waldéa Barcellos, Rio de Janeiro: Rocco, 1996.
FIGUEREDO, A. *D. Sebastião, rei de Portugal (1554-1578)*. 8ª ed. Paris/Lisboa, Livrarias Aillaud/Bertrand, 1925.
FREUD, S. Dostoyevski y el parricidio. In: *Obra completa*, Tomo III, 3ª ed., Madrid: Editorial Biblioteca Nueva, s/d., págs. 3004-3015.
_____. El chiste y su relacion con lo inconsciente. In *Obra completa*, Tomo I, 3ª ed., Madrid: Editorial Biblioteca Nueva, s/d., págs. 1030-1167.
_____. Totem y tabu. In *Obra completa*, Tomo III, 3ª ed., Madrid: Editorial Biblioteca Nueva, s/d., págs. 1745-1859.
_____. O humor. In: *Obra completa*, Tomo III, 3ª ed. Madrid: Editorial Biblioteca Nueva, s./d., págs. 2997-3000.
GARDNER, H. *A nova ciência da mente*. São Paulo: EDUSP, 1995.
GIL VICENTE. *Auto da barca*. Lisboa: Europa-América, 1987.
_____. *Três autos*: auto da alma, Auto da barca do inferno, Auto de Morfina Mendes. 7ª ed., Rio de Janeiro: Ediouro, 1996.
GIRARDET, R. *Mitos e mitologias políticas*. São Paulo: Companhia das Letras, 1987.
HAWKING, Stephe W. *Uma breve história do tempo do big-bang aos buracos negros*. São Paulo: Círculo do Livro , s/d.
HEISENBERG, W. *Física e filosofia*. Brasília: Editora da Universidade de Brasília, 1981.
_____. *A parte e o todo*. Rio de Janeiro: Contraponto, 1996.
HOBSBAWM, E. Introdução: a invenção das tradições. In: HOBSBAWM, E, RANGER, T. (Orgs.) *A invenção das tradições*. 2ª ed. Rio de Janeiro: Paz e Terra, 1997.
JUNG, Carl G. *O espírito na arte e na ciência*. 3ª ed. Petrópolis: Vozes, 1991.
_____. *Sincronicidade*. 4ª ed. Petrópolis, Vozes, 1990.
LÉVI-STRAUSS, C. *As estruturas elementares do parentesco*. 2ª ed. Trad. Mariano Ferreira. Petrópolis: Vozes, 1982.
_____. *O pensamento selvagem*. Campinas: Papirus, 1989.
_____. *História de lince*. São Paulo: Companhia das Letras, 1993.
_____. *Antropologia estrutural II*. 4ª ed. Rio de Janeiro: Tempo Brasileiro, 1993.
_____. *Antropologia Estrutural*. 4ª ed. Trad. Chaim Samuel Kate e Eginardo Pires. Rio de Janeiro: Tempo Brasileiro, s./d.
_____. *Olhar, escutar, ler*. Trad. Beatriz Perrone-Moisés. São Paulo: Companhia das Letras, 1997.
LÉVY, P. *As tecnologias da inteligência*: o futuro do pensamento na era da informática. Rio de Janeiro: Editora 34, 1995
MAINARD, D. *Polígono das secas*. São Paulo, Companhia das Letras, 1995.
_____. *Contra o Brasil*. São Paulo: Companhia das Letras, 1998.
MATIAS AIRES. *Reflexões sobre a vaidade dos homens*. São Paulo: Martins Fontes, 1993.
MATURANA, H. *A ontologia da realidade*. Belo Horizonte: Editora UFMG, 1997.
MATURANA, H. ,VARELA, V. *A árvore do conhecimento*: as bases biológicas da compreensão humana. São Paulo: Palas Athena, 2001.
MELO NETO, João C. *A educação pela pedra e depois*. Rio de Janeiro: Nova Fronteira, 1997.

MEYER, M. *Pirineus, caiçaras... Da commedia dell'arte ao bumba-meu-boi.* 2ª ed. Campinas: Editora da UNICAMP, 1991.

_____. *Caminhos do imaginário no Brasil.* São Paulo: EDUSP, 1993.

MOLIÈRE. *Comédias.* Tradução e adaptação de Osmar Perazzo Lannes. São Paulo: Paumape, 1993.

MONTAIGNE, M. de. Da vaidade. In: *Ensaios.* Trad. Sérgio Millet. São Paulo: Abril Cultural, 1972, págs. 431-454. (Coleção Os Pensadores; Vol. XI).

MORIN, E. *O paradigma perdido*: a natureza humana. Lisboa: Europa-América, s/d.

_____. *O método I*: a natureza da natureza. 2ª ed., Lisboa: Europa-América, s/d.

_____. *O método II*: a vida da vida. 2ª ed. Lisboa: Europa-América, s/d.

_____. *O método III*: o conhecimento do conhecimento. Lisboa: Europa-América, s/d.

_____. *O método IV*: as idéias: a sua natureza, vida, habitat e organização. Lisboa: Europa-América, s/d.

_____. *Meus demônios.* Lisboa: Europa-América, s/d.

_____. *As grandes questões do nosso tempo.* 4ª ed. Lisboa: Editorial Notícias, s/d.

_____. *O homem e a morte.* 2ª ed. Lisboa: Europa-América, s/d.

_____. *Ciência com consciência.* Lisboa: Europa-América, s/d.

_____. et al. *O problema epistemológico da complexidade.* Lisboa: Europa-América, s/d.

_____. *Cultura de massa no século XX*: o espírito do tempo 2 – Necrose. 2ª ed. Rio de Janeiro: Forense-Universitária, 1986.

_____. *Cultura de massa no século XX:* Neurose 1. 8ª ed. Rio de Janeiro: Forense - Universitária, 1990.

_____. *Introduction à la pensée complexe.* Paris: ESF, 1990.

_____. *Une annéee sisyphe.* Paris: Seuil, 1995.

_____. *Terra-pátria.* Porto Alegre: Sulina, 1995.

MOTTA, Roberto Mauro C. Morro da Conceição. *Diario de Pernambuco.* Recife, 8 dez, 1979.

NOGUEIRA, Ma. Aparecida L. *O imaginário*: uma viagem ao universo do acolhedor-acolhido. Recife: 1994. Dissertação (Mestrado em Antropologia), Universidade Federal de Pernambuco.

_____. A (ex) (des) estrutura em Gilbert Durand. *Cadernos de Estudos Sociais.* Recife: Massangana, vol. 9, nº 2, jul./dez. 1993, págs. 259-266.

_____. Da relação entre o trajeto antropológico e a física moderna. *Ciência & Trópico.* Recife: Massangana, vol. 22, nº 2, jul./dez. 1994, págs. 245-254.

_____. A cidade imaginada ou o imaginário da cidade. In: *Revista história, ciências, saúde – Manguinhos*, Vol V, nº I, mar./jun. 1998, págs. 115-123.

NOVAES, E. *O reino da pedra encantada.* Edição do autor, s./d.

PERRONE-MOISÉS, L. *Altas literaturas*: Escolha e valor na obra crítica de escritores modernos. São Paulo: Companhia das Letras, 1998.

PESSIS-PASTERNACK, G. *Do caos à inteligência artificial.* São Paulo: UNESP, 1992.

PESSOA, F. *Livro do desassossego,* Vol. I. 2ª ed. Campinas: Editora da UNICAMP, 1996.

_____. *Livro do desassossego,* Vol II. Campinas: Editora da UNICAMP, 1994.

PHILLIPS, A. *O flerte.* Trad. Cid Knipel Moreira. São Paulo: Companhia das Letras, 1998.

PLAUTO. *A comédia da marmita*. Trad. Aulularia. Brasília: Editora Universidade de Brasília, 1993.

PRIGOGINE, I. *O nascimento do tempo*. Lisboa: Edições 70, 1991.

_____. *O fim das certezas*: tempo, caos e as leis da natureza. São Paulo: UNESP, 1996.

PRIGOGINE, I., STENGERS, I. *A nova aliança*. Brasília: Editora da Universidade de Brasília, 1991.

_____. *Entre o tempo e a eternidade*. São Paulo: Companhia das Letras, 1992.

QUADROS, A. *Poesia e filosofia do mito sebastianista*: polêmica, história e teoria do mito. Lisboa: Guimarães & Cia. Editores, 1983.

_____. *Memórias das origens, saudades do futuro*: valores, mitos, arquétipos, idéias. Lisboa: Europa-América, s/d.

REGO, José L. do. *Pedra Bonita*. Rio de Janeiro: José Olympio/Civilização Brasileira/Editora Três, 1973.

_____. *Cangaceiros*, 8ª ed. Rio de Janeiro: José Olympio, 1982.

ROSA, João G. *Grande sertão: veredas*. 13ª ed. Rio de Janeiro: José Olympio, 1979.

ROSNAY, J. de. *L'homme symbiotique*: regards sur le troisième milénaire. Paris: Seuil, 1995.

ROUSSEAU, Jean-Jacques. *Devaneios do caminhante solitário*. 3ª ed. Trad. Fúlvia Maria Luiza Moretto. Brasília: Editora da Universidade de Brasília, 1995.

SANTIAGO, S. Permanência do discurso da tradição no modernismo. In: *Tradição/Contradição*. Rio de Janeiro: Jorge Zahar/FUNARTE, 1987.

SHAKESPEARE, W. *Hamlet*. Trad. Millôr Fernandes. Porto Alegre: L&PM, 1996.

SHELDRAKE, R. *O renascimento da natureza*: o reflorescimento da ciência e de Deus. São Paulo: Cultrix, 1991.

SÓFOCLES. *Antígona*. Trad. Millôr Fernandes. São Paulo: Paz e Terra, 1997.

SÓFOCLES – ÉSQUILO. *Rei Édipo – Antígone / Prometeu Acorrentado*. Tradução e notas de J. B. e Souza. Rio de Janeiro: Ediouro, s./d.

TODOROV, T. *Nós e os outros*: a reflexão francesa sobre a diversidade humana – 1. Rio de Janeiro: Jorge Zahar, 1993.

TOLSTOI, L. *A morte de Ivan Ilitch e Os três anciãos*. Trad. Boris Chnaiderman, Aurélio Buarque de Holanda e Paulo Rónai. Rio de Janeiro: Ediouro, 1997.

Tristão e Isolda. 9ª ed. Trad. Maria do Anjo Braamcamp Figueredo. Rio de Janeiro: Francisco Alves, 1995.

VALENTE, V. *Misticismo e região*: aspectos do Sebastianismo Nordestino. 2ª ed. Recife: Asa, 1986.

VIRGÍLIO. *Bucólicas*. Tradução e notas de Péricles Eugênio da Silva Ramos. São Paulo/Brasília: Melhoramentos/Ed. da Universidade de Brasília, 1982.

WEBER, R. *Diálogos com cientistas e sábios*. São Paulo: cultrix, 1994.

WILBER, K. et alli. *O paradigma holográfico e outros paradoxos*: uma investigação nas fronteiras da ciência. São Paulo: Cultrix, 1994-95.

WILSON, Edward O. *A unidade do conhecimento*: consiliência. Rio de Janeiro: Campus, 1999.

Outras obras desta editora

Aceitação de si mesmo e As idades da vida, A	*Romano Guardini*
Anais de um simpósio imaginário	*Beto Hoisel*
Animais e a psique, Os	*Denise Ramos, et al.*
Árvore do conhecimento - as bases biológicas da compreensão humana, A	*Humberto Maturana e Francisco J. Varela*
Autobiografia – Minha Vida e minhas experiências com a verdade	*Mohandas K. Gandhi*
Butoh, dança veredas d'alma	*Maura Baiocchi*
Carta a um amigo	*Nagarjuna*
Conquista psicológica do mal, A	*Heinrich Zimmer*
Coração da filosofia, O	*Jacob Needleman*
Cultivando a mente de amor	*Thich Nhat Hanh*
Ética, solidariedade e complexidade	*Edgar Morin, et al.*
Falsafa: a filosofia entre os árabes	*Miguel Attie Filho*
Filosofias da Índia	*Heinrich Zimmer*
Forjadores espirituais da história	*Ignacio da Silva Telles*
Grinalda preciosa, A	*Nagarjuna*
Livro tibetano do viver e do morrer, O	*Sogyal Rinpoche*
Máscaras de Deus, As mitologia primitiva – vol. 1 mitologia oriental – vol. 2	*Joseph Campbell*
Mente zen, mente de principiante	*Shunryu Suzuki*
Minha terra e meu povo	*Tenzin Gyatso, XIV Dalai Lama*
Mitos e símbolos na arte e civilização da Índia	*Heinrich Zimmer*
Muito Prazer, São Paulo! - Guia de museus e instituições culturais de São Paulo	*Simona Misan e Thereza C. Vasques*
Paixões do ego – complexidade, política e solidariedade, As	*Humberto Mariotti*
Poder do mito, O	*Joseph Campbell* e *Bill Moyers*
Roca e o calmo pensar, A	*Mahatma Gandhi*
San Juan de la Cruz, o poeta de Deus	*Patrício Sciadini, OCD*
Soluções de palhaços	*Morgana Masetti*
Transdisciplinaridade	*Ubiratan D'Ambrosio*
Vestígios – escritos de filosofia e crítica social	*Olgária Matos*
Yoga – imortalidade e liberdade	*Mircea Eliade*
THOT	*Publicação de ensaios*

Co-edição – Palas Athena/EDUSP:

Diálogos dos mortos, Luciano	*Henrique Murachco*

Co-edição – Palas Athena/EDUC: Hypnos nº 4 a 7

Prezado leitor da obra
O cabreiro tresmalhado: Ariano Suassuna e a universalidade da cultura

Para que possamos mantê-lo informado sobre as novidades editoriais e as atividades culturais da Associação Palas Athena, solicitamos o preenchimento dos campos abaixo, remetendo o cupom para a Editora Palas Athena, Rua Serra de Paracaina, 240 - São Paulo, SP - CEP 01522-020 ou pelo FAX (11) 3277.8137.

Nome ....

Profissão ....

Endereço ....

Cidade .... Estado .... CEP ....

Fone (   ) .... Fax (   ) ....

Celular..

E-Mail ....

Áreas de interesse:

❏ Mitologia ❏ Filosofia ❏ Religiões

❏ Antropologia ❏ Educação ❏ Psicologia

❏ Outras áreas: ....

DOM
Com Tema de Ângelo Monteiro
Se a visagem da Morte
– a dura Garra –
para sempre meu Sangue
penetrou,
deu-me a Fonte-sagrada, e,
sem amarras,
esta Voz em meu sangue se selou.
A visão do Nefasto, sol da
Amarga,
todo o sangue do Mundo
envenenou.
Nunca mais fui o mesmo,
pois a Marca,
ao sol cruel do Sono, me
apontou.
Mas, se fui para sempre
assinalado,
achei o Veio, a chama do
Tesouro,
que a Morte é sonho, a Vida
é fogo e treino.
E, se o selo do Sol me tem
marcado,
me deu o Dom de, em três
Bocais-de-ouro,
fazer ouvir as trompas do
meu Reino.
PA
Iluminogravura - Ariano Suassuna - Recife, 1985
9

Acabou-se de imprimir
no inverno do ano 2002
nas oficinas da Gráfica Palas Athena.